国家社会科学基金重点项目

当代垄断资本金融化研究

齐兰 著

图书在版编目(CIP)数据

当代垄断资本金融化研究/齐兰著. —北京：商务印书馆，2022(2022.12重印)
ISBN 978-7-100-20054-7

Ⅰ.①当… Ⅱ.①齐… Ⅲ.①垄断资本—研究 Ⅳ.①F014.9

中国版本图书馆 CIP 数据核字(2021)第 115075 号

权利保留，侵权必究。

当代垄断资本金融化研究
齐 兰 著

商 务 印 书 馆 出 版
(北京王府井大街 36 号 邮政编码 100710)
商 务 印 书 馆 发 行
北京虎彩文化传播有限公司印刷
ISBN 978-7-100-20054-7

2022 年 4 月第 1 版　　　　开本 880×1230　1/32
2022 年 12 月北京第 2 次印刷　印张 11¼
定价：60.00 元

序

齐兰教授撰写的《当代垄断资本金融化研究》一书，是她主持完成的国家社会科学基金重点项目的最终研究成果。现在这本书将由商务印书馆出版，我很乐意为该书作序。

金融化是当代资本主义发展最显著的特征之一。20世纪80年代以来，尤其是进入21世纪以来，以美国为代表的发达国家经济结构高度金融化，由此对本国实体经济和全球产业价值链产生重大影响。与此同时，以新的金融逻辑为支撑的美元体系，使美元拥有比以往更为强大的全球性权利（金融霸权），进而对世界经济发展乃至国际经济政治格局变动起着重要作用。

以上这些新情况新变化的实质就是垄断资本的金融化。什么是垄断资本金融化？如何认识和把握垄断资本金融化的内在规律和变动趋势？垄断资本金融化对中国的产业经济发展会产生什么影响？如何看待和应对垄断资本金融化带来的风险和挑战？等等，这些既是重大的理论问题，也是重大的现实问题。然而，迄今为止，国内外现有文献中，有关这方面的研究还少见有专门系统的成果，而该书正是以垄断资本金融化作为独立的研究对象进行专门系统的研究，这种创新研究成果，具有重要的理论价值和应用价值。

我认为，该书在以下几个方面颇具特色：

第一，研究体系比较完整。该书以垄断资本金融化这条主线展开研究，其逻辑线路是：研究基础→理论探讨→问题思考→综合比较→实证分析，由此构成五大部分共十章，从而形成较为完整的专门研究垄断资本金融化问题的体系。

第二，理论探讨内容比较新颖且思考有深度。该书以马克思主义垄断资本理论和金融资本理论为指导，融合西方垄断竞争理论和金融发展理论，结合当今垄断资本主义发展的最新实际，进行深入的理论探讨，提出具有新意的思想观点，包括对垄断资本金融化含义的界定、垄断资本金融化阶段性划分及其特征、垄断资本金融化形成发展的动因分解、垄断资本金融化对不同类别国家的影响效应、垄断资本金融化发展态势的预判，等等。这些思考及理论探索成果进一步深化和拓展了马克思主义垄断资本理论和金融资本理论。

第三，现实问题分析比较独特且对策有针对性。该书注重理论联系实际，针对目前垄断资本金融化背景下我国经济金融化过程中出现的诸多问题进行考察分析，认为当前我国经济金融化问题集中体现为：金融化过度与金融化不足并存；金融化超前与金融化滞后并存；竞争不充分与竞争无秩序并存；政府干预过多与监管不到位并存，其中金融化不足、金融化滞后、竞争不充分、政府干预过多问题尤为突出，由此提出适合我国现阶段经济发展水平和符合市场经济发展规律的"合理金融化"目标及其评判基准，进而提出相应的政策建议，为我国经济金融化的顺利发展和日后打造金融强国提供了实践依据和政策依据。

第四，前期研究基础比较厚实。作者多年来一直专注于垄断资本全球化、金融化与中国产业发展领域的研究，先后出版了《垄断资本全球化问题研究》等学术专著，在《中国社会科学》等期刊发表《垄断资本全球化对中国产业发展的影响》等多篇学术论文，同时还主持多项国家级、省部级研究课题，其研究成果之一《应对垄断资本全球化对我国经济影响的对策建议》，入选国家社科规划办的《成果要报》，受到国家决策部门的重视。这些前期研究成果使该书具有良好的理论基础。

垄断资本金融化问题至今仍是一个很具挑战性的理论问题和现实问题，还需要继续认真探索和深入研究。我相信，这本具有较高学术水平的专著由商务印书馆出版，将会对我国垄断资本金融化理论的研究与应用，产生积极的推动作用。希望该书会得到理论界与有关决策部门的重视和广大读者的欢迎。

张卓元
2019年冬于北京

目　录

第一章　导论 ………………………………………………………… 1
　第一节　研究思路和研究框架 ………………………………………… 2
　　一、研究思路 ……………………………………………………… 2
　　二、研究框架 ……………………………………………………… 2
　第二节　创新之处和主要特色 ………………………………………… 5
　　一、创新之处 ……………………………………………………… 5
　　二、主要特色 ……………………………………………………… 7
　第三节　重要观点和对策建议 ………………………………………… 8
　　一、垄断资本金融化理论探讨的重要观点 …………………………… 8
　　二、对中国经济金融化问题分析的重要观点和
　　　　对策建议 ……………………………………………………… 12
　　三、国际比较和历史考察的主要结论和
　　　　重要启示 ……………………………………………………… 16
　　四、中国经济金融化影响效应的实证结果和
　　　　对策建议 ……………………………………………………… 17

第一部分　研究基础

第二章　垄断资本与金融化理论源流 ………………………………… 21
　第一节　垄断资本理论 ……………………………………………… 21

一、垄断资本理论形成和发展的主要脉络……………… 21
  二、垄断资本理论的主要内容……………………………… 22
 第二节　垄断经济学理论……………………………………… 27
  一、垄断经济学理论形成和发展的主要脉络……………… 27
  二、垄断经济学理论的主要内容…………………………… 29
 第三节　金融化理论…………………………………………… 32
  一、金融化理论研究的主要脉络…………………………… 32
  二、金融化理论研究的主要内容…………………………… 34
 第四节　金融发展理论………………………………………… 39
  一、金融发展理论形成和发展的主要脉络………………… 39
  二、金融发展理论的主要内容……………………………… 41

第三章　垄断资本与金融化国内外研究文献综述…………… 45
 第一节　国外研究文献综述…………………………………… 45
  一、金融化和资本主义金融化含义及其特征……………… 45
  二、金融化动因与实现机制………………………………… 54
  三、金融化与金融危机……………………………………… 58
  四、金融化与经济增长……………………………………… 60
  五、金融化与产业发展……………………………………… 62
  六、金融化与金融监管……………………………………… 66
 第二节　国内研究文献综述…………………………………… 70
  一、经济金融化与金融全球化概念界定…………………… 70
  二、金融化与垄断资本主义………………………………… 74
  三、资本主义金融化的影响………………………………… 77
  四、经济金融化与中国经济增长…………………………… 80
  五、经济金融化与中国产业发展…………………………… 84

  六、金融化发展趋势 ………………………………………… 87
 第三节 国内外研究文献评析 ……………………………………… 89
  一、国外研究形成的理论成果概述 ………………………… 89
  二、国内研究形成的理论成果概述 ………………………… 91
  三、对国内外研究文献及其理论成果的总体评析 ………… 92

第二部分 理论探讨

第四章 垄断资本金融化基本问题理论探讨 …………………… 101
 第一节 垄断资本金融化的含义 ………………………………… 101
  一、垄断资本金融化概念的提出及界定 …………………… 101
  二、垄断资本金融化与垄断资本全球化的联系与
    区别 …………………………………………………………… 106
 第二节 垄断资本金融化阶段性及主要特征 …………………… 108
  一、垄断资本金融化与资本主义发展阶段 ………………… 108
  二、垄断资本金融化的主要特征 …………………………… 112
 第三节 垄断资本金融化动因 …………………………………… 117
  一、垄断资本金融化的主要动因 …………………………… 117
  二、垄断资本金融化的根本动因 …………………………… 120
 第四节 垄断资本金融化影响作用 ……………………………… 122
  一、垄断资本金融化在全球范围内的影响作用 …………… 123
  二、垄断资本金融化在一国范围内的影响作用 …………… 125
  三、垄断资本金融化在不同类别国家的影响作用 ………… 127
 第五节 垄断资本金融化发展态势和未来走向 ………………… 129
  一、垄断资本金融化的发展态势 …………………………… 129
  二、垄断资本金融化的未来走向 …………………………… 133

第三部分 问题思考

第五章 垄断资本金融化背景下中国经济金融化问题思考 ……… 139

第一节 当前中国经济金融化所处阶段及其水平的判定 ……… 140

第二节 "合理金融化"基准设定 ……… 143

第三节 中国经济金融化过程中出现的主要问题及解决思路 ……… 147

一、金融化过度与金融化不足并存,其中金融化不足更为突出 ……… 149

二、金融化超前与金融化滞后并存,其中金融化滞后更为突出 ……… 152

三、竞争不充分与竞争无秩序并存,其中竞争不充分更为突出 ……… 156

四、政府干预过多与监管不到位并存,其中政府干预过多更为突出 ……… 162

第四部分 综合比较

第六章 中国与其他主要国家经济金融化比较分析及其借鉴 ……… 169

第一节 经济金融化比较国内外研究述评 ……… 169

一、经济金融化比较国外研究 ……… 169

二、经济金融化比较国内研究 ……… 171

第二节 经济金融化衡量指标及相关因素 ……… 173

一、经济金融化比较指标的选取 ·················· 173
　　二、经济金融化比较的相关因素 ·················· 176
　第三节　中国与不同类别国家的经济金融化比较 ·········· 179
　　一、中国与主要发达国家之间比较 ················ 179
　　二、中国与主要发展中国家之间比较 ··············· 191
　第四节　总结分析及其经验借鉴 ····················· 202
　　一、一国的经济金融化水平应与该国经济发展阶段
　　　　相匹配 ······························· 202
　　二、一国的金融结构应与该国实体经济对金融需求
　　　　相匹配 ······························· 204
　　三、一国的金融监管能力应与该国经济开放程度
　　　　相匹配 ······························· 205

第七章　国际金融霸权形成与更迭的历史考察及其启示 ····· 207
　第一节　金融霸权的内涵与特征 ····················· 207
　　一、金融霸权的内涵 ························· 207
　　二、金融霸权的一般特征 ····················· 212
　第二节　金融霸权的历史更迭 ······················· 215
　　一、荷兰共和国的金融霸权(16世纪末—17世纪) ········· 216
　　二、英国的国际金融霸权(18世纪—19世纪中叶) ········· 218
　　三、美国的国际金融霸权(20世纪中叶至今) ············ 220
　第三节　金融霸权的历史更迭给予的启示 ················ 222
　　一、强大的经济实力是成就金融霸权的基石 ············ 222
　　二、主权货币的强势地位是金融霸权得以维系的基础 ······· 224
　　三、金融市场发达程度与金融霸权兴衰变化
　　　　密切关联 ····························· 227

四、国际金融制度安排是金融霸权运行的保障 …………… 229
五、金融霸权国家的更迭变化存在周期性规律 …………… 231

第五部分 实证分析

第八章 经济金融化对中国经济增长影响的实证分析 ……… 237
第一节 经济金融化与经济增长研究述评 ………………… 237
第二节 中国经济金融化的演变分析 ……………………… 241
  一、中国经济金融化演进趋势的总量分析 ……………… 241
  二、中国经济金融化演进趋势的结构分析 ……………… 244
第三节 研究假设与研究设计 ……………………………… 252
  一、研究假设 ……………………………………………… 252
  二、研究设计 ……………………………………………… 256
第四节 实证结果分析 ……………………………………… 260
  一、单位根检验 …………………………………………… 260
  二、协整检验 ……………………………………………… 261
  三、时间序列数据回归结果分析 ………………………… 262
  四、误差修正模型检验 …………………………………… 263
第五节 主要结论与政策建议 ……………………………… 264
  一、主要结论 ……………………………………………… 264
  二、政策建议 ……………………………………………… 265

第九章 经济金融化对中国区域产业发展影响的实证分析 ……………………………………………………… 269
第一节 经济金融化与区域产业发展研究述评 …………… 269
第二节 区域金融化演变分析 ……………………………… 272
第三节 研究假设与研究设计 ……………………………… 274

一、理论分析与研究假设 ………………………………… 274
　　二、研究设计 …………………………………………… 279
　第四节　实证结果分析 …………………………………… 283
　　一、单位根检验 ………………………………………… 283
　　二、协整检验 …………………………………………… 283
　　三、面板数据回归分析 ………………………………… 286
　　四、稳健性检验 ………………………………………… 290
　第五节　主要结论与政策建议 …………………………… 294
　　一、主要结论 …………………………………………… 294
　　二、政策建议 …………………………………………… 295

第十章　经济金融化对中国产业结构优化影响的实证分析 ……………………………………………… 298
　第一节　经济金融化对产业结构影响研究述评 ………… 298
　第二节　理论分析与研究设计 …………………………… 304
　　一、理论分析 …………………………………………… 304
　　二、研究设计 …………………………………………… 307
　第三节　指标选取与计量模型 …………………………… 308
　　一、指标选取 …………………………………………… 308
　　二、数据来源与描述性分析 …………………………… 311
　　三、计量模型 …………………………………………… 313
　第四节　实证结果分析 …………………………………… 314
　　一、单位根检验 ………………………………………… 314
　　二、协整检验 …………………………………………… 315
　　三、格兰杰因果检验 …………………………………… 316
　　四、脉冲响应分析 ……………………………………… 316

xi

第五节　主要结论与政策建议……………………………318
　　一、主要结论………………………………………318
　　二、政策建议………………………………………319

结　语……………………………………………………321

主要参考文献……………………………………………323

后　记……………………………………………………344

第一章 导论

当今垄断资本及垄断资本主义最新最深刻的变化发生在金融领域。20世纪80年代以来,尤其是进入21世纪以来,发达国家金融垄断资本,特别是美国金融霸权对全球金融经济的主导和控制进一步加强,这已对且还将对国际经济乃至国际政治产生重要影响,并对中国经济和产业发展以及中国在国际经济政治舞台中的地位作用产生重要影响。这也进一步凸显和印证了垄断资本金融化的客观存在和重要作用。那么什么是垄断资本金融化?它的主要特征、发展动因、影响作用、发展趋势是怎样的?同时,在垄断资本金融化的大背景下,中国经济金融化受到什么影响、处在什么阶段、存在什么问题?如何应对和解决这些问题?等等,以上这些问题既是重大的理论问题,也是重大的现实问题。本书正是在笔者主持的国家社会科学基金重点项目"当代垄断资本金融化研究"的基础上,针对这些问题展开深入探讨的研究成果。现分别对本书的研究思路和研究框架、创新之处和主要特色、重要观点和对策建议进行概述。

第一节 研究思路和研究框架

一、研究思路

本书是以马克思主义垄断资本理论和金融资本理论为指导,融合西方金融化理论和金融发展理论,在吸收借鉴大量国内外有关研究文献基础上,围绕垄断资本金融化这个中心命题,结合当今垄断资本主义和全球范围内主要国家经济金融化发展的最新情况,针对中国在垄断资本金融化大背景下经济金融化发展中出现的诸多问题进行研究。研究依据"研究基础→理论探讨→问题思考→综合比较→实证分析"这一逻辑线路进行,采用制度分析与机制分析、规范分析和实证分析相结合的方法,重点研究了垄断资本金融化基本理论问题、垄断资本金融化背景下中国经济金融化主要现实问题、中国与其他主要国家经济金融化对比问题、中国经济金融化对经济和产业发展的影响问题等,从中提出了具有新意的理论观点和政策建议,由此构成了较为完整的有关垄断资本金融化的研究框架和主要内容。

二、研究框架

本书由五大部分十章构成,其内在逻辑是:第一部分研究基础,由第二章和第三章构成;第二部分理论探讨,由第四章构成;第三部分问题思考,由第五章构成;第四部分综合比较,由第六章和第七章构成;第五部分实证分析,由第八章、第九章、第十章构成。具体研究框架图如下。

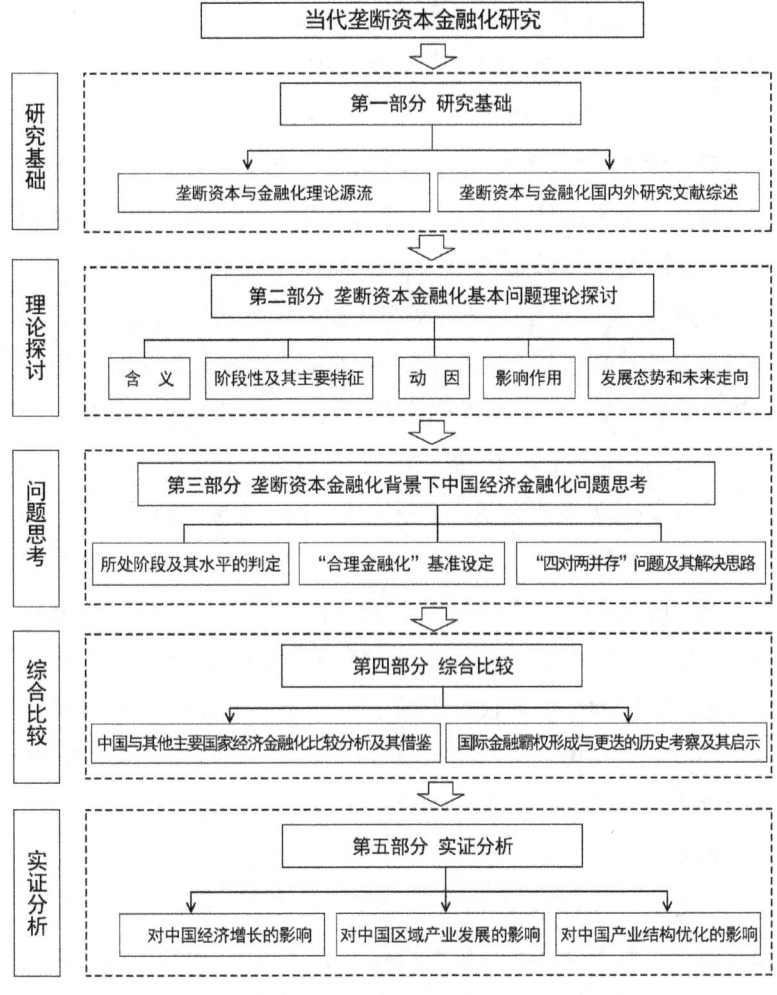

图1—1 "当代垄断资本金融化研究"框架图

各章具体内容分别为:

第一章"导论"总体概述本书的研究思路和研究框架、创新之处和主要特色、重要观点和对策建议。

第二章"垄断资本与金融化理论源流",全面梳理并概述了有关研究垄断资本金融化问题的主要基础理论及其基本内容,为后面的研究奠定了理论基础。

第三章"垄断资本与金融化国内外研究文献综述",综合归纳并整理了大量国内外研究文献,并对其研究成果和研究不足进行述评,为本研究拟进行的创新方面提供了思路。

第四章"垄断资本金融化基本问题理论探讨",这章是本研究理论创新的核心部分,主要对垄断资本金融化的含义、特征、动因、影响、趋势等基本问题进行理论探讨,形成了较为系统的理论观点,为下一章分析现实问题提供了理论支撑。

第五章"垄断资本金融化背景下中国经济金融化问题思考",这章是本书理论联系实际进行应用创新的重要部分,主要对中国的经济金融化所处阶段、存在问题及对策思路进行了分析,对本书后面的综合比较和实证分析提供了分析范式和主要依据。

第六章"中国与其他主要国家经济金融化比较分析及其借鉴",主要通过中国与发达国家、中国与发展中国家之间的经济金融化水平的比较,探究其共同性和差异性,从中总结经验做法以供中国借鉴。

第七章"国际金融霸权形成与更迭的历史考察及其启示",主要通过对世界主要国家其金融霸权形成与更迭过程的历史考察,揭示其内在规律和深刻原因,由此形成对中国的重要启示。

第八章"经济金融化对中国经济增长影响的实证分析"这章和

第九章、第十章是本书进行实证分析及其方法创新的重要部分，这章主要是从总体经济层面，在总量和结构定性分析的基础上，采用时间序列模型，实证分析经济金融化对中国经济增长的影响效应，并根据研究结论提出相应的对策建议。

第九章"经济金融化对中国区域产业发展影响的实证分析"这章从区域经济层面，采用面板数据模型，实证分析经济金融化对中国东、中、西、东北部四大区域经济发展的影响效应，并根据研究结论提出相应的对策建议。

第十章"经济金融化对中国产业结构优化影响的实证分析"，这章是从产业经济层面，采用时间序列模型，实证分析经济金融化对促进产业结构合理化、高级化和均衡化的影响效应，并根据研究结论提出相应的对策建议。

第二节　创新之处和主要特色

一、创新之处

本书的创新之处集中体现在四个方面。

（一）研究对象和研究主题新颖，具有原创性

不同于传统垄断资本理论研究，本书将当代垄断资本运动的最新最深刻变化即垄断资本金融化问题作为独立研究对象，首次明确提出并界定"垄断资本金融化"概念，这在理论上具有原创性。由此形成的新的理论成果将是对马克思主义垄断资本理论的充实与发展。

（二）研究框架和内容体系较为完整，具有首创性

本书围绕垄断资本金融化这个主题展开，沿着"研究基础→理论探讨→问题思考→综合比较→实证分析"的逻辑线路进行，由此构建出一个较为系统的有关垄断资本金融化问题的研究框架和内容体系，目前国内外已有研究文献中暂未发现这类研究成果，所以本书具有首创性。

（三）理论思考和问题剖析有独立见解，具有独特性

一方面，将垄断资本金融化从理论层面抽象出五个方面问题，即垄断资本金融化的含义、特征、动因、影响作用、发展趋势，进行独立思考并提出理论观点。另一方面，将垄断资本金融化背景下我国经济金融化发展中存在的诸多问题提炼概括为"四对两并存"问题，即金融化过度与金融化不足并存、金融化超前与金融化滞后并存、竞争不充分与竞争无秩序并存、政府干预过多与监管不到位并存，并进一步分析指出其中更为突出的问题。以上这些研究目前在国内外有关文献中暂未见到，因此本书具有独特性。

（四）研究方法和实证分析有新意，具有探索性

不同于一般分析资本或资本主义的研究方法，即要么采用机制分析方法，要么采用制度分析方法，本书将制度分析与机制分析相结合，还注重规范分析与实证分析相结合，尤其针对国内目前这方面实证分析相对薄弱的情况，在理论探讨的基础上，加大实证分析力度，尝试运用目前国外普遍采用的时间序列和面板数据计量分析方法和模型等，对中国经济金融化的影响效应问题进行多层面即整体经济发展、区域经济发展和产业经济发展的系列分析，并根据实证分析结果，提出有针对性的对策建议，弥补了国内有关这方面研究的不足，因此本书具有探索性。

二、主要特色

本书的主要特色集中体现在三方面。

（一）创新性集合度较高

研究既有研究对象和研究主题的原创性,又有研究框架和内容体系的首创性,还有理论思考和问题剖析的独特性,也有研究方法和实证分析的探索性,因此研究创新面较广,创新程度较高,相应的创新集合度也较高。

（二）综合性分析力度较大

研究从基本概念提出到基本理论探讨,再到现实问题思考,再到综合比较借鉴,再到实证分析,形成了一整套前后内容具有内在逻辑联系的研究体系。不仅如此,本书在进行每一部分内容研究时,注重对具体层面问题进行抽象提炼进行综合分析,如,理论探讨部分,不只是探讨其中某一方面理论内容,而是将有关垄断资本金融化的基本理论内容包括含义、特征、动因、影响和趋势等进行整体探讨。又如,对现实问题的分析,不只是限于某一具体问题或几个问题的分析,而是将所考察到的现有问题进行综合归纳概括,由此做出我国经济金融化发展中存在"四对两并存"问题的总体判断。再如,在实证分析中,不只是单独分析经济金融化对我国经济增长的影响,而是将宏观经济层面、区域经济层面和产业经济层面综合起来考虑,系统分析经济金融化对我国总体经济增长,对东、中、西、东北部四大区域经济发展,对产业结构升级等的影响。

（三）理论探讨与实践结合的程度较强

研究遵循将马克思主义基本原理与中国具体实际相结合的原

则,在对垄断资本金融化基本理论探讨的基础上,注重将探讨的理论成果应用到我国金融化发展实践中,针对当前我国经济金融化发展过程中出现的新情况及存在的诸多问题,进行全面考察和深入研究,相应提出了符合中国国情和现阶段发展状况的"合理金融化"范畴以及相应的评判基准,进而还提出了适合我国经济金融化发展要求的"合理金融结构"范畴及其判别原则,由此展开对我国经济金融化所存在问题的实证分析,并根据实证分析结果提出相应的对策建议。这种研究及其成果为我国经济金融化的顺利发展和日后打造中国的金融强国提供了理论依据和政策依据。

第三节 重要观点和对策建议

一、垄断资本金融化理论探讨的重要观点

(一)首次提出并界定垄断资本金融化的概念

所谓垄断资本金融化,就是经济全球化条件下,以经济金融化为基础、以资本金融化为核心,以金融垄断资本为主导、以跨国金融垄断集团为载体的金融资源要素在全球范围内流动与配置过程,其实质是金融垄断资本对金融资源要素的超强控制。这种现代金融垄断与传统金融垄断的主要区别在于:一是金融垄断行动主体由之前以主权国家为母国的跨国公司投资为主,转变为以"对冲基金"等非国家行动者或非生产性投资者为主,它们可以超越国家主权边界直接进入他国领域,实行对金融资源的操控。二是金

融垄断方式由传统的银行资本与工业资本融合为主,转变为金融资本通过并购产业资本进行金融控股方式为主,通过"母公司"对"子公司"控股,以及各个子公司再以相同的方式控股,从而支配更多资本要素进而对实体经济进行控制。如美国洛克菲勒、摩根、罗斯柴尔德等十大财团凭借强大的金融势力,通过金融资本对实体经济的控制达到了前所未有的程度。三是金融垄断组织由传统银行机构为主,转变为由各类机构投资者联合组成的现代全球金融网络为主,这种现代全球金融网络以发达国家尤其是以美国金融中心华尔街金融寡头为核心,由风险投资、股票投资基金、退休基金、共同基金等组成,它们实际掌控和操纵着全球数百万亿美元的金融资产,主宰着当今全球金融资本主义基金体系。

(二)提出当今资本主义发展已进入全球金融垄断资本主义阶段的观点

当今资本主义的发展,从垄断的角度分析,它已从私人垄断发展到国家垄断再到国际垄断,进而进入了全球垄断阶段,而这种全球垄断是以金融垄断资本为主导的,所以称之为全球金融垄断资本主义阶段。在这一阶段中,垄断资本金融化的主要特征是:(1)金融资本代替产业资本取得支配性地位。如今美国新的三大支柱产业即金融(保险)、房地产、高端服务业已替代旧的三大支柱产业即汽车、钢铁、建筑。(2)金融资本流动成为跨国资本流动的主要形式。如2016年全球范围内跨国金融资本已占全部跨国资本的62%。(3)金融资本从产业资本脱离出来不断自我循环发展,而且新型金融产品发展规模大大超过传统金融产品规模。当前证券和资产管理已成为美国金融业快速增长的领头羊,2015年美国证券行业总资产规模占美国GDP比重达14.22%,证券化率达

150%。(4)在当今国际货币体系中,美元仍处于世界货币地位和金融霸权地位。这使得美国可以任意将金融危机及其损失转嫁给其他国家,同时将全球财富移向美国。

(三)揭示垄断资本金融化形成发展的主要动因和根本动因

垄断资本金融化形成发展的主要动因是:实体经济发展奠定了物质基础;科学技术发展提供了技术条件;金融自由化浪潮创造了制度环境。根本动因是:垄断资本的逐利本性,尤其是传统生产性行业利润的长期下降和发达国家国内资本投资趋于微利,则催发垄断资本转向金融领域,转向国外尤其是发展中国家,而发展中国家用制造业产品出口所换取的外汇储备,又以证券投资的方式回流到发达国家金融市场,从而金融垄断资本投资可以获取巨额回报。

(四)认为垄断资本金融化影响作用具有多重性

垄断资本金融化影响作用可以从多个角度不同层面进行分析:(1)从全球范围来看,其积极作用是促进国际贸易和国际生产及投资的迅速发展,提高了资金和金融资本在全球范围的配置效率。其负面效应集中体现为增加了世界经济体系的不稳定性,加大了全球金融危机的风险性。(2)从一国范围来看,其积极作用是促进本国金融体制和金融结构的优化,提高本国金融化水平。其负面效应集中体现为加剧了资本逐利的投机性容易诱发金融泡沫,增加金融体系金融机构内在的脆弱性使其稳健性下降,并降低本国货币政策的独立性。(3)从发达国家和发展中国家比较来看,一方面,发达国家历经数百年的资本主义经济发展,不仅拥有一批巨型跨国资本财团,而且国内形成了成熟的市场制度和完备的宏观调控体系,加之在国际上可以主导和支配国际金融规则制定和国际金融机构活动,因此,发达国家在垄断资本金融化发展中能够凭借已有的金融资本强大优势和金融资本的垄断地位,获取巨大利益,并降低或转嫁风险和损失。同时,也会因其受到一些冲击,如国内不同阶层收入分配差距拉大,中低阶层群体受损严重从而导致社会动荡等。另一方面,发展中国家由于总体上经济发展比较落后,市场经济发展不成熟,宏观调控体系还不健全,并且在国际经济金融活动中的话语权影响力较弱,因此,虽然其也能在垄断资本金融化条件下获得一定的发展机会和利益,但最大的不利在于原有金融弱势及其不利地位难以从根本上得以改变,反而还会更加受发达国家及现行国际金融秩序的制约,而且一旦国际金融市场出现动荡,将会遭到严重冲击,甚至可能付出让渡国家主权的代价。

(五)预判垄断资本金融化发展态势及未来走向

垄断资本金融化发展态势及未来走向包括:(1)从目前和今后一段时期来看,垄断资本金融化发展态势集中体现为四个方面即:垄断资本金融化的全球性特征继续保持,同时其区域性发展也不断增强;垄断资本金融化的垄断本质仍很突出,同时主要国际货币多元化发展态势会逐渐加大;垄断资本金融化与相关国家的再工业化进程相互交织,同时再金融化的势头可能兴起;垄断资本金融化与各国经济金融化发展趋同性进一步增强,同时差异性也更加明显。(2)从垄断资本金融化未来走向来看,垄断资本金融化的正能量还未充分释放出来,其还有很大发展空间,因此在未来相当长的时间内,以发达国家金融垄断资本为主导的垄断资本金融化还将继续存在,并且随着发达国家对资本主义制度自身不断深层修复,其还会得以不断发展和完善。与此同时,以新兴市场国家为代表的发展中国家,通过自身改革和开放将进一步融入全球经济金融化进程,其金融实力不断增强,并在国际经济和金融舞台中的作用不断增大,将有可能打破现有发达国家金融垄断资本尤其是美国金融霸权垄断国际金融和国际利益分配的格局。当然,未来新的国际金融和国际利益分配格局形成,将取决于发达国家与发展中国家尤其是新兴市场国家之间的金融实力对比,取决于美国的美元与其他国家的主要国际货币之间的货币实力对比。

二、对中国经济金融化问题分析的重要观点和对策建议

(一) 对当前中国经济金融化所处阶段及其水平的判定

针对目前较为普遍认为当前中国经济金融化明显过度的看法,本书通过实际考察并运用金融相关率、金融市场规模和金融自由度等指标进行分析,发现中国金融化总体水平不仅远远低于美国等发达国家,而且还低于巴西等发展中国家,由此认为中国经济金融化还处于初级发展阶段,总体水平比较低,基础比较薄弱,问题也较多,金融功能及其对经济发展的促进作用没有充分发挥出来,因此,现阶段我国应大力发展金融经济,推进经济金融化发展进程。

(二) 提出"合理金融化"范畴及其评判基准

如何大力发展金融经济,中国经济金融化发展到什么程度才是合适的? 对此,本书综合国内外研究成果和实践经验,提出"合理金融化"范畴,即金融化发展应与实体经济相协调相促进,同时金融化发展的内在动力与外部对其约束应相对应相平衡。进而提出"合理金融化"的四个评判基准:(1) 从金融发展与实体经济的关系来看,既不能金融化过度,也不能金融化不足,而应金融化适

度;(2)从金融发展与经济发展阶段的联系来看,既不能金融化超前,也不能金融化滞后,而应金融化适中;(3)从金融自身结构来看,既不能结构单一,也不能结构失衡,而应结构均衡;(4)从金融发展与政府干预的关系来看,既不能干预过多,也不能放任自流,而应是审慎监管。

(三)综合概括当前中国经济金融化存在的问题并提出对策思路

针对目前中国经济金融化存在问题的不同看法,本书在综合考察各种问题基础上,依据"合理金融化"及四个评判基准,将当前我国经济金融化存在的问题提炼概括为四个方面的两个问题的同时并存,也称为"四对两并存"问题,即:金融化过度与金融化不足并存;金融化超前与金融化滞后并存;竞争不充分与竞争无秩序并存;政府干预过多与监管不到位并存。并且指出每两个并存问题中更为突出的问题,即:金融化不足、金融化滞后、竞争不充分、政府干预过多,由此提出解决这些问题的对策思路,具体如下。

1. 针对金融化过度与金融化不足并存且金融化不足更为突出问题,本书认为,当前我国经济金融化发展确实存在某些方面和某些领域的过度倾向,如果不适时管理和控制,将会不可避免地出现国外发达国家和发展中国家已经出现的金融过度化导致的严重后果。然而,从总体上看,我国金融化水平仍很低,与我国经济规模和经济发展要求很不匹配,尤其是作为世界第二大经济体与世界第一大经济体美国相比,两国的金融实力差距太大。2017年,中国GDP是美国的65%,而中国的资产市场体量是美国的1/3;在IMF的SDR(特别提款权)中,人民币权重是10.99%,而美元权重是41.7%;此外人民币国际化指数是3%左右,而美元国际化指数是

55%左右。一个国家的主权货币及其在国际金融中的地位是与该国自身金融化发展水平和金融实力密切相关的,因此,当前我国在推进由经济大国迈向经济强国的同时,要大力发展金融,尽快改变目前这种金融小国、金融弱国的状况,为打造金融大国、金融强国而奠定坚实基础。

2. 针对金融化超前与金融化滞后并存且金融化滞后更为突出的问题,本书认为,目前我国金融化发展尤其一些金融创新产品的快速发展引发各种金融风险的产生,如近期网贷爆雷和金融诈骗事件频发,对社会负面影响很大,然而,这种现象的出现不能归结为是金融化超前发展的结果,相反说明了我国金融化发展相对滞后,现有的金融市场和金融制度建设没有跟上,存在很多漏洞和薄弱环节。因此,当前在严加打击金融诈骗、金融乱象的同时,要注重加强金融市场和金融制度建设,给金融发展提供一个良好的环境条件。

3. 针对竞争不充分和竞争无秩序并存且竞争不充分更为突出的问题,本书认为,一直以来国有银行为主导的金融结构,对我国经济发展尤其国有经济发展提供了有力的资金支持,但随着时间推移,这种结构的诸多弊端逐渐显现。目前四大国有银行的总资产和存款规模占据整个银行业一半以上,国有银行的高度垄断严重妨碍了中小型银行和非国有银行的发展,也影响国有银行自身发展,进而影响整个经济发展。因此,当前应通过内外开放来加大对金融领域的反垄断力度:对内开放银行业,引进竞争机制,形成多元化的金融结构,支持和鼓励中小型银行和非国有银行发展;对外逐步开放金融领域,引进外资银行和外资金融机构,增加外资银行的业务范围等,不断提高金融市场竞争程度,并以此倒逼国有商业银行的转型和改革。与此同时，还应该引起高度重视的是，在打破原有国有银行垄断格局的同时，注重防范另一种新的垄断格局形成，因为金融领域的开放，涉外资本尤其是发达国家金融垄断资本及金融垄断集团将大规模进入我国，其金融实力和逐利本性将会对我国金融市场造成新的垄断，会对我国金融安全构成威胁。因此，当前在消除和减少国有银行垄断的同时，要尽快研究制定有关金融安全、金融监管反市场垄断方面的法规和制度，以防范涉外资本尤其是发达国家金融垄断资本对我国金融领域的垄断和控制。

4. 针对政府干预过多与监管不到位并存且政府干预过多更为突出的问题，本书认为，以往用行政机制和政府过多干预来进行金融资源配置，已导致金融资源浪费或错配严重的结果。不仅如此，在国有银行还易产生委托—代理风险，诸多银行高管和金融管理部门高级官员的金融腐败案件暴露也突显了这个问题。因此，应加大金融管理体制改革，以市场机制取代行政机制，减少政府过多干预，并尽快发展金融市场，尤其是发展多层次资本市场，充分发挥金融市场机制在配置金融资源中的决定性作用。同时，不能放松金融监管，相反还要加大金融监管的力度，尤其是当前中国金融改革发展和对外开放的不断深化的形势下，金融活动国际化、金融创新常态化、金融发展科技化、金融风险系统化，这将给金融监管提出新的更大挑战。为此，应积极吸收借鉴国际上有关金融监管的经验做法，结合我国的具体情况，依托大数据、云计算等最新信息技术，不断改进和创新金融监管模式。同时，加强和完善金融监管立法，使金融监管更加规范化、法制化，从而保障和促进经济金融化和整个经济的健康发展。

三、国际比较和历史考察的主要结论和重要启示

（一）中国与世界其他国家经济金融化水平的异同性及其启示

通过比较中国与世界主要国家包括发达国家和发展中国家的经济金融化水平，发现其中的共同性和差异性：(1)各国之间经济金融化比较，其共同性主要体现在经济金融化水平增长或降低的趋势在时间上存在一定的相似性；而差异性主要体现在各国经济金融化水平各有不同。(2)中国与发达国家之间经济金融化比较，其共同性主要体现在中国与发达国家经济金融化水平20世纪80年代以来都处于波动上升阶段；而差异性主要体现在中国经济金融化平均水平低于发达国家，但增速超过发达国家。(3)中国与发展中国家之间经济金融化比较，其共同性体现在21世纪以前中国与巴西、墨西哥等发展中国家的经济金融化水平均呈现出下降趋势；而差异性体现在2008年以后，中国经济金融化水平增长速度快于巴西、墨西哥等发展中国家。

由此给予中国的有益借鉴，集中体现为"三个相匹配"：即一国的经济金融化水平应与该国的经济发展阶段相匹配；一国的金融结构应与该国的实体经济对金融需求相匹配；一国的金融监管能力应与该国的经济开放程度相匹配。

（二）国际金融霸权的形成与更迭及其启示

通过对国际金融霸权的形成与更迭的历史考察给予中国的重要启示是：(1)强大的经济实力是成就金融霸权的基石；(2)主权货币的强势地位是金融霸权得以维系的基础；(3)金融市场发达程

度与金融霸权兴衰变化密切关联;(4)国际金融制度安排是金融霸权运行的保障;(5)金融霸权国家的更迭变化存在周期性规律。

四、中国经济金融化影响效应的实证结果和对策建议

(一)经济金融化对经济增长影响的实证结果和对策建议

结论包括:(1)中国经济金融化水平对经济增长具有显著的正向效应;(2)资本投资、对外开放环境、教育水平、城镇化水平对中国经济增长具有正向促进作用,但显著性在不同指标间存在差异;(3)国有化水平对中国经济增长具有一定的负向效应。由此提出的对策建议是:一是通过增加资本投资、扩大对外开放、增加劳动力培训、加快城镇化进程等多渠道推动中国经济增长;二是通过加大国有企业改革力度,减少政府行政干预,提高市场化水平等促进经济金融化发展。

(二)经济金融化对区域产业发展影响的实证结果和对策建议

结论包括:(1)中国四大区域经济金融化提升对产业结构升级存在正向贡献效应,且不同区域存在明显差异,其金融化边际贡献度由大到小排序是:西部、东北部、中部、东部。(2)地方政府干预金融业对区域产业发展产生负面效应,且在不同区域存在明显差异,其抑制程度由大到小排序是:东北部、西部、中部、东部。(3)固定资产投资水平、对外开放水平、人力资本水平、城市化水平等在中国四大区域对金融化的影响作用差异显著。由此提出的对策建议是:一是优化欠发达地区金融结构;二是建立健全区域金融调控体系;三是加强多层次区域金融合作。

（三）经济金融化对中国产业结构优化影响的实证结果和对策建议

结论包括:(1)经济金融化水平对中国产业结构优化在长期和短期均存在显著影响;(2)经济金融化与产业结构合理化、产业结构高级化存在正向相关关系,但与产业结构均衡化存在负向相关关系。由此提出的对策建议是:一是促进生产要素合理流动,实现产业结构向合理化发展;二是进一步完善资本市场功能,不断促进产业结构向高级化发展;三是改善金融市场环境,减少投机性投资对产业结构均衡化的干扰。

第一部分

研究基础

第二章 垄断资本与金融化理论源流

垄断资本金融化理论研究尽管目前尚未形成较为完整的理论体系,但是有关垄断资本与金融化理论源流为垄断资本金融化理论研究提供了坚实的理论基础。垄断资本金融化理论源流主要来自垄断资本理论、垄断经济学理论、金融化理论和金融发展理论等。

第一节 垄断资本理论

垄断资本理论是马克思主义政治经济学的重要组成部分,它深刻揭示了资本及资本主义的演化规律和本质特征。

一、垄断资本理论形成和发展的主要脉络

马克思主义垄断资本理论形成和发展主要经历了三个时期:第一个时期是垄断资本理论形成时期,时间是19世纪中后期到20世纪初,马克思和恩格斯根据资本积累规律,科学预测并提出了资本垄断问题,从而开创了马克思主义垄断资本问题研究的先河。在此之后,拉法格、希法亭、布哈林等马克思主义理论家结合当时垄断资本发展的实际情况,依据马克思关于垄断资本思想,进行了

深入系统的考察与分析,从而初步形成马克思主义垄断资本理论的基本思想;第二个时期是垄断资本理论的确立时期,时间是20世纪中前期,列宁在吸收和继承马克思主义关于垄断资本理论研究成果的基础上,结合垄断资本主义发展情况,创造性地建立了帝国主义理论体系,从而标志着马克思主义垄断资本理论的确立。第三个时期是垄断资本理论发展时期,时间是20世纪中后期,西方国家的马克思主义理论家包括斯威齐、巴兰、弗兰克、阿明和沃伦斯坦等人结合第二次世界大战以来帝国主义发展的最新情况,进行了全面深入的考察与研究,并形成较为丰富的理论成果,进一步丰富和发展了马克思主义垄断资本理论。

二、垄断资本理论的主要内容

(一)科学地预见到垄断代替自由竞争的必然性

马克思在1867年出版的《资本论》一书中分析资本集中的发展趋势时指出,资本的集中是在资本积累的基础上进行的,随着资本主义生产的扩大,资本积累在增加。竞争也以同样的速度发展起来,从而造成了资本以更高的速度更大的规模进行积累,然后在这一新基础上进行更激烈的竞争,并由此引起更大规模的资本集中。如果在一个生产部门"投入的全部资本已溶合为一个单个资本时,集中便达到了极限"。[①] 马克思正是通过对资本积累的一般规律的分析预见到了垄断资本产生的客观必然性。

---

① 马克思恩格斯全集(第23卷):资本论[M].北京:人民出版社,1972:688.

（二）从不同角度研究垄断资本的特性、作用及其后果

拉法格从产业资本的角度研究揭示了垄断资本以及垄断资本主义的基本特征。他在1903年发表的题为"美国托拉斯及其经济、社会和政治意义"的论文中指出,资本主义发展到了特殊阶段,其所具有的特征主要包括托拉斯造成资本和生产规模的空前集中,各个垄断资本集团之间在世界范围内展开激烈的竞争;托拉斯不仅统治经济领域,而且还控制政治、文化、宗教等领域;垄断资本集团既掌握管理国家的全部财富,又操纵国家对外政策;资本的集中和垄断组织的出现激化了劳动和资本之间的矛盾。①

希法亭从金融资本的角度研究垄断资本问题,对金融垄断资本的形成原因及其作用进行了系统分析。他在1910年出版的《金融资本》一书中指出:20世纪初,世界资本主义的发展进入一个新的历史时期,其标志就是由银行资本同工业资本融合而形成的金融资本取代了产业资本在资本主义经济中的中心地位,由此他对金融资本形成的原因、途径、运行规律及其影响作用进行了深入的探讨与研究,并最后得出结论,即金融资本是经济和政治的权力在资本家寡头手中集中的最高阶段,这就为社会主义革命做好了物质上和阶级力量上的准备,"资本巨头的独裁将最终被无产阶级专政所取代"。②

布哈林从世界经济的角度研究垄断资本问题,揭示了战争与国际垄断资本的内在联系及其后果。他在1915年出版的《世界经济与帝国主义》一书中认为"国际垄断资本的形成在于资本主义经

---

① 拉法格.拉法格文选(下卷):美国托拉斯及其经济、社会和政治意义[M].北京:人民出版社,1985.

② 鲁道夫·希法亭.金融资本[M].福民,译.北京:商务印书馆,1994.

济关系的国际化和资本家利益的民族化。战争最终将使世界无产阶级认识到只有通过革命才能达到社会主义"。①

(三)深刻揭示了当代资本主义的垄断特征和国家垄断资本实质

列宁创造性地继承和发展了马克思主义垄断资本理论。他在1916年出版的《帝国主义是资本主义的最高阶段》一书中全面系统地探讨以垄断为实质特征的帝国主义问题,其中第一次明确揭示垄断资本主义特征和国家垄断资本的实质。

1. 垄断资本主义的基本特征

列宁认为垄断既是当代资本主义的实质和基础,又是当代资本主义的基本特征。这种特征与以往自由竞争时期的资本主义的不同主要体现在五个方面:"①生产和资本的集中发展到这样的程度,以致造成了在经济生活中起决定作用的垄断组织;②银行资本和工业资本已经融合起来,在这个'金融资本'的基础上形成金融寡头;③和商品输出不同的资本输出有了特别重要的意义;④瓜分世界的资本家国际垄断同盟已经形成;⑤最大资本主义大国已把世界上的领土瓜分完毕。"②由此,列宁认为当代垄断资本主义就是与生产集中、金融资本、资本输出、国际垄断同盟和瓜分殖民地直接关联的资本主义。

2. 国家垄断资本的实质

列宁认为,国家垄断资本主义的出现是"资本主义经济社会化"③的必然结果,垄断资本由一般垄断资本转化为国家垄断资本是

---

① 尼·布哈林.世界经济与帝国主义[M].蒯兆德,译.北京:中国社会科学出版社,1983:1—2.

② 列宁全集(第27卷):帝国主义是资本主义的最高阶段[M].北京:人民出版社,1990:401.

③ 列宁全集(第27卷):帝国主义是资本主义的最高阶段[M].北京:人民出版社,1990:352.

资本主义基本矛盾日益激化所致;国家垄断资本主义的实质是私人垄断资本同国家政权的结合,是金融资本和金融寡头企图借助国家机器调节社会经济以获取高额利润的一种形式;国家垄断资本主义不同于以往的私人垄断资本主义,它包含了诸如社会化管理等新因素,因此国家垄断资本主义的建立,为无产阶级在取得政权后有计划按比例发展国民经济作了准备,它已是贴近社会主义的前阶[①]。

（四）考察分析了垄断与资本主义经济停滞和世界范围国家之间不平等的联系

1. 垄断及垄断资本是导致资本主义国家经济停滞的重要原因

斯威齐注重研究和探讨当代资本主义现实问题尤其是垄断资本问题。1968年,他与巴兰合著的《垄断资本》一书出版,运用马克思主义垄断资本理论分析现代资本主义实际,并对盛行的凯恩斯主流理论进行批判,该书被认为是马克思主义垄断资本理论重大发展的标志。在该书中,斯威齐和巴兰深刻揭示了垄断及垄断资本所形成的"经济剩余"是导致资本主义经济停滞的重要原因。他们认为:"垄断资本主义是一个自相矛盾的制度。它总是形成越来越多的剩余,可是它不能提供为吸收日益增长的剩余所需要的因而是为使这个制度和谐运转所需要的消费和投资出路。"[②]因此,生产力的增长和生产关系的发展,在垄断资本主义阶段,会进一步加剧资本主义生产能力过剩,从而必然出现生产停滞态势,因此需要被更合理的社会制度所代替。

2. 垄断资本的垄断控制,形成发达国家与发展中国家的"宗主

---

① 列宁全集(第33卷):为了面包与和平[M].北京:人民出版社,1985:171.
② 保罗·巴兰,保罗·斯威齐.垄断资本[M].北京:商务印书馆,1977:105—106.

国-附属国"的关系链

弗兰克着重分析了垄断资本及垄断资本主义发展所导致的发达国家与发展中国家的不平等关系。他在1967年出版的《资本主义与拉丁美洲的不发达》一书中指出:"由于发达国家控制力先进技术,垄断了研发中心,又是跨国公司母公司的所在地,从而具有强大的支配力量,在国际关系中居中心地位。而发展中国家即使进行工业化,也仍然不得不依靠发达国家的优势力量,仍然不得不受发达国家的剥削。不公正的世界资本主义体系最基本的特征就是'宗主国—附属国'关系链:宗主国保持对附属国的垄断控制,附属国所产生的经济剩余被宗主国所占有。因此,发展中国家的不发达和发达国家的发达是同时并存而又不可分割,若不改变这种格局,发展中国家则持续不断地受制于发达国家,形成一种不发展的发展。"[①]

3. 垄断资本对外扩张的后果形成了"中心—外围"不平等的世界格局

阿明着重考察分析了垄断资本对外扩张的原因及其后果。他在1975年出版的《世界规模的积累》[②]和1976年出版的《不平等发展:论外围资本主义的社会形态》[③]等书中指出,资本之所以要对外扩张,是出于对利润的追求。当国内市场不能满足这种追求时,资本自然要寻求外部市场(国外市场),并且寻求原料产地或投资场

[①] Frank, A. G. Capitalism and Underdevelopment in Latin America. Historical Studies of Chile and Brazil[M]. New York: Monthly Review Press, 1967.
[②] 萨米尔·阿明.世界规模的积累[M].杨明柱,杨光,李宝源,译.北京:社会科学文献出版社,2008.
[③] 萨米尔·阿明.不平等的发展:论外围资本主义的社会形态[M].高铦,译.北京:商务印书馆,1990.

所距离"中心"(宗主国)越来越远的市场,以求获得高额利润。随着资本主义发展由私人垄断时期转向国家垄断时期,第二次世界大战以来,资本主义世界经历了重大的结构性变化,如国家垄断资本的产生、跨国公司的崛起、新的科技革命等,使得原有的世界格局和国际分工产生变化,其特点就是"中心"国家与"外围"国家的形成,并且"中心"国家(宗主国)生产软件和复杂的设备,而"外围"国家(附属国)则只生产硬件和简单产品,从而导致新的条件下国家之间的不平等。

第二节 垄断经济学理论

垄断经济学理论是西方产业经济中产业组织理论的重要组成部分,它主要研究特定产业领域中的垄断与竞争问题。

一、垄断经济学理论形成和发展的主要脉络

对于垄断经济学理论渊源,可追溯到亚当·斯密在《国富论》[①]中提出的市场竞争机制理论。进入19世纪60年代,自由竞争资本主义逐步过渡到垄断资本主义,1890年马歇尔出版的《经济学原理》[②]一书,首次提出了产业组织的概念,并提出了规模经济与竞争活力的两难选择问题即"马歇尔困境"。现代产业组织理论正是在

---

① 亚当·斯密.国民财富的性质和原因的研究(上卷)[M].郭大力,王亚南,译.北京:商务印书馆,1974.
② 马歇尔.经济学原理(上卷)[M].朱志泰,译.北京:商务印书馆,1964.

解决这个两难选择问题的基础上产生和发展起来的,由此马歇尔被称为产业组织理论的先驱。

20世纪初,垄断资本主义逐渐形成,卡特尔、托拉斯等垄断组织和形式有了相当快速的发展,垄断开始由原来的个别现象成为较为普遍的现象。尤其是30年代发生的经济危机,使以马歇尔为代表的正统经济理论与现实经济现象的矛盾十分突出,也使垄断问题成为人们关心的焦点,为此许多的经济学家进行了思考和探索。

20世纪30年代,英国经济学家琼·罗宾逊的著作《不完全竞争经济学》[1]在1933年出版。美国经济学家张伯伦的著作《垄断竞争理论》[2]也于同年出版,这标志着垄断竞争和寡头垄断市场结构理论的形成,打破了要么是完全竞争要么是完全垄断的分析框架,填补了完全竞争和完全垄断两极之间的空白,开辟了西方关于垄断问题研究的主渠道。

第二次世界大战之后,资本主义经济的高速发展和寡头垄断势力的进一步扩展,使得西方垄断经济理论研究进入了新的发展时期。以梅森和贝恩为代表的美国哈佛大学经济学家,在继承和吸收前人的研究成果基础上,结合并总结美国几十年来产业组织政策的实践,运用实证分析方法,建立起较为完整的产业组织理论体系,其标志性成果就是贝恩于1959年出版的《产业组织》[3]一书。书中提出了

---

[1] Robinson, J. The Economics of Imperfect Competition[M]. London: Macmillan, 1933. 也可参见:琼·罗宾逊.不完全竞争经济学[M].陈良璧,译.北京:商务印书馆,1961.

[2] Chamberlin, E. H. Theory of Monopolistic Competition[M]. Fifth Edition. Cambridge: Harvard University Press,1946. 也可参见:爱德华·张伯伦.垄断竞争理论[M].郭家麟,译.北京:生活·读书·新知三联书店,1958.

[3] Bain, J. S. Industrial Organization[M]. New York: John Wiley and Sons, 1959.

"SCP"分析范式,即市场结构、市场行为和市场绩效分析范式,并以研究市场结构为重点,分析了三者之间的相互关系,由此形成主流或经典的产业组织理论。哈佛学派强调市场结构对市场行为和市场绩效的决定作用,因此也被称为"结构主义学派"。

从20世纪60年代后期起,施蒂格勒、德姆塞茨、布罗曾等来自芝加哥大学的学者,对"结构主义学派"的主流产业组织理论进行了激烈的批评,并逐渐形成了一个新的学派即"芝加哥学派"。1968年,施蒂格勒出版了《产业组织》[①]一书,该书研究内容不是像结构主义学派那样只注重集中是否阻碍了竞争,而是注重集中及定价是否提高了效率。由于芝加哥学院极为注重效率标准,也就被称为"效率学派"。

20世纪70年代以来,由于可竞争市场理论、交易费用理论等新理论的引入,尤其是博弈论的引入,丰富了对市场行为的分析,研究由"结构主义"转向"行为主义",这些都对产业组织理论的研究基础、研究方法和研究重点产生了重要影响。有人将这种变化了的产业组织理论称为"新产业组织理论",这种变化也大大推动了产业组织理论的进一步发展。

与此同时,产业组织理论的研究从开始就十分注重其政策含义,一直与当时美国的反垄断法规和政府管制政策制定实施关系密切。

二、垄断经济学理论的主要内容

(一)关于市场结构分类及测量指标

市场结构是产业内企业间市场关系的表现形式及其特征,它

---

① 施蒂格勒.产业组织[M].王永钦,薛锋,译.上海:上海人民出版社,2006.

所体现的是产业市场上企业之间的垄断竞争程度,主要包括卖方之间、买方之间以及买卖双方之间在数量、规模、份额和利益分配等方面的关系和特征。

市场结构类别按照市场竞争或垄断程度可划分出四种类型,即完全竞争、完全垄断、垄断竞争和寡头垄断。一般来说,在现实生活中,完全竞争和完全垄断这两种类型是市场结构的两种极端,而垄断竞争和寡头竞争通常处于这两种类型之间。因此,产业组织理论研究的重点是垄断竞争和寡头垄断这两种类型下的市场结构、市场行为和市场绩效以及相互关系和政府干预的政策建议。

影响和决定市场结构及其变动的因素主要有市场集中度、产品差异化、进入和退出壁垒、市场需求的价格弹性、市场需求的增长率、短期成本结构、生产多样化等。

测量市场结构的指标主要分为两类,第一类是单个企业垄断势力的测量指标,主要包括勒纳指数、贝恩指数等;第二类是产业垄断和竞争程度的测量指标,主要包括产业集中度、洛伦茨曲线和基尼系数、赫芬达尔—赫希曼指数及熵指数。

(二) 市场行为的类型及企业并购行为产生的效应

市场行为是企业在市场上为追求利润或利益最大化所采取的行为,它反映了企业之间的竞争(或垄断)的方式、形式及其效果。

企业市场行为可分为企业价格行为和企业非价格行为。企业价格行为包括价格竞争行为和价格协调行为。企业非价格行为包括广告行为、产品差异化、研究与开发和并购行为等。

自博弈论被引入产业组织理论之后,策略性行为在市场行为中的重要地位被明确了,策略性行为是企业通过影响竞争对手对该企业行动的预期,使竞争对手做出对该企业有利的决策行为。

它分为非合作策略行为和合作策略行为。

企业并购是市场行为的一个重要方面,它是实现企业规模迅速扩张、实施资产重组的有效手段。企业并购按照并购双方的产业特征可分为横向并购、纵向并购和混合并购三种方式,不同并购等方式会产生不同的效应;横向并购的效率效应主要体现在规模经济效应和管理协同效应,但同时也会带来合谋和单边市场势力等反竞争效应。纵向并购的效率效应主要体现在节省交易费用和消除纵向价格扭曲等,但同时带来市场封锁和客户封锁等反竞争效应;混合并购的效率效应主要体现在有效利用资产和降低经营风险,其对竞争的影响可能是多方面的,某些影响可能改善资源配置,而另一些影响可能造成产业垄断、福利损失等,因此需要进行福利权衡。

(三)市场绩效综合评价及其与市场结构和市场行为的关系

市场绩效是以市场结构为基础、通过企业的市场行为使某一产业在价格、成本、产量、利润、产品质量、品种及技术进步等方面达到的最终经济效果,它实质上反映的是在特定市场结构和市场行为条件下的市场运行效率。

衡量市场绩效的微观指标主要有三个,即收益率、价格成本加成、托宾Q。而对市场绩效的综合评价主要考虑的方面则是:产业的资源配置效率、产业的规模结构效率、产业技术进步程度,产业组织内部的X—非效率等。

关于市场绩效与市场结构、市场行为三者关系的分析,在SCP分析框架中认为,市场绩效取决于市场行为,而市场行为又取决于市场结构;但芝加哥学派认为,市场绩效决定市场结构;新产业组织理论认为,市场行为处于市场结构与市场绩效之间,产生互动作用,是三者中最关键因素。

随着产业组织理论的不断发展,之前单向的静态分析框架转变为双向的动态分析框架,将会更为深刻地揭示市场绩效与市场结构、市场行为之间的内在联系和变动规律。

第三节 金融化理论

金融化理论从严格意义上说目前还没有形成一个统一的较完整的理论体系,但其研究范围主要包括经济金融化、资本与金融、金融资本、金融化与资本主义等问题。对此,从马克思主义经典作家到后来的马克思主义学派和西方学者都从不同角度进行了深入研究。这里仅从制度层面即金融化与资本主义制度关系的角度来进行理论概述,而涉及从经济运行层面,即金融化与一国经济乃至全球经济关系的角度分析的有关内容,因与金融发展理论有交叉融合,则将这一层面理论内容放在第四节"金融发展理论"进行概述。

一、金融化理论研究的主要脉络

虽然身处资本主义自由竞争时期和金融化还未充分发展时期,但是马克思在1867年出版的《资本论》一书中就对有关金融资本的问题包括货币资本、生息资本、信用和虚拟资本等进行了阐述,并且深刻揭示了生产与金融,金融与资本,金融资本与资本主义制度,生产过剩危机与货币危机、信用危机的内在联系,由此构成了马克思主义金融理论的核心内容,为之后马克思主义金融理论的发展奠定了基础。

19世纪末20世纪初,资本主义由自由竞争阶段过渡到垄断阶段,金融在现实经济生活中的作用日益突出,因此,马克思主义经典作家在注重研究垄断资本的同时,也开展了对金融资本的深入研究。拉法格在1903年最早提出了金融资本概念,并结合美国的托拉斯实际情况,分析探讨了金融资本的基本特征。1910年,希法亭出版了《金融资本》①一书,第一次全面阐述了金融资本理论,包括有关产业资本与银行资本融合为"金融资本"等思想和观点。1915年,布哈林出版了《世界经济与帝国主义》②一书,提出了金融资本主义是资本主义发展的最高阶段的论断。1916年,列宁出版了《帝国主义是资本主义的最高阶段》③一书,该书集中体现了垄断资本主义与金融资本的思想,列宁是马克思主义金融资本理论的集大成者。

20世纪30年代,世界经济处于大萧条时期,西方主要国家对金融资本及金融行业进行了一系列限制,因此在70年代之前,金融资本发展进入低谷期,与此相应,理论界对其的研究和关注大大减弱。自70年代末开始,尤其是在英国撒切尔夫人和美国里根总统执政时期,西方主要国家开始实施自由化、私有化和放松管制等经济政策,金融资本迅速膨胀。到了80年代至90年代,经济金融

---

① Hilferding, R. Finance Capital: A Study of the Latest Phase of Capitalist Development [M]. London: Routledge & Kegan Paul, 1981.

② 尼·布哈林.世界经济和帝国主义[M].蒯兆德,译.北京:中国社会科学出版社,1983.

③ 列宁全集(第27卷):帝国主义是资本主义的最高阶段[M].北京:人民出版社,1990.

化快速发展,成为资本主义国家新的重要特点。此时,金融化问题再次成为马克思主义学者和西方学者的研究重点,以沙奈、德洛奈、福斯特等为代表的马克思主义学者及其研究成果包括沙奈的《资本全球化》和《金融全球化》[1]、德洛奈《对全球金融资本主义的一个诠释》[2]等丰富和拓展了马克思主义金融理论。

进入21世纪以来,2008年金融危机爆发,进一步激发了马克思主义学者对资本主义金融化和金融垄断的进一步研究,从而不断推进了马克思主义金融理论的发展。

二、金融化理论研究的主要内容

(一) 马克思关于金融方面的理论阐述

1. 金融的基础是生产。货币和金融本身并不创造价值,必须通过生产过程,必须以生产过程的物品生产和价值创造所形成的社会再生产为基础。

2. 金融的核心是资本。资本运动是金融运行的实质,金融资本是资本的纯粹形式。马克思认为:"在生息资本上,资本关系取得了最表面、最富有拜物教性质的形式。"[3]在这里,资本表现为自我增殖的、自行创造的物,生产过程和流通过程已经看不到了,而且,"正因为价值的货币形态是价值的独立的可以捉摸的表现形

---

[1] 分别参见:Chesnais, F. La Mondialisation Du Capital[M]. Paris:Syros, 1994; Chesnais, F. La Mondialisation Financière: Genèse, Coût Et Enjeux[M]. Paris:Syros, 1996.

[2] 让·克洛德·德洛奈,刘英. 全球化的金融垄断资本主义[J]. 国外理论动态, 2005(10):12—15.

[3] 马克思恩格斯全集(第25卷)[M].北京:人民出版社,1974:440.

式,所以,以实在货币为起点和终点的流通形式 G…G′,最明白地表示出资本主义生产的动机就是赚钱"。①

3. 金融资本增大了资本主义基本矛盾。劳动与资本对立和生产无政府状态是资本主义经济关系的主要矛盾,而金融资本则进一步发展和扩大了这两方面的矛盾。一方面,金融资本作为虚拟资本,相对于实际资本具有极大的投机性和风险性;另一方面,金融资本的发展会"再生产出了一种新的金融贵族,……并在创立公司、发行股票和进行股票交易方面再生产出了一整套投机和欺诈活动",从而"把资本主义生产的动力——用剥削别人劳动的办法来发财致富——发展成为最纯粹最巨大的赌博欺诈制度"。②

(二)马克思主义关于金融资本与垄断资本主义方面的理论分析

1. 金融资本的产生首先基于资本主义生产中的资本关系

列宁认为,资本关系的变化是资本主义生产中首要的、基础的因素,是生产领域中垄断的产生引起了资本流通形式和规模的变化,而不是相反,并分析指出:"生产的集中;从集中生长起来的垄断;银行和工业日益融合或者说长合在一起,——这就是金融资本产生的历史和这一概念的内容。"③由此可见,构成金融资本的三个主要因素是:大资本的发展和增长达到一定程度;银行的作用(集中和社会化);垄断资本(控制某工业部门相当大的一部分,以致竞争被垄断所代替)。④

---

① 马克思恩格斯全集(第24卷)[M].北京:人民出版社,1972:68.
② 马克思恩格斯全集(第25卷)[M].北京:人民出版社,1974:496,499.
③ 列宁全集(第27卷):帝国主义是资本主义的最高阶段[M].北京:人民出版社,1990:362.
④ 列宁全集(第54卷):关于帝国主义的笔记(1915—1916年)电力托拉斯[M].

2. 金融资本的统治是垄断资本主义的实质

自由竞争资本主义阶段进入垄断资本主义阶段之后，金融垄断资本就成为占统治地位的资本形式。"金融资本对其他一切形式的资本的优势，意味着食利者和金融寡头占统治地位，意味着少数拥有金融'实力'的国家处于和其余一切国家不同的特殊地位。"① 列宁认为，这种集中在少数人手中并拥有实际垄断权的金融资本即金融寡头，将控制国家的经济命脉，建立起经济上的绝对统治，并掌握国家的政治权力，使国家机器完全服从于金融资本。不仅如此，金融资本在国内占据统治地位后，必然要实行对外扩张，将金融资本垄断势力扩展到世界范围。

3. 金融资本主义是资本主义发展的最高阶段

布哈林将资本主义分为商业资本主义、工业资本主义和金融资本主义三个阶段，并提出金融资本主义是资本主义发展的最高阶段的论断。② 列宁在此基础上进一步展开分析，并建立了以金融资本理论为基础的帝国主义理论。列宁认为，帝国主义的扩张本性是由金融资本对外扩张的必然性所决定的，因此，金融资本是国际垄断同盟瓜分世界的重要力量，也是国际垄断同盟推行殖民政策的有力工具，金融资本利用资本输出，控制别国经济命脉，将巨额财富聚集在少数国家，从而少数食利国靠榨取殖民地人民的剩余价值而存活，"资本主义成为极少数'先进'国对世界上绝大多数

北京：人民出版社，1990：375。

① 列宁全集（第27卷）：帝国主义是资本主义的最高阶段[M].北京：人民出版社，1990：374。

② 尼·布哈林.世界经济和帝国主义[M].蒯兆德，译.北京：中国社会科学出版社，1983：89。

居民实行殖民压迫和金融扼杀的世界体系"。①

（三）70年代之后马克思主义学者对资本主义金融化理论的发展

1. 金融全球化的起源及全球金融体系的脆弱性

弗朗索瓦·沙奈从全球化视角研究金融资本，在其《金融全球化》一书中，他分别对金融全球化的起源、金融全球化主要作用、金融全球化体系的脆弱性等进行了深入分析。沙奈认为，金融全球化是各国货币体系和金融市场之间日益紧密的联系，是西方国家推行金融自由化和放宽管制的结果。然而金融全球化是"不充分"或"不完善"的，主要表现在：美国以美元的地位以及美国债券和股票市场的规模支配着其他国家的金融体系，各国之间的发展不平衡以及它们之间的竞争并未消失，甚至被激活了；各个监管和监督机构是无能为力和不负责任的；这个整体的各个市场的统一是由金融交易者根据各市场不同程度的差别进行交易来实现的。②

当今金融全球化固有的特征是金融体系的脆弱性，金融全球化下的积累制度造成经济的缓慢增长，与货币资本要求的增殖形式与收益水平相互作用，共同构成了金融脆弱性。沙奈认为金融全球化其实是"金融占统治地位的全球化积累制度"（也可称为金融资本全球化），即金融机构、银行而且尤其是非银行机构统治之下的积累制度，它代表帝国主义的一种特殊形式。这种积累制度以整个世界体系作为一个整体，且以美国为主要支点、以金融为主

---

① 列宁全集（第27卷）：帝国主义是资本主义的最高阶段[M].北京：人民出版社，1990：327.

② 弗朗索瓦·沙奈等著.金融全球化[M].齐建华，译.北京：中央编译出版社，2001：2—6；299—305.

导,资本的重大转移应有利于货币资本增殖和取得剩余价值。而与金融积累制度相伴随的总是经济的缓慢增长,包括生产增长率,投资率和储蓄率的不断下降。

2. 当代资本主义是全球化的金融垄断资本主义

让·克洛德·德洛奈认为当代资本主义是"全球化的金融垄断资本主义,即金融资本与世界范围内的产业资本、商业资本、服务资本、保险资本和各种投资资本的复合体,各国的私人垄断资本和国家垄断资本融合成全球的私人垄断资本"[①]。因此,与沙奈不同,德洛奈对全球化的金融资本的研究不仅包括金融市场上的资本的新变化,还包括与生产相关联的资本特征。因此,在其《对全球金融资本的一个诠释》[②]一文中首先分析了当代资本主义的生产资本的"世界化"和"金融的全球化",然后在此基础上通过分析生产资本和金融资本之间的关系,得出"全球金融垄断资本主义"这一论断。德洛奈反对资本主义经济体系中的制造业最终要让位给金融业这一观点,认为资本的所有形式和部分,既包括生产资本也包括金融资本已在世界范围扩展并紧密地连接在一起。

3. 金融化导致资本主义陷入生产停滞和金融膨胀的恶性循环

约翰·贝拉米·福斯特是垄断资本学派即"每月评论派"的新一代领袖,他在继承了保罗·斯威齐和哈里·马格多夫的理论基础上,对资本主义金融化问题提出了新的见解。福斯特将金融化视为超越特定金融泡沫范畴的持续进程,认为金融化导致了资本

---

① 李其庆. 当代资本主义新变化——法国学者让·克洛德·德洛奈访谈[J]. 国外理论动态, 2005(9):1—5.

② 让·克洛德·德洛奈,刘英. 全球化的金融垄断资本主义[J]. 国外理论动态, 2005(10):12—15.

主义经济体制的深刻变化,但资本主义尚未进入全新的发展阶段,而是步入新的混合时期——"垄断金融资本主义阶段"。在这一阶段,资本主义陷入生产资本积累停滞趋势和金融资本扩张趋势的恶性循环。这是因为生产资本积累的停滞为金融膨胀提供了条件,但是资本的积累过程不仅是产业资本的积累,同时也是金融形式或货币形式资本的积累,金融资本的积累向来与生产资本的发展相并行,并不由生产资本积累周期所主导。这种资本主义内在具有双重积累体制的矛盾——金融资本积累虽然可以脱离于产业资本积累,但又必将最终依赖资本主义实物生产过程的矛盾。因此,使得"金融化已经成为停滞趋向的经济的永久性的、结构性的必然要求"。[1]

第四节 金融发展理论

金融发展理论是随着发展经济学的产生而产生的,其理论内容主要包括金融发展与经济增长之间的关系、金融体系(包括金融中介和金融市场)在经济发展中的作用、构建有效的金融体系和金融政策组合以促进经济增长、利用金融资源以实现金融和经济的可持续发展等方面。

一、金融发展理论形成和发展的主要脉络

金融发展理论是随着发展经济学的产生而产生的,但在20世

---

[1] Foster, J. B. The Financialization of Capitalism[J]. Monthly Review, 2007, 58(11): 1-12.

纪40—60年代初期，由于金融在实际经济发展中处于附属和被支配地位，因而西方发展经济学家并没有对金融问题进行专门研究。进入20世纪70年代以来，金融业得以迅速发展，同时第二次世界大战后一批新独立的国家经济发展受金融发展滞后的限制，一些西方经济学家开始从事金融与经济发展关系方面的研究工作。最早是格利和E. S.肖分别发表的《经济发展中的金融方面》[1]和《金融中介机构与储蓄-投资》[2]两篇论文，从而揭开了金融发展理论研究的序幕。之后雷蒙德·W.戈德史密斯在他的《金融结构与金融发展》[3]一书中创造性地提出金融发展就是金融结构的变化的观点，并构建了一个国家金融结构和金融发展水平衡量的基本指标体系。戈德史密斯的金融结构理论奠定了金融发展理论的基础，也成为70年代以后各种金融发展理论的重要渊源。1973年，罗纳德·麦金农的《经济发展中的货币与资本》[4]和E.S.肖的《经济发展中的金融深化》[5]两本书出版，标志着以发展中国家或地区为研究对象的金融发展理论真正产生。他们提出的"金融抑制"和"金融深化"理论被认为是发展经济学和货币金融理论的重大突破。自此，金融发展理论研究不断深入，许多经济学家纷纷提出新的观

---

[1] Gurley, J. G., Shaw, E. S. Financial Aspects of Economic Development[J]. American Economic Review, 1955, 45(4):515-538.

[2] Gurley, J. G., Shaw, E. S. Financial Intermediaries and the Saving-Investment Process[J]. Journal of Finance, 1956, 11(2):257-276.

[3] Goldsmith, R. Financial Structure and Development[M]. New Haven: Yale University Press, 1969.

[4] McKinnon, R. I. Money and Capital in Economic Development[M]. Brookings Institution, Washington, D.C., 1973.

[5] Shaw, E. S. Financial Deepening in Economic Development[M]. Oxford: Oxford University Press, 1973.

点与见解,不断充实和发展了金融发展理论。

二、金融发展理论的主要内容

(一)金融发展与金融结构变化

金融发展作为一个专用术语,戈德史密斯将其定义为金融结构的变化,金融结构包括金融工具的结构和金融机构的结构两个方面。一个社会不同类型的金融工具与金融机构组合构成了具有不同特征的金融结构,也形成了发展程度不同的金融结构。一般来说,金融工具和金融机构的数量、种类越多,金融服务的效率就越高,金融发展程度就越高。

(二)衡量金融发展的基本指标

衡量金融发展的指标,主要是衡量金融结构的状态和金融发展与经济增长的相互关系,因此衡量金融发展的指标可分为两类:一类是金融内部结构指标,另一类是金融发展与经济增长的相互关系指标。

有关金融内部结构指标,主要包括七个方面,即(1)主要金融资产(如短期债券、长期债券和股票等)占全部金融资产的比重;(2)金融机构发行的金融工具与非金融机构发行的金融工具之比;(3)在非金融机构发行的主要金融工具中金融机构持有的份额;(4)主要金融机构(如中央银行、商业银行、储蓄机构及保险组织)的相对规模;(5)同类金融机构资产与全部金融机构总资产的比率;(6)主要非金融部门的内源融资和外部融资的相对规模;(7)在外部融资方面,不同金融工具在已发行的各类债券和股票中所占的比重,如国内部门(主要是国内金融机构)和外国贷款人在各类债券和股票中的相对规模。①

有关金融发展与经济增长的相互关系指标,主要是金融相关率和货币化率。金融相关率是指一个时期一国全部金融资产的价值与该国经济活动总量的比值。它是衡量金融上层结构规模的最广泛尺度。金融资产包括非金融部门发行的金融工具(即股票、债券及各种信贷凭证)、金融部门(即中央银行、商业银行、清算机构、保险组织、二级金融交易中介)发行的金融工具(如通货与活期存款、居民储蓄、保险单等)和国外部门的金融工具等,而经济活动总量常用国民生产总值或国内生产总值来表示。货币化率是指一国通过货币进行商品与服务交换的价值占国民生产总值的比重,主要用来衡量一国的货币化程度。随着商品经济的发展,使用货币作为商品与服务交换媒介的范围越来越广,货币是金融资产的一个重要组成部分,从而货币化率成为反映社会的金融发展程度的一个重要指标。②

(三)金融发展与经济增长之间的关系及其规律

戈德史密斯在《金融结构与金融发展》③一书中,深入地研究了截至1963年近一百年内30多个国家的金融发展状况,发现了金融发展与经济增长之间的关系及其主要规律。

1. 从纵向看,在一国的经济发展过程中,金融资产的增长速度相对于国民财富的增长速度要快一些,金融相关率会随之提高,但金融相关率提高的程度有一定界限,随着经济发展到一定水平,金

---

① 王晓光.金融学[M].北京:清华大学出版社,2016:242—343.
② 同上。
③ Goldsmith,R. Financial Structure and Development[M].New Haven:Yale University Press,1969.

融相关率的变动趋于稳定。

2. 从横向看,经济欠发达国家的金融相关率比欧洲与北美国家的金融相关率低得多。欠发达国家的金融相关率在20世纪60年代初期通常在1/3至2/3,而美国与西欧在19世纪末期已经达到并超过这一水平,这也说明两类国家在金融发展上的时代差别。

3. 金融相关率还受一国经济结构基本特征的影响,包含生产集中程度、财富分配状况、投资能力、储蓄倾向等情况。这种经济的结构基本特征也会反映在该国非金融部门发行的债权和股权证券的市值与国民生产总值的比率之中,其比率程度则说明储蓄与投资的分离程度。

4. 一般来说,在大多数国家中,金融机构发行与持有的金融资产所占的份额会随着该国经济的发展而明显提高。

5. 随着一国金融机构和金融市场的发展,直接融资的内部结构也会相应发生变化,即债权增长会快于股权增长(许多国家限制金融机构持有股票),而且长期债权投资的增长会快于短期债券投资。并且,金融机构持有大部分债权,而公司股票则主要由个人持有。同时,发达国家金融机构持有的股票份额高于不发达国家,并有继续增长的趋势。

6. 从银行与非银行金融机构关系来看,非银行金融机构的资产占金融机构全部资产的比重不断提高,而银行资产占金融机构全部资产的比重趋于下降。目前在一些发达国家,非银行金融机构的金融资产总额已超过银行的资产总额。因而货币化比率在最初上升,之后将停止上升或者会下降。

(四)金融压抑与金融深化

金融压抑是指市场机制作用没有得到充分发挥的发展中国家

所存在的金融管制过多、利率限制、信贷配额以及金融资产单调等现象。由于一国金融市场发展不够,金融商品较少,居民储蓄率高,表现为利率管制、实行选择性的信贷政策、对金融机构进行严格管理以及人为高估本国汇率、提升本国币值等问题。麦金农考察了发展中国家普遍存在的金融压抑现象,并分析了导致金融压抑的原因和后果。

金融自由化也称"金融深化",是金融压抑的对称,它是麦金农和 E. S. 肖针对当时发展中国家普遍存在的金融市场不完全、资本市场严重扭曲和政府对金融严重干预而影响经济发展的状况而首次提出的,包含的解决方案就是放松管制,核心内容主要包括:解除对利率的管制,对利率实行灵活的管理方式;降低指令性计划作用,缩减或取消指导性信贷计划;打破金融垄断,减少金融机构的审批限制,加大金融同业的竞争;培育资本市场,发行直接融资工具,开放证券市场;放松对汇率和资本流动的限制,开放资本账户,实现资本项目可自由兑换等。

由此本书认为发展中国家实行金融改革、解除金融压抑是实现金融深化与经济发展良性循环的关键。

第三章 垄断资本与金融化国内外研究文献综述

第一节 国外研究文献综述

20世纪80年代以来,尤其是2008年全球金融危机以来,垄断资本和金融化在资本主义国家和全球范围内迅速发展,并发生了新的变化。对此,国外学者予以高度关注,并展开研究。研究涉及的范围广,内容较多,可将其归纳为六个方面,即:金融化和资本主义金融化的含义及其特征、金融化动因与实现机制、金融化与金融危机、金融化与经济增长、金融化与产业发展、金融化与金融监管。现分别对这六方面的研究文献进行综述。

一、金融化和资本主义金融化含义及其特征

(一)金融化的含义

金融化的含义,可以有多种理解,不同学科如经济学、政治学、社会学等均有不同的理解[①]。在此,仅从经济学角度,从两个方面即经

---

① Karwowski, E., Shabani, M., Stockhammer, E. Financialization: Dimensions and Determinants: A Cross-country Study[Z]. Post Keynesian Economics Study Group, 2016.

济金融化和资本主义金融化进行概述。

1. 经济金融化

一般认为,经济金融化是指金融部门、金融活动、金融工具等在宏观经济和微观经济中的影响作用不断增大。宏观经济层面的金融化主要从金融总量、金融结构等方面考虑和衡量,而微观经济层面的金融化主要从金融活动在非金融企业和个人家庭的功能作用及资产结构等方面进行考虑和衡量。

关于宏观经济层面的经济金融化,研究者主要从总量规模、收入分配、金融部门和非金融部门关系、资本积累等角度来定义经济金融化。从总量规模角度定义,经济金融化是一个金融机构、金融市场、金融业精英在国际与国内经济运行与政策制定中地位不断提升的过程。[1] 从收入分配角度定义,经济金融化是指金融服务或衍生品市场的收入大规模增长,收入分配向金融部门倾斜,并且逐步超越其他经济部门的过程。[2] 从经济部门之间关系的角度定义,经济金融化是金融机构、金融人才、金融工具和投资基金控制产业资本的规模逐步扩大[3]。经济金融化金融部门整体规模相对非金

---

[1] 分别参见:Epstein, G. A. Financialization and the World Economy [M]. Cheltenham: Edward Elgar Publishing, 2005: 339-347; Palley, T. I. Financialization: The Economics of Finance Capital Domination [M]. London: Palgrave Macmillan, 2013: 17-40.

[2] 分别参见:Anseeuw, W., Roda, J., Ducastel, A., et al. Global Strategies of Firms and the Financialization of Agriculture [M]// Biénabe, E., Rival, A., Loeillet, D. Sustainable Development and Tropical Agri-chains. Dordrecht: Spring Nature, 2017: 321-328; Palley, T. I. Financialization: The Economics of Finance Capital Domination [M]. London: Palgrave Macmillan, 2013: 17-40.

[3] Anseeuw, W., Roda, J., Ducastel, A., et al. Global Strategies of Firms and the Financialization of Agriculture [M]// Biénabe, E., Rival, A., Loeillet, D. Sustainable Development and Tropical Agri-chains. Dordrecht: Spring Nature, 2017: 321-328.

融部门的规模日益增长。① 经济金融化金融政策、金融行为占据经济活动的比重越来越重。② 从资本积累角度定义,经济金融化就是资本积累的另一种方式,当前经济进行资本积累的途径逐渐向金融部门倾斜的过程③。经济金融化是实体经济资本(无论是生产投资资本,还是个人财富)从金融途径获得的利润超越从贸易和商品生产途径获得的利润。④

关于微观经济层面的经济金融化,主要是从金融机构、非金融企业以及个人家庭经济活动结构和社会经济结构等的变化来考虑的。从金融机构内部结构转变的角度看,拉帕维查斯认为经济金融化是指金融机构脱离借贷角色,运用金融资本在金融市场交易获取利润。⑤ 与此类似的观点如阿格里塔和布雷顿认为经济金融化是金融机构更多地参与资本市场,银行主导型金融体系逐步向市场主导型金融体系转变,增加国际金融零售活动、衍生品交易以及复杂证券投资。⑥ 也有学者以全球化的条件来定义经济金融化,

---

① Krippner, G. R. The Financialization of the American Economy[J]. Socio-Economic Review, 2005, 3(2): 173 - 208.

② Aalbers, M. B. The Potential for Financialization[J]. Dialogues in Human Geography, 2015, 5(2): 214 - 219.

③ Krippner, G. R. The Financialization of the American Economy[J]. Socio-Economic Review, 2005, 3(2): 173 - 208.

④ 分别参见:Dore, R. Financialization of the Global Economy[J]. Industrial & Corporate Change, 2008, 17(6): 1097 - 1112; Lapavitsas, C. The Financialization of Capitalism:"Profiting without Producing"[J]. CITY, 2013, 17(6): 792 - 805.

⑤ 分别参见:Lapavitsas, C. Theorizing Financialization[J]. Work, Employment and Society, 2011, 25(4): 611 - 626; Lapavitsas, C. The Financialization of Capitalism:"Profiting without Producing"[J]. CITY, 2013, 17(6): 792 - 805.

⑥ Aglietta, M, Breton, R. Financial Systems, Corporate Control and Capital Accumulation[J]. Economy and Society, 2001, 30(4): 433 - 466.

即金融机构内部资产结构的转变从一个国家范围向全球范围扩散,外资银行向发展中国家扩张,出现小微金融、商品市场的金融化等等。[①] 从非金融企业内部结构转变角度来看,经济金融化是指金融在非金融企业中的重要性日益增加以及非金融企业对金融市场的深度参与。[②] 从个人家庭经济活动结构转变角度来看,经济金融化是指个人家庭越来越多地涉及金融市场,不管是债权人,还是金融资产持有者。[③] 有学者扩大了非金融部门与个人经济活动的范围,阿尔伯斯认为经济金融化是金融对整个经济社会的渗透,如劳动力市场、政府、教育、医疗、社会保障房等被金融行为、金融工具、金融语言所渗透,从而发生结构转型,以及在公共政策、个人家庭投融资决策等行为中更加偏向选择金融资产。[④]

2. 资本主义金融化

20世纪60年代,资本主义发展重心逐步转移到金融部门。对于资本主义金融化的研究,起源于金融资本概念的提出。希法亭揭示了资本主义经济发展特定历史事件的产业与金融之间的关系以及金融发展的变化过程。他认为金融资本是由银行资本与产业资本结合而产生,而股份公司在两者结合中起到重要作用。金融

---

① Bonizzi, B. Financialization in Developing and Emerging Countries[J]. International Journal of Political Economy, 2013, 42(4): 83-107.

② 分别参见:Milberg, W. Shifting Sources and Uses of Profits: Sustaining U.S. Financialization with Global Value Chains[J]. Economy and Society, 2008; Stockhammer, E. Financialization and the Global Economy[R]. Political Economy Research Institute, 2010.

③ Lapavitsas, C. Theorizing Financialization[J]. Work, Employment and Society, 2011, 25(4): 611-626.

④ Aalbers, M. B. Corporate Financialization[J]. The International Encyclopedia of Geography, 2015: 1-11.

化是食利阶层的政治、经济势力不断增强的过程。[1] 随着经济发展和时代的变化,金融化表现出更多的特征,其研究范围也得到拓宽。

较早对金融化进行系统研究的斯威齐和马格多夫,他们作为垄断资本学派在《每月评论》月刊上发表文章,对美国持续增长的债务问题进行了研究[2]。进入20世纪八九十年代,随着资本主义金融化的发展,对此问题的研究也更广泛。其代表人物和研究成果是法国学者弗朗索瓦·沙奈的《资本全球化》[3]和《金融全球化》[4],西方左翼学者如美国的福斯特、法国的德洛奈、英国的哈曼等,运用马克思主义阶级分析方法对资本主义金融化问题进行了深入研究。索耶认为金融化现象的研究应当更多地将其置于资本主义某一发展阶段中进行分析,资本主义金融化是指金融市场规模的扩大,包括银行存款增加以及股票市场的发达,是20世纪80年代以来资本主义经济进入新阶段的表现。[5] 汉森从金融史角度提出金融化是金融资本角色的一种转变过程,即金融资本在资本主义经济中逐步从过去服从地位转换为主导地位。金融资本的自

---

[1] Hilferding, R. Finance Capital: A Study of the Latest Phase of Capitalist Development[M]. London: Routledge & Kegan Paul, 1981.

[2] Sweezy, P. M, Magdoff, H. The Dynamics of U.S. Capitalism[M]. New York: Monthly Review Press, 1972.

[3] Chesnais, F. La Mondialisation Du Capital[M]. Paris: Syros, 1994. 也可参见译著:弗朗索瓦·沙奈.资本全球化[M].齐建华,译.北京:中央编译出版社,2001.

[4] Chesnais, F. La Mondialisation Financière: Genèse, Coût Et Enjeux[M]. Paris: Syros, 1996. 也可参见译著:弗朗索瓦·沙奈.金融全球化[M].齐建华,胡振良,译.北京:中央编译出版社,2006.

[5] Sawyer, M. C. Theories of Monopoly Capitalism[J]. Journal of Economic Surveys, 1988, 2(1): 47-76.

我独立和自我循环,产生了虚拟金融资本。① 福斯特将资本主义金融化定义为资本主义经济活动重心从产业部门转向金融部门,资本主义经济形态发展为垄断资本之后,垄断资本对金融部门的依赖日益增强,逐渐形成垄断金融资本,资本主义的金融化是资本主义发展阶段——垄断金融资本主义阶段的重要特征之一。② 阿瑞吉认为资本主义的金融化就是世界经济霸权转型周期中国家之间、资本之间权力分配竞争加剧的结果。③

（二）金融化和资本主义金融化的特征

1. 经济金融化的主要特征

与经济金融化分为宏观层面和微观层面相对应,经济金融化的表现特征也可从宏观层面和微观层面进行概述。经济金融化在宏观经济层面的主要特征,包括各类金融活动相对宏观经济规模增加、收入不平等扩大、总需求抑制、金融脆弱性的增加。金融活动在宏观经济中的相对规模增加的具体表现有:金融部门(包括银行和非银行金融机构)产值规模在 GDP 中的占比增加,金融部门就业人数占比增加、金融与非金融企业的产值之比增加④;金融服务以及金融衍生品市场的收入在 GDP 中所占比例越来越大⑤。同

---

① Hansen, P. H. From Finance Capitalism to Financialization: A Cultural and Narrative Perspective on 150 Years of Financial History[J]. Enterprise & Society, 2014, 15(4): 605–642.

② Foster, J. B. The Financialization of Capitalism[J]. Monthly Review, 2007, 58(11): 1–12.

③ Arrighi, G. The Long Twentieth Century: Money, Power, and the Origins of Our Times [M]. London and New York, NY: Verso Books, 1994.

④ Krippner, G. R. The Financialization of the American Economy[J]. Socio-Economic Review, 2005, 3(2): 173–208.

⑤ Anseeuw, W., Roda, J., Ducastel, A., et al. Global Strategies of Firms and the Financialization of Agriculture[M]// Biénabe, E., Rival, A., Loeillet, D. Sustainable Development and Tropical Agri-chains. Dordrecht: Spring Nature, 2017: 321–328.

时,在全球范围内还表现为金融机构、金融集团以及金融交易在各个国家间互相渗透,更有发达国家对发展中国家的金融渗透,国际资本流动规模增速比世界总产出、商品和服务贸易额的增速更快[1];在发展中国家表现为外资银行的扩张、国外金融资本的大规模进入等。[2] 金融脆弱性增加的具体表现为:社会债务占 GDP 比值增加[3],通过无数金融工具进行的金融交易呈现爆炸性增长[4],实体经济整体杠杆率增加、金融和房地产所有权集中[5],风险交易和风险敞口的增加。[6] 收入不平等及总需求受影响的具体表现为金融企业与非金融企业的利润率的比值逐渐增大[7],在收入分配上就表现为资本收益的增加以及劳动力收入份额降低,进而影响总需求的产生过程。[8]

而经济金融化在微观经济层面的主要特征集中在对金融部门、非金融企业、个人家庭的金融化。金融部门自身的金融化表现

---

[1] Milberg, W. Shifting Sources and Uses of Profits: Sustaining U. S. Financialization with Global Value Chains[C]. CEPN/SCEPA Conference, 2008.

[2] Bonizzi, B. Financialization in Developing and Emerging Countries[J]. International Journal of Political Economy, 2013, 42(4): 83 – 107.

[3] Palley, T. I. Financialization: The Economics of Finance Capital Domination[M]. London: Palgrave Macmillan, 2013:17 – 40.

[4] Krippner, G. What is Financialization? [R]. MIMEO, Department of Sociology, UCLA, 2004.

[5] Lagoarde-Segot, T. Financialization: Towards a New Research Agenda[J]. International Review of Financial Analysis, 2017, 51: 113 – 123.

[6] Hardie, I. How Much Can Governments Borrow? Financialization and Emerging Markets Government Borrowing Capacity[J]. Review of International Political Economy, 2011, 18(2): 141 – 167.

[7] Krippner, G. R. The Financialization of the American Economy[J]. Socio-Economic Review, 2005, 3(2): 173 – 208.

[8] Mishel, L., Bernstein, J., Shierholz, H. The State of Working America 2008/2009[M]. Ithaca NY: Cornell University Press, 2009.

特征为各类金融创新的发展,传统银行主导型金融体系向金融市场主导型金融体系转型。例如,金融自由化改革、金融交易与投机速度加快,出现资产证券化、影子银行、互联网金融、地缘政治金融等,其中,银行逐渐将经营活动转移到开放的金融市场,向开放性金融与家庭金融中介转型[1],导致金融逐步脱离实体经济。有学者认为金融部门金融化的表现为:金融自由化改革,金融周转速度变化,投机交易增加,银行证券化和影子银行的出现,信息网络更为复杂以及地理政治金融的出现。[2] 非金融企业金融化的特征主要包括两方面:一是金融活动日益在非金融企业生产活动中占据重要地位,如金融产品成为非金融企业产品线之一,[3]商品金融化等现象越来越普遍,[4]金融人才、金融工具和投资基金控制产业资本的规模逐步扩大;[5]二是股东价值最大化成为企业经营管理的核心,由此产生了"股东价值革命",其开始于20世纪80年代,公司治理被金融理论所影响,企业利润更多地用于增加股东回报,通过股息支付、股票回购,甚至通过兼并和收购来提高股东回报,以及

---

[1] 分别参见 Lapavitsas, C. Theorizing Financialization [J]. Work, Employment and Society, 2011, 25(4): 611-626; Lapavitsas, C. The Financialization of Capitalism: "Profiting without Producing" [J]. CITY, 2013, 17(6): 792-805.

[2] Lagoarde-Segot, T. Financialization: Towards a New Research Agenda [J]. International Review of Financial Analysis, 2017, 51: 113-123.

[3] Milberg, W. Shifting Sources and Uses of Profits: Sustaining U. S. Financialization with Global Value Chains [C]. CEPN/SCEPA Conference, 2008.

[4] Basak, S., Pavlova, A. A Model of Financialization of Commodities [J]. Journal of Finance, 2016, 71(4): 1511-1556.

[5] Anseeuw, W., Roda, J., Ducastel, A., et al. Global Strategies of Firms and the Financialization of Agriculture [M]// Biénabe, E., Rival, A., Loeillet, D. Sustainable Development and Tropical Agri-chains. Dordrecht: Spring Nature, 2017: 321-328.

企业股份资产价值日益提升金融和实际资产所有权集中。[1] 非金融企业的利润收入更大一部分来自金融渠道。[2] 非金融公司越来越多地倚重金融而不是产品生产作为资金的来源。[3] 个人家庭经济活动的金融化主要体现在家庭负债总额占可支配收入增加、家庭金融收入占总收入比例增加。[4]

2. 资本主义金融化的主要特征

学者普遍认为在资本主义发展的不同阶段资本主义金融化具有不同的特征和表现。从资本主义早期发展阶段来看,早期金融化的特征表现主要是银行资本参与产业发展及与产业资本融合,如银行资本投资于股份公司,对企业经营进行控制。这是早期金融化的重要现象,也是金融资本产生的早期形式。[5] 但随着金融化的进一步发展,金融资本产生了新的特征,其角色功能也发生了很大变化。福斯特认为金融化是垄断金融资本主义的重要特征[6],并认为金融化是垄断资本主义进入垄断金融资本主义的重要手段,垄断资本主义阶段的经济特征为经济停滞,金融不断发展,进而带动资本主义进入垄断

---

[1] Lagoarde-Segot, T. Financialization: Towards a New Research Agenda[J]. International Review of Financial Analysis, 2017, 51: 113-123.

[2] Krippner, G. R. The Financialization of the American Economy[J]. Socio-Economic Review, 2005, 3(2): 173-208.

[3] Milberg, W. Shifting Sources and Uses of Profits: Sustaining U. S. Financialization with Global Value Chains[C]. CEPN/SCEPA Conference, 2008.

[4] Karwowski, E. Corporate Financialisation in South Africa: From Investment Strike to Housing Bubble[J]. Competition & Change, 2018, 22(4): 413-436.

[5] Hilferding, R. Finance Capital: A Study of the Latest Phase of Capitalist Development[M]. London: Routledge & Kegan Paul, 1981.

[6] Foster, J. B. The Financialization of Capitalism[J]. Monthly Review, 2007, 58(11): 1-12.

金融资本主义阶段。①

不仅如此,还有学者从金融资本的地位作用和金融部门与实体部门的关系这两个方面概括资本主义金融化的主要特征。其代表性的观点是拉帕维查斯从阶级分析视角研究金融化的表现特征,他认为新的食利阶层的涌现是金融化演进中追逐金融资本利益的本质体现,是其他阶层(工人和其他人)的个人收入被食利阶层金融掠夺的过程,金融资本日益占据主导地位,加剧金融掠夺。② 而大卫·科茨认为在经济全球化、新自由主义的背景下,垄断金融资本逐渐表现出在经济、政治上的霸权主义,并独立于实体经济,凌驾于实体经济之上。金融部门日益远离实体经济,即在经济中的金融部门与实体部门的分离速度加快,表现为金融交易并不是为实体经济服务,而是独立于实体,为自身谋福利。③

二、金融化动因与实现机制

国外学者对金融化的动因与实现机制有较多的讨论,主要集中在经济停滞与新自由主义两大方面。

(一) 金融化与实体经济停滞

有学者认为资本积累方式的金融化,进一步加深了经济停滞,

---

① Foster, J. B., Holleman, H. The Financialization of the Capitalist Class: Monopoly-finance Capital and the New Contradictory Relations of Ruling Class Power[C]. Imperialism, Crisis and Class Struggle: The Enduring Verities and Contemporary Face of Capitalism, Leiden and Boston:Brill Publishers, 2010: 191-202.

② Lapavitsas, C. Financialised Capitalism: Crisis and Financial Expropriation[J]. Historical Materialism, 2009, 17(17): 114-148.

③ Kotz, D. M. Financialization and Neoliberalism[M]. Toronto: University of Toronto Press, 2008.

经济停滞是其副产品。金融化的债务融资是引起经济泡沫、经济动荡的主要因素,经济周期中的长期停滞正是源自于金融化。① 还有学者认为,资本主义金融化是由经济停滞引起的,研究显示大量的利润留存用于生产投资,会造成过度积累,产能过剩,进而加剧市场竞争降低利润率。这种资本积累和经济停滞之间的矛盾在资本主义发展过程中通常交替出现:20 世纪 30 年代,美国的资本主义出现停滞,凯恩斯主义采用国家资本投资拉动内需;第二次世界大战后,诸多因素刺激战后经济增长,然而到 20 世纪 70 年代,资本主义再次出现停滞。在这种历史背景下,金融逐步从原有服务于实体经济的角色转变为躲避经济停滞的庇护所,比如非金融企业更多地依赖于债权、股权融资等金融手段,个人也倾向于举债消费、举债理财等。② 马格多夫和福斯特也指出:"资本主义日益依靠资本积累的金融化来消化过剩产能(资本主义本身带来的高强度剥削和收入不平等抑制了总需求)和经济停滞……金融化是垄断资本永久化停滞的必然结果。"③

在经济停滞的动因驱动下,有学者对金融化实现机制进行了分析,认为金融化是企业通过留存利润的金融化积累来实现的,企业利润不断转化为金融利润,金融利润并不转化为企业生产投资。④ 同时,也有学者认为技术进步、电子贸易扩张、金融产品和投

---

① Palley, T. I. Financialization: The Economics of Finance Capital Domination [M]. London:Palgrave Macmillan,2013 :17 - 40.

② Foster, J. B. The Financialization of Capitalism[J]. Monthly Review, 2007, 58 (11): 1 - 12.

③ Magdoff, F., Foster, J. B. Stagnation and Financialization: The Nature of the Contradiction[J]. Monthly Review, 2014, 66(1).

④ Fine, B. Financialization from a Marxist Perspective[J]. International Journal of Political Economy, 2013, 42(4): 47 - 66.

资工具创新、杠杆效应等因素使金融投资者可获得比实体经济更多的利润。① 同时,拉帕维查斯认为,在国际环境不稳定的情况下,中央银行对国内货币体系的控制增强,成为金融化的主导与保障机构,金融化的现象从而被进一步加强与推进。② 而在全球化条件下,这种因经济停滞带来的金融化水平加速提升,对于成熟的资本主义国家,其实现机制是跨国公司垄断了全球的贸易与生产,生产重心从西方转移到了东方新兴经济体。国内产能过剩带来经济停滞,使得资本除了流向国内金融市场,更是通过跨国公司、外资银行等组织形式向全球扩张,以此来实现资本主义的发展,消化过剩产能。③ 尤其是对于发展中国家和新兴经济体而言,随着资本市场的开放,资本积累速度加快,国内金融化速度提升。④ 从国际货币体系来看,布雷顿森林体系崩溃之后,美元变为准世界货币,为了应对国际汇率和利率的不稳定,国际间资本流动增加,从而加速了发展中国家的金融化。⑤

(二) 金融化与新自由主义

很多学者认为,近几十年的金融化现象是由于新自由主义造

---

① Anseeuw, W., Roda, J., Ducastel, A. et al. Global Strategies of Firms and the Financialization of Agriculture[M]// Biénabe, E., Rival, A., Loeillet, D. Sustainable Development and Tropical Agri-chains. Dordrecht: Spring Nature, 2017: 321 - 328.

② Lapavitsas, C. Theorizing Financialization[J]. Work, Employment and Society, 2011, 25(4): 611 - 626.

③ 分别参见: Aalbers, M. B. Corporate Financialization[J]. The International Encyclopedia of Geography, 2015: 1 - 11; Lapavitsas, C. The Financialization of Capitalism: "Profiting without Producing"[J]. CITY, 2013, 17(6): 792 - 805.

④ Bonizzi, B. Financialization in Developing and Emerging Countries[J]. International Journal of Political Economy, 2013, 42(4): 83 - 107.

⑤ Lapavitsas, C. The Financialization of Capitalism: "Profiting without Producing"[J]. CITY, 2013, 17(6): 792 - 805.

成了经济结构变化,从而促进了金融化的迅速产生,金融化是新自由主义的特征。① 具体从资本积累机制来看,新自由主义相关政策的实施,扩大了垄断资本追求利润的范围(利息、股息、知识产权等等),进而使得金融能够渗透入社会的方方面面。金融化由新自由主义刺激催化而来,两者都主张全球贸易自由。但两者涉及的内容以及政策含义仍有一定区别。金融化在新自由主义的推动下,有自身新的特点(区别于 19 世纪末金融资本主导阶段的特征)。金融化关注的是资本交易以及如何为交易创造最好的条件,而新自由主义更多的是关注生产消费,涉及经济社会的方方面面,却忽略了金融创造金钱的能力以及对其他经济体的影响。②

还有学者持不同的看法,如斯威齐和福斯特等学者认为经济萧条与停滞才刺激金融化的产生,而与新自由主义无关。③ 新自由主义开始于 20 世纪 80 年代,与新古典经济学和经济自由主义密切相关,主张让市场机制优于国家干预,应当消除过多政策干预来确保市场自由运行。④ 而金融化是 20 世纪 70 年代以来越来越突出

---

① 分别参见:Kotz, D. M. Financialization and Neoliberalism[M]. Toronto: University of Toronto Press, 2008; Lazzarato, M. Neoliberalism in Action: Inequality, Insecurity and the Reconstitution of the Social[J]. Theory Culture & Society, 2009, 26(6): 109 – 133; Rolnik, R. Late Neoliberalism: The Financialization of Homeownership and Housing Rights[J]. International Journal of Urban & Regional Research, 2013, 37(3): 1058 – 1066; Tomaskovic – Devey, D. Beware Financialization, Attractive and Dangerous, but Mostly Dangerous[J]. Teorija in Praksa, 2015, 52(3): 382 – 393.

② Davis, A., Walsh, C. Distinguishing Financialization from Neoliberalism[J]. Theory, Culture & Society, 2017, 34(5 – 6): 27 – 51.

③ 分别参见:Foster, J. B. The Financialization of Capitalism[J]. Monthly Review, 2007, 58(11): 1 – 12; Sweezy, P. M. Why Stagnation?[J]. Monthly Review, 1982, 56(2): 69 – 77.

④ Davis, A., Walsh, C. Distinguishing Financialization from Neoliberalism[J]. Theory, Culture & Society, 2017, 34(5 – 6): 27 – 51.

的表现,从而在资本主义政治经济学中兴起一种较为普遍认同的观点,该观点认为是金融市场的不断发展促使新自由主义的诞生。①

三、金融化与金融危机

关于金融化与金融危机之间的因果关系,也是学者在 2008 年美国金融危机爆发之后讨论更多的话题,学者普遍认为是金融化引发或者加剧了金融危机,只是影响途径可以有多种解释。

(一)金融化与资本主义经济危机

一些学者较早地研究了资本主义经济危机与金融化的关系,根据资本主义经济自身发展的特点,推导出金融危机是金融化发展的一种必然结局。在巴兰、斯威齐和马格多夫看来,资本主义发展到垄断资本主义阶段,垄断资本主义中金融资本的投机活动的增加,实体经济利润率下降,大量积累的剩余资本无法进入资本再循环,生产剩余日渐上升,此时资本的金融投机活动增加,进而引发经济危机。② 阿瑞吉认为金融化是一个资本主义国家发展的必然趋势,而金融化的加深必然导致金融危机,对于世界经济霸权国家而言,金融化是特定的国家在物质扩张后进入衰退期,在国际上国家之间的竞争加剧,金融扩张必将导致经济霸主面临终极危机。③ 托马斯·帕利通过分析金融化中的群体行为、短期行为以及

---

① Foster, J. B. The Financialization of Capitalism[J]. Monthly Review, 2007, 58(11): 1-12.

② Baran,P.A, Sweezy, P. M., Magdoff, H. Monopoly Capital[M]. New York: Monthly Review Press, 1966.

③ Arrighi, G. The Long Twentieth Century: Money, Power, and the Origins of Our Times [M]. New York: Verso, 1994.

明斯基超级周期理论,提出金融化可能会导致经济陷入债务型通货紧缩与长期衰退状态,而金融危机是金融化发展的必然结局。①

还有一些学者认为一国金融化在全球范围的扩张会进一步加剧其他国家的金融脆弱性。在经济复苏过程中,金融化的具体表现形式为证券化,证券化加深金融市场对债务杠杆的依赖性,金融市场缺乏稳定性,这也加剧了个别国家经济的脆弱性,比如欧洲国家②,由此强调一国中央银行对金融稳定有重要作用。③ 还有学者认为,金融化使得全球范围内的金融稳定表现出跨国际的极度不平衡。④

(二) 金融自由化与金融危机

一般认为,金融化是金融自由化的表现,金融活动的扩张以及管制的放松引发了金融危机。布伦纳认为金融化是一种积累模式,即利润主要从金融渠道积累,随着资本积累的增加,生产能力的不断扩张,降低了实体投资的利润率,从而企业对低借贷的依赖加深,而此时政府通过放松金融管制来维持企业对低借贷的依赖。金融业监管的放松,进一步促进了金融投机活动,加大了资本市场风险积累,亦推动房地产与信用市场泡沫形成。⑤ 克里斯·哈曼和

---

① Palley, T. I. Financialization: The Economics of Finance Capital Domination [M]. London: Palgrave Macmillan, 2013: 17-40.

② Buchanan, B. G. The Way We Live Now: Financialization and Securitization[J]. Research in International Business and Finance, 2017, 39: 663-677.

③ Gabor, D. (De)Financialization and Crisis in Eastern Europe[J]. Competition & Change, 2010, 14(3-4): 248-270.

④ Dore, R. Financialization of the Global Economy[J]. Industrial & Corporate Change, 2008, 17(6): 1097-1112.

⑤ Johnson, D. L. Critical Political Theory and Radical Practice—Social Inequality Economic Decline and Plutocracy[M]. London: Palgrave Macmillan, 2017.

亚历克斯·卡利尼科斯则认为金融扩张和信贷供给增长是金融化的特征，是当代资本主义的显著趋势，加快了经济危机爆发的过程。①

四、金融化与经济增长

关于金融化对经济增长的影响，不同学者有不同看法。较为对立的两者观点是，一种认为金融化能够促进经济增长，另一种认为金融化反而抑制了经济增长。

（一）金融化对经济增长的促进效应

持有金融化能够促进经济增长观点的学者，通过构建相应增长模型来说明这一正向影响机制，这些增长模型包括卡莱茨基模型、消费驱动模型以及出口导向增长模型等。有学者采用以卡莱茨基模型（Kaleckian Model）为基础的增长模型来分析垄断资本金融化的长期效应。海因在后卡莱茨基内生增长模型（Post-Kaleckian Model）中，将股东控制权作为金融化指标，结果显示股东权利的增加刺激了资本积累、生产率以及经济增长。② 帕利在新卡莱茨基增长模型（Neo-Kaleckian Model）框架下，采用债务指标来表示金融化，认为高债务对经济增长有影响，影响机制为在金融化条件下，借贷资本的收益增加，进而增加了消费支出、减少了储蓄，产能利用率和利润率随之增

---

① 分别参见：Callinicos, A. Bonfire of Illusions: The Twin Crises of the Liberal World[J]. Science & Society, 2010, 76(1): 130 – 132; Harman, C. Zombie Capitalism: Global Crisis and the Relevance of Marx[M]. London: Haymarket Books, 2010.

② Hein, E. "Financialization", Distribution, Capital Accumulation, and Productivity Growth in a Post-Kaleckian Model[J]. Journal of Post Keynesian Economics, 2012, 34(3): 475 – 496.

加,投资也会随之增长,最后促进经济总体增长。①

而斯托克海默则提出了消费驱动型模式(主要适用于盎格鲁-撒克逊国家)和出口导向型增长模式(代表性国家有日本、德国与中国)两种解释金融化促进经济增长的模型。就消费驱动型模式而言,一些国家可支配收入的短缺通过信贷和债务水平的提高得到补偿,房地产市场的繁荣使得个人家庭能够贷出更多款项,这些国家掀起了靠经常账户赤字产生的信贷融资消费的热潮,促进了经济增长,但是进一步加剧了盎格鲁-撒克逊国家收入分配的两极分化;而关于出口导向型增长模式,那些即使提供充足的信贷消费支出依然疲软的国家,就建立了以出口为导向的增长模式。② 持相同观点的学者还有皮特·罗斯曼等。③

(二) 金融化对经济增长的抑制效应

许多学者从金融化与实体经济增长之间的关系入手,通过研究非金融企业不断增长的金融投资与该部门经济增长的情况,得出非金融部门的金融化通常会降低该部门自身的经济增长率,并且非金融企业部门增长均主要体现在企业债务与股东权益的增加。④ 福斯特以美国为研究对象,从总量规模视角选取美国金融部门对国民经济增长贡献、利润规模、吸纳就业等指标分析得出,美国

---

① Palley, T. I. Financialization: The Economics of Finance Capital Domination [M]. London: Palgrave Macmillan, 2013:17-40.

② Stockhammer, E. Financialization and the Global Economy [R]. Political Economy Research Institute, 2010.

③ Rossman, P., Greenfield, G. Financialization: New Routes to Profit, New Challenges for Trade Unions [J]. Labour Education, 2006(142): 1-10.

④ Tomaskovic, D. D., Lin, H. K., Meyers, N. Did Financialization Reduce Economic Growth? [J]. Social Science Electronic Publishing, 2015, 13(3): 525-548.

FIRE(金融业、保险业、房地产业等金融部门简称)行业的 GDP 贡献率从 1980 年的 16% 上升到 2007 年的 20%,但制造业在同期却呈现下降趋势。① 欧兹古·奥汗格兹通过对 1952—2002 年美国非金融企业的金融化程度的实证研究,得出非金融企业的金融活动会造成对实体投资的挤出效应的结论。② 金融化程度的加深,不仅对实体经济起到挤出作用,而且实体经济对于金融信贷的依赖增加,金融的地位反而高于实体经济,同时金融化的发展也使得本来局限于生产消费某一环节的风险扩散范围增大。③ 威廉·拉佐尼克等人指出企业高管追求股东利益最大化的价值理念是美国非金融企业金融化的根源,这导致其进行抬升股价的短期性行为,不利于就业稳定和经济增长,影响经济繁荣的可持续发展,因此需要在金融化程度与经济发展间做出平衡。④

五、金融化与产业发展

在分析金融化对经济增长的影响作用中,一些学者重点研究了金融化对一国产业发展的影响。研究主要集中在两个方面:一是金融化对一个国家产业结构的影响;二是金融化对产业组织的

---

① Foster, J. B. The Financialization of Capitalism[J]. Monthly Review, 2007, 58 (11): 1 - 12.

② Orhangazi, O. Financialisation and Capital Accumulation in the Non-Financial Corporate Sector: A Theoretical and Empirical Investigation on the US Economy: 1973—2003 [J]. Cambridge Journal of Economics, 2008, 32(6): 863 - 886.

③ Aalbers, M. B. Corporate Financialization[J]. The International Encyclopedia of Geography, 2015: 1 - 11.

④ Lazonick, W., O Sullivan, M. Maximizing Shareholder Value: A New Ideology for Corporate Governance[J]. Economy and Society, 2002, 29(1): 13 - 35.

影响。

（一）金融化对产业结构的影响

现有研究主要讨论金融化对产业结构的影响，包括规模结构、空间结构、就业结构。从规模结构来分析金融化对产业的规模结构影响来看，一些学者认为金融化改变了产业内部各产业部门间的规模结构比例。克瑞普纳通过对20世纪80年代以来美国经济的研究，得出金融化程度的加深促使金融行业的产值相对于非金融部门的产值比例逐步增大，第三产业的比重增加，同时服务业中金融业的比重增加。① 费霍等对21世纪巴西产业结构和金融化之间的关系做了定量分析，发现金融化推动了早期的去工业化进程，工业在GDP中的比例也随着金融化的加深而下降。② 也有学者分析了金融化对资本密集型产业的影响，得出金融资本因为自身的逐利行为，能够进一步支持高风险资本密集型的产业，促进相关资本密集型产业的成长。③ 同时，已有文献还分析了不同的金融部门结构对产业结构的影响。在金融市场中，若股票市场、债券市场发达，则规模小的企业更容易获得外部融资，进而保障了产业结构的合理化与高级化。但若金融化的体系与层次发展不够完善，则一些大型企业的垄断资本将在资本市场中更有优势，挤压中小企业的融资与发展，进而影响产业间的协调发展。在全球范围内，表现

---

① Krippner, G. R. The Financialization of the American Economy[J]. Socio-Economic Review, 2005, 3(2): 173−208.

② Feijo, C., Lamônica, M. T., Lima, S. S. Financialization and Structural Change: The Brazilian Case in the 2000s[R]. Center for Studies on Inequality and Development, 2016.

③ Morawetz, N. The Rise of Co-Productions in the Film Industry: The Impact of Policy Change and Financial Dynamics on Industrial Organization in a High Risk Environment[D]. Hertfordshire: the University of Hertfordshire, 2009.

为不发达国家的企业在进入发达国家资本密集、高新技术的产业后,通常难以存活下来,这主要是因为其缺乏资本支持。因而,在金融化的条件下,这些小型企业、资本市场不发达国家的企业,在国际竞争中通常处于劣势。①

从空间地理的角度来分析金融化对产业空间结构的影响来看,有学者认为金融化促进了产业资本在空间上聚集,主要原因是金融化使投资能在区域进行集中,从而对资源进行空间整合,使得资本流动保持更好的状态。② 同时,扎德马驰认为金融市场能够有效将资本配置到产出效率最大的地方,金融越发达,这种配置效果越好。③

从就业结构来分析金融化对产业结构中就业结构的影响来看,多尔认为金融化使得各产业间的劳动力分配呈现出金融化的态势。④ 金融化改变了产业间的人才就业分配,比如高校更乐意培养金融方面的人才,而金融市场不仅吸收本专业的人才,更是吸收理工科类的人才,在金融中运用数学与信息技术。⑤ 还有学者认

---

① Lin. J. Y., Zhang, P. Development Strategy, Optimal Industrial Structure and Economic Growth in Less Developed Countries[R]. Center of International Development at Harvard University Working Paper, 2007.

② Theurillatx, T., Corpataux, J., Crevoisier, O. Property Sector Financialization: The Case of Swiss Pension Funds (1992 - 2005)[J]. European Planning Studies, 2010, 18(2): 189 - 212.

③ Zademach, H. Global Finance and the Development of Regional Clusters: Tracing Paths in Munich's Film and TV Industry[J]. Journal of Economic Geography, 2009(9): 697 - 722.

④ Dore, R. Financialization of the Global Economy[J]. Industrial & Corporate Change, 2008, 17(6): 1097 - 1112.

⑤ 分别参见:Dore, R. Financialization of the Global Economy[J]. Industrial & Corporate Change, 2008, 17(6): 1097 - 1112; Kedrosky, P., Stangler, D. Financialization and Its Entrepreneurial Consequences[J]. Kauffman Foundation Research Paper, 2011.

为,金融服务部门的收缩对于产业结构再调整有重要作用。收缩后产生的劳动力可以被初创公司吸收,有利于初创公司的发展,进而促进产业发展。①

（二）金融化对产业组织的影响

在研究金融化产业结构影响的同时,不少学者对产业内部的竞争关系也进行了研究,主要包括市场结构与市场行为两方面。

在市场结构方面,主导的观点是金融化加快了产业集中度的提升,而产业资本的垄断和垄断金融资本的到来更是加速了这一进程。因为垄断资本一方面能够获得垄断利润,另一方面在资本市场上更容易获得金融机构的贷款,无论是内源性融资还是外源性融资,其都有更强的优势去弥补自身的资金缺口,从而在市场中拥有更强的竞争力,即企业在资本市场的竞争能力影响了其在实体经济的竞争实力。② 早在20世纪90年代,有学者就提出了在资本市场具有竞争优势的企业同样会在实体经济中具有更强的竞争能力,在位的资本大鳄会通过缩紧竞争对手的融资约束来取得产品市场上的垄断胜利,该理论被称为捕食者理论(the Theory of Predation),其将公司金融与产业组织较好地结合在一起。③

---

① Kedrosky, P., Stangler, D. Financialization and Its Entrepreneurial Consequences[J]. Kauffman Foundation Research Paper, 2011.

② 分别参见：Bolton, P., Santos, T., Scheinman, J. A. Cream Skimming in Financial Markets[J]. The Journal of Finance, 2016, 71(2): 709−736; Bolton, P., Scharfstein, D. S. A Theory of Predation Based on Agency Problems in Financial Contracting [J]. The American Economic Review, 1990, 80(1): 93−106; Riordan, M. H. How Do Capital Markets Influence Product Market Competition? [C]. The Inaugural International Industrial Organization Conference, 2003.

③ Bolton, P., Scharfstein, D. S. A Theory of Predation Based on Agency Problems in Financial Contracting [J]. The American Economic Review, 1990, 80(1): 93−106.

在市场行为方面,有学者从在位者与潜在进入者之间的竞争关系进行研究,研究表明金融化进一步降低了企业进入某一产业的比率,特别是减少了中小企业的数量。① 产业集中度的上升意味着竞争程度的下降,因此,在标志性的产业组织理论 SCP 分析范式下,有学者提出垄断和竞争是相对应的,竞争下降会提升产业垄断程度、增加企业垄断行为和提高企业盈利能力。②

六、金融化与金融监管

随着金融化的发展,金融监管也同时产生,两者相互作用,互为因果。在世界经济不断发展、不断更新的条件下,金融监管的难度也进一步加大。对此,不少学者进行了专门研究。

(一) 金融化与金融监管的关系

1. 金融化催生金融监管

20 世纪 70 年代,随着新自由主义的兴起,自由竞争、自由市场、政府不干预等成为提高市场绩效的手段与政策方向,而正是这种市场环境,使得资本主义国家放松管制政策,促使学术界开始关注和研究金融化与金融监管问题。

不少学者认为金融化引发的金融危机使得金融监管有存在的必要性。斯托克海默认为,由于高利润投资机会的不足,促使拥有大量经济剩余的大规模企业和大额资本的投资者更倾向于投机性

---

① Christophers, B. Financialisation as Monopoly Profit: The Case of US Banking [J]. Antipode, 2018: 1-27.
② Sawyer, M. What Is Financialization? [J]. International Journal of Political Economy, 2013, 42(4): 5-18.

投资,同时,经济全球化使得这种投机性行为在全球范围内扩散。例如,投机者运用杠杆投机债券、期权、期货以及各类金融衍生产品,越来越多的资本流入金融市场,这也就酝酿了更大的金融泡沫,不仅没有进一步化解经济停滞的困境,反而引起了经济危机。①针对这种经济体系的复杂性和脆弱性,其他学者还从不同角度提出构建相应的金融监管机制来解决这些问题。有学者提出管制者应当通过一些措施增加金融网络弹性,防止系统的崩溃,通过市场自我管制模式进行风险管理。②也有学者将经济社会金融稳定视为公共品,在此基础上设计公共管制政策和行为机制来保证经济功能的顺利运转。金融市场存在自我的风险控制体系,但是基于市场的自我管制无法保持整个社会的金融稳定,从而相应的金融监管应当被视为公共品,由公共部门实施监管政策进行监管。③

不仅如此,艾巴认为是资本主义金融化和自由化过程中资本主义内部的利益冲突产生了对金融监管的需求。④

2. 金融监管促进企业的金融化

不少学者认为金融监管可以促进企业的金融化。波德等人认为一些企业金融化的产生源自金融监管,以法国 Banque Mutuelle

---

① Stockhammer, E. Financialization, Income Distribution and the Crisis[J]. Investigacion Economica, 2012, 71(279): 39-70.

② Ho, T. S. Y., Palacios, M., Stoll, H. R. Dynamic Financial System: Complexity, Fragility and Regulatory Principles[J]. Financial Markets, Institutions & Instruments, 2013, 22(1): 1-42.

③ Becker, J., Jäger, J., Leubolt, B., et al. Peripheral Financialization and Vulnerability to Crisis: A Regulationist Perspective[J]. Competition & Change, 2010, 14(3-4): 225-247.

④ Aybar, S. Financialization and Regulation: The Fate of Basle 2 and the Future of International Convergence of Capital Measurement Standards[J]. International Journal of Arts and Commerce, 2012, 1(4): 220-236.

（法国的一家互助合作银行）为例，它是由一些需要获得银行服务但是无法从传统银行获得银行服务的组织机构建立，该银行的客户大部分是中小企业，但是这些企业均拥有该银行的股份，其目的是为了获得高质量的银行服务而不是利润最大化，从而该银行也不依赖金融市场的评估。一般而言，国际银行的运营模式中资本成本和盈利能力是主要评价标准，《巴塞尔协议Ⅱ》正是基于此制定监管标准来防范风险，而法国将巴塞尔协议标准同样应用于国内中小银行，从而改变了银行的内部管理方法和信用关系，反而产生了金融化。[1]

（二）金融与信息技术融合下的金融监管

随着信息技术的发展，金融与技术的融合，使得金融化发生新变化，相应地金融监管也产生了改变。克特雷尔提出随着金融和信息技术的融合，资本主义经济衍生出信息资本主义与数字资本主义。[2] 在此基础上衍生出数字金融服务的概念，包括电子交易、电子支付技术、电子票证等金融服务，一系列基于人工智能和先进分析技术被应用于金融业，例如大数据下的信用评分平台；与此同时，区块链技术和数字货币的发展更是给金融业带来了变革性的变化。[3] 新的数字技术提高了资本市场的效率，充分释放了市场上资本的利用率，也提升了市场信用甄别的能力。当然，这也使得垄

---

[1] Baud, C., Chiapello, E. How the Financialization of Firms Occurs: The Role of Regulation and Management Tools[J]. Mit Plasma Science & Fusion Center, 2015, 56(3): 439–468.

[2] Ketterer, J. A. Digital Finance: New Times, New Challenges, New Opportunities[R]. Inter-American Development Bank, 2017.

[3] Galhau, V. D. Constructing the Possible Trinity of Innovation, Stability and Regulation for Digital Finance[J]. Financial Stability Review, 2016(20): 7–13.

断金融资本逐渐演变为国际垄断金融资本,使得国家范围乃至全球范围的投机活动成为可能。更为重要的是,不但投资者可操作大规模的垄断资本,而且中小投资者能够以更便捷更多样的方式接触到金融服务。①

有学者研究认为,信息化在促进资本主义金融化、金融资本的泡沫化与虚拟化的同时,也暗含风险和障碍:信用平台缺乏有效监管,缺乏获得高质量和负担得起的数字连接(宽带接入)技术与途径,导致支付空间可能带来不可预见和具有严重破坏性的变化。信用评估和货币流通是金融服务中最为关键的两个要素,因而监管机构应当对资本市场信息平台上的信息汇总、交易、传递等进行有效监管。②同时,有学者对新技术带来金融监管变革进行了总结。例如,区块链技术催生了加密数字货币,拓展了金融资本积累的领域与方式,但对该技术的应用也产生了不同的监管观点。一些国家将数字货币视为商品,并要求对其交易进行征税;另一些国家将数字货币只单纯地视为货币实行监管。不过最终都集中在主要通过法律手段对其运用进行规制。区块链的技术在金融服务上的应用虽然受到监管,但其本身也可以作为监管者监管的工具,对金融市场乃至各类交易市场进行监管。③

---

① Ketterer, J. A. Digital Finance: New Times, New Challenges, New Opportunities [R]. Inter-American Development Bank, 2017.
② 同上。
③ Cermeno, J. S. Blockchain in Financial Services: Regulatory Landscape and Future Challenges for Its Commercial Application [J]. BBVA Research Working Paper, 2016.

第二节　国内研究文献综述

国内学者一直关注当今资本主义及其金融化最新发展动向，2008年美国金融危机之后，进一步加大了对西方新自由主义理论的讨论与反思，同时也加强了对马克思主义垄断资本和金融资本理论的进一步研究，并注重吸收国外有关金融化最新理论，结合我国的实际情况进行研究。国内研究内容可归纳为六方面，即经济金融化与金融全球化概念界定、金融化与垄断资本主义、资本主义金融化的影响、经济金融化与中国经济增长、经济金融化与中国产业发展、金融化发展趋势。现分别对这六方面研究文献进行综述。

一、经济金融化与金融全球化概念界定

（一）经济金融化

国内学者一般认为经济金融化是指金融行业在整体经济活动中的比重提高的过程，有学者认为经济金融化是一国国民经济中货币及非货币性金融工具总值占经济总产出的比重不断提高的过程与趋势。[1] 有学者认为金融化是金融部门的膨胀。[2] 还有学者认为，经济金融化并不是单纯的金融部门相对于实体部门重要性的

---

[1] 王广谦. 经济发展中的金融化趋势[J]. 经济研究, 1996(9): 32—37.
[2] 刘元琪. 战后以来垄断资本的演变过程及其未来发展趋势[J]. 政治经济学评论, 2013(3): 167—185.

提升,更应当包含收入从实体部门转移到金融部门。①

还有学者以金融结构演进的阶段划分为基础,将经济金融化划分为经济货币化、经济信用化、经济证券化、经济虚拟化等四个阶段。在不同的阶段,经济金融化的特征表现不同,例如在经济金融化的初级阶段,经济货币化、经济信用化是金融化的主要表现,但随着科技、经济的发展和金融工具的创新,经济金融化的表现逐步向经济证券化、经济虚拟化靠近。② 同时,经济金融化也表现为非金融部门的发展以及金融部门与非金融部门之间的相对发展速度。③ 金融化衡量的标准主要包括非金融企业中金融资本的比重,金融部门与实体部门的产值比,金融业与非金融业利润比值。④

随着金融科技的迅速发展,各类金融技术使得实体资产转换为金融资产变得更为便捷与迅速。⑤ 由此,一些学者在经济金融化的基础上进行了概念延伸,提出了商品金融化、⑥互联网金融化等

---

① 分别参见:马锦生. 金融垄断资本的演进逻辑——论金融垄断资本主义的特征[J]. 武汉科技大学学报(社会科学版),2015(3):314—321;张成思,张步昙. 中国实业投资率下降之谜:经济金融化视角[J]. 经济研究,2016(12):32—46.

② 蔡则祥,王家华,杨凤春. 中国经济金融化指标体系研究[J]. 南京审计学院学报,2004(1):49—54.

③ 张慕濒,诸葛恒中. 全球化背景下中国经济的金融化:涵义与实证检验[J]. 世界经济与政治论坛,2013(1):122—138.

④ 分别参见:陈享光. 金融化与现代金融资本的积累[J]. 当代经济研究,2016(1):5—15;银锋. 经济金融化趋向及其对我国金融发展的启示[J]. 求索,2012:43—45.

⑤ 分别参见:张成思,张步昙. 再论金融与实体经济:经济金融化视角[J]. 经济学动态,2015(6):56—66;赵玉敏. 世界经济金融化对中国制造业的影响[J]. 国际贸易,2008(11):49—53.

⑥ 分别参见:李书彦. 大宗商品金融化对我国农产品贸易条件的影响[J]. 农业经济问题,2014(4):51—57;张成思,刘泽豪,罗煜. 中国商品金融化分层与通货膨胀驱动机制[J]. 经济研究,2014(1):140—154.

概念。

（二）金融全球化

国内学者一般认为金融全球化是指一国金融体系对于国际资本和国外金融机构的开放，[1]是全球金融活动以及风险发生机制联系日益紧密，并且不可逆转的过程。[2] 有学者认为金融全球化形成需要三个要素：一是放松金融监管，实现金融市场自由化；二是消除国家间金融市场的藩篱；三是去中介化。[3]

还有学者将金融全球化的具体内容概括为五个方面，即资本流动全球化、金融市场全球化、货币体系全球化、金融机构全球化以及金融协调和监管全球化。[4] 金融全球化是经济全球化的核心，但生产全球化和贸易全球化是其在实体经济的表现形式，这两者的实质亦是以资本流动为核心。[5] 伴随着经济全球化的快速发展，金融全球化日益凸显并成为经济全球化的主要表现形式和重要组成部分，而金融亦成为现代经济的核心和资源配置的枢纽。[6]

（三）经济金融化与金融全球化的联系

有学者认为经济金融化和全球金融化两者有所区别，主要在于经济金融化与金融全球化在经济发展中的作用不同，经济金融

---

[1] 施琍娅. 货币、金融国际化与经济金融化传导关系的研究[D]. 上海社会科学院, 2010.
[2] 李扬. 金融全球化问题研究[J]. 国际金融研究, 2002(7): 8—14.
[3] 臧秀玲, 杨帆. 金融垄断资本全球扩张的动因和影响[J]. 山东大学学报（哲学社会科学版）, 2014(1): 8—19.
[4] 戴相龙. 关于金融全球化问题[J]. 金融研究, 1999(1): 1—6.
[5] 张宇, 蔡万焕. 金融垄断资本及其在新阶段的特点[J]. 中国人民大学学报, 2009(4): 2—8.
[6] 费利群. 金融垄断资本与金融垄断资本主义及其当代启示[J]. 当代经济研究, 2011(4): 8—13.

化促使一国的金融机构成为企业并购的主导,而金融全球化使得一国金融机构在全球范围内参与并购,并购的范围主要在金融业内实现,并促使一国金融业参与全球竞争。① 同时,金融全球化的快速发展,使得金融化过程中的风险在全球范围积累,使得金融危机发生的范围增大,频率增加,对于一国金融安全的维护带来了严峻挑战。②

与此同时,也有学者认为经济金融化与金融全球化虽然两者的作用各有不同,但却相互促进、彼此融合。一方面金融全球化是经济金融化的内在需求,而经济金融化推动了金融全球化发展。③ 另一方面经济全球化推动金融化向全球范围蔓延。④ 在相互促进的过程也是彼此不断融合,有学者研究认为经济金融化中金融市场本身的扩张,推动了金融理论的发展,金融创新繁盛改变了人类的金融模式与版图。在信息科技革命推动下,全球性金融交易市场的成本降低,金融得以在全球范围内扩张。⑤ 还有学者认为,国际经济金融化是指金融在国际经济活动中地位不断提升的趋势与过程,即金融活动逐渐成为国际经济活动的核心,金融成为世界经济的重要资源,金融关系和金融政策成为纽带和协调工具的过程与趋势。⑥

---

① 白钦先,薛誉华.百年来的全球金融业并购:经济金融化、金融全球化和金融自由化的体现(一)[J].上海金融,2001(7):4—7.
② 张振岩,张燕萍,胡仕春.金融全球化:金融危机与中国金融安全维护[J].世界经济与政治论坛,2000(1):46—49.
③ 臧秀玲,杨帆.金融垄断资本全球扩张的动因和影响[J].山东大学学报(哲学社会科学版),2014(1):8—19.
④ 张宇,蔡万焕.金融垄断资本及其在新阶段的特点[J].中国人民大学学报,2009(4):2—8.
⑤ 向松祚.新资本论:全球金融资本主义的兴起、危机和救赎[M].北京:中信出版社,2015.
⑥ 林楠.经济金融化的风险与过度金融化的危害研究[J].西南金融,2016(2):23—27.

二、金融化与垄断资本主义

国内学者对资本主义及其与垄断资本主义发展这一方面的内容进行了较为深入的讨论。

（一）资本主义的经济金融化

不少学者对资本主义的经济金融化进行研究,有从马克思主义资本运动方式的角度来分析,认为金融化是一个与货币化、货币资本化和虚拟资本化发展相联系的经济现象,是资本的运动方式历史性地从 M—C—M′ 向 M—M′ 转变,最终金融资本凌驾于生产资本,通过货币资本化和虚拟资本化实现高度垄断经济与政治权力。① 有的从产业资本转化方面分析,认为金融化是实体经济向虚拟经济转化、产业资本向金融资本转化的过程,企业等资本持有者为了获得更多的利益,将产业资本向金融资本进行转化。② 而实体资本向虚拟资本转化的过程,就是资本的证券化、银行化、货币化。最后表现为企业利润的积累更多地通过金融渠道而不是实体经济活动来实现。③

还有学者从生产方式的角度来分析,认为资本主义金融化是资本主义经济生产方式的转变,其以虚拟金融资本垄断为主导统治社会经济生活,20 世纪 70 年代以来的金融资本具有与以往不同

---

① 陈享光.马克思政治经济学观点下的金融化现象解读[J].人民论坛·学术前沿,2017(2):54—61.
② 徐丹丹,王芮.产业资本金融化理论的国外研究述评[J].国外理论动态,2011(4):37—41.
③ 刘元琪.战后以来垄断资本的演变过程及其未来发展趋势[J].政治经济学评论,2013(3):167—185.

的特点,金融资本形态不再以实体资本经济形态为主导,资本价值开始脱离实际生产,虚拟资本占主导地位,而且与信息化、科学技术的融合,进一步加固了虚拟资本统治地位,金融化就是资本主义生产方式的转变,最终形成以金融为主体,金融自我循环、自我膨胀为主导的生产方式。①

(二) 金融化与垄断资本主义发展阶段

1. 垄断资本主义发展阶段

国内学者对垄断资本主义的发展阶段进行了初步研究,提出较多观点。有学者提出超国家垄断资本主义阶段,认为摆脱国家管制、跨越国家界限的垄断资本正处于超国家垄断资本主义阶段。② 也有学者认为国家垄断资本主义是私人垄断资本主义之后的阶段,而国际垄断资本主义是垄断资本主义在全球扩展而形成的,资本主义国家通过金融输出,以大型跨国公司为载体来控制全球资本市场和生产贸易,当今资本主义阶段处在国际垄断资本主义阶段。③ 还有学者认为国际垄断资本是帝国主义的高级阶段。④ 而金融垄断资本主义是资本主义金融化的结果,是金融化与垄断资本主义发展相融合的产物,当今资本主义社会就处于金融垄断资本主义阶段。⑤

---

① 栾文莲,刘志明,周淼. 资本主义经济金融化与世界金融危机研究[M]. 北京:中国社会科学出版社,2017.

② 罗文东. 超国家垄断资本主义:对当代资本主义的一种理论分析[J]. 当代世界与社会主义,2006(5):74—77.

③ 王博. 论当代垄断资本主义的四个阶段[J]. 学理论,2014(22):34—35.

④ 李庆. 当代资本主义是国际垄断资本主义:帝国主义的高级阶段[J]. 唯实,2002(8):35—38.

⑤ 张宇,蔡万焕. 金融垄断资本及其在新阶段的特点[J]. 中国人民大学学报,2009(4):2—8.

2. 金融垄断资本主义

不少学者对在金融垄断资本主义阶段性认同的基础上,对其形成和发展进行了深入研究。有学者对金融垄断资本及金融垄断资本主义进行了较为清晰的定义,在以列宁所指的银行资本与工业资本的融合的传统金融垄断资本的概念基础上,提出现代金融垄断资本是金融业垄断资本与非金融业垄断资本的融合与混合生长,两者相互渗透相互影响。金融资本有多种方式组成,包括以金融业垄断资本为中心,以非金融业垄断资本为中心,以及由金融业垄断资本和非金融业垄断资本平行组成。同时指出,金融垄断资本是资本存在的最高形态,而以金融垄断资本为主导的资本主义则成为金融垄断资本主义。① 可以说,金融垄断资本主义是西方社会垄断资本主义发展与金融化相融合产生的阶段,而其正是金融化与垄断资本主义融合的产物。② 还有学者认为,金融垄断资本主义的产生是资本主义自身发展的必然结果,当资本主义发展到垄断资本主义阶段,将会产生大量经济剩余,金融资本的扩张(也即金融化)能够消化经济剩余,即金融化是垄断资本主义消化经济剩余的一种有效途径。③ 金融垄断资本主义阶段金融资本的表现特征主要有金融化、虚拟化、自由化。④

关于金融垄断资本主义的发展变化,有学者认为在垄断资本主义阶段变迁中,金融垄断资本主义发展经历了国家金融垄断资

---

① 费利群. 金融垄断资本与金融垄断资本主义及其当代启示[J]. 当代经济研究,2011(4):8—13.
② 王博. 论当代垄断资本主义的四个阶段[J]. 学理论,2014(22):34—35.
③ 李黎力. 资本积累和金融化:明斯基与垄断资本学派[J]. 中国人民大学学报,2017(1):92—100.
④ 张宇,蔡万焕. 金融垄断资本及其在新阶段的特点[J]. 中国人民大学学报,2009(4):2—8.

本主义、全球金融垄断资本主义或者国际金融垄断资本主义,其中国家金融垄断资本主义产生的主要是因为金融资本一旦形成会逐渐通过私人联合以及与政府联合对经济、政治进行控制。① 还有学者认为,随着全球化的推进,金融垄断资本通过在全球范围扩张发展成为国际金融垄断资本,进一步对全球经济政治进行控制。② 并且,有学者研究认为当代垄断资本主义已经进入全球金融垄断阶段,而其特征就是垄断资本的金融化、全球化、霸权化。③

关于金融垄断资本向全球扩张的内在机制,有学者认为最为主要的原因来自资本主义内部矛盾,即资本主义经济过剩。金融垄断资本具有强烈获得更大资本积累的动力,从而其本身具有向外扩张的动力;同时,经济全球化、一体化以及跨国公司的形成为金融垄断资本在全球扩张提供了优质条件与途径,信息技术为其全球扩张提供了技术支持,全球范围的新自由主义是其扩张的政治基础,以美元为主导的国际货币金融体系为其全球化提供了经济制度基础。④

三、资本主义金融化的影响

关于资本主义金融化的影响,国内学者着重探讨了资本主义

---

① 费利群. 金融垄断资本与金融垄断资本主义及其当代启示[J]. 当代经济研究,2011(4):8—13.

② 分别参见:马锦生. 金融垄断资本的演进逻辑——论金融垄断资本主义的特征[J]. 武汉科技大学学报(社会科学版),2015(3):314—321;张宇,蔡万焕. 金融垄断资本及其在新阶段的特点[J]. 中国人民大学学报,2009,23(4):49—53.

③ 齐兰,曹剑飞. 当今垄断资本主义的新变化及其发展态势[J]. 政治经济学评论,2014(2):117—140.

④ 臧秀玲,杨帆. 金融垄断资本全球扩张的动因和影响[J]. 山东大学学报(哲学社会科学版),2014(1):8—19.

金融化在经济不平衡、经济危机方面的影响作用。

（一）资本主义金融化与经济发展不平衡

在经济不平衡方面,现有研究主要从收入分配和经济体系两极分化的角度来说明资本主义金融化如何带来经济不平衡。有学者从收入分配的角度分析看,认为资本主义金融化的过程引发了资本主义阶级关系的变化:一是资本家阶级内部的分化,即金融资本不再处于从属地位,而是凌驾于产业资本之上;二是金融垄断资本加强了资本对工人工资、家庭收入的掠夺,并且剥削范围从直接生产过程扩大到劳动力再生产过程。[①] 这也使得收入分配在垄断资本金融化、金融全球化的影响下具有两极分化趋势。[②] 还有学者通过引入金融化,构建了一个利润分享模型,由此实证验证垄断资本金融化和垄断程度的加深加剧了行业收入分配差距。[③] 而从经济体系的角度进行研究来看,资本主义金融化带来的两极分化主要体现在两方面:一是货币信用资源的两极分化,表现为国际货币金融体系两极分化,即当前美元、欧元等是世界储备货币,而美元在国际货币体系中占据主导地位;二是实体经济与虚拟经济的两极分化,即虚拟经济规模已经大幅度超过实体经济。[④]

[①] 马锦生.金融垄断资本的演进逻辑——论金融垄断资本主义的特征[J].武汉科技大学学报(社会科学版),2015(3):314—321.

[②] 分别参见:林楠.经济金融化的风险与过度金融化的危害研究[J].西南金融,2016(2):23—27;徐云松.中国经济金融化的演进趋势与路径选择——基于总量与结构视角的分析[J].征信,2017(6):11—19.

[③] 鲁春义.垄断、金融化与中国行业收入分配差距[J].管理评论,2014(11):48—56.

[④] 向松祚.新资本论:全球金融资本主义的兴起、危机和救赎[M].北京:中信出版社,2015.

还有学者将这种经济不平衡拓展到全球范围进行分析,提出国家间的不平衡现象。资本主义金融化中国际金融垄断资本主义的形成,使得金融霸权在全球范围内建立,金融霸权主义者通过金融资本加重了对发展中国家以及工人工资的盘剥。① 落后国家在全球价值链分工体系中发展的是低端产品、低端产业,在全球价值分配中处于被剥削地位,金融资本在位者利用全球财务系统对这些国家进行资本收割。② 有学者认为经济金融化已使全球发展失衡问题更加严重,国际局势动荡不已。③

(二) 资本主义金融化与经济危机

金融危机的频发,国内学者也愈加重视对危机产生的原因、机制等方面的研究探讨。从金融危机或经济危机产生的原因分析,国内学者认为金融具有天然的不稳定性,这源自信用的投机性和自我膨胀。在国际金融垄断资本主义条件下,金融化推向了全球范围,在世界金融体系中潜藏了金融不稳定因素。④ 还有学者认为在实体经济与虚拟经济失衡的情况下,国家实体经济衰退、资产价格泡沫、发展中国家债务问题、银行系统不稳定等问题,资本主义内部矛盾逐步积累导致最终危机爆发,随着金融化的迅猛发展乃至在全球扩张,资本主义金融化进一步加剧了国内外金融环境的

---

① 臧秀玲,杨帆. 金融垄断资本全球扩张的动因和影响[J]. 山东大学学报(哲学社会科学版),2014(1):8—19.

② 分别参见:江涌. 金融化与工业化:两条不同的发展道路[J]. 当代经济研究,2016(2):49—58;刘锡良. 过度金融化问题[J]. 财经科学,2017(5):22—24.

③ 程恩富,谢长安. 当代垄断资本主义经济金融化的本质、特征、影响及中国对策——纪念列宁《帝国主义是资本主义的最高阶段》100 周年[J]. 社会科学辑刊,2016(6):54—63.

④ 陈人江. 金融垄断资本与食利性帝国[J]. 河北经贸大学学报,2013,34(1):23—29.

不稳定性。① 金融资本的不断集聚、持续膨胀，经济高杠杆率，全球经济紧密相连，危机一旦爆发，各国都将在不同程度上受到全球性经济危机的冲击影响，②并在全球范围内引起世界经济政治局势的动荡。③

四、经济金融化与中国经济增长

国内学者十分关注并着重研究经济金融化对中国经济增长的影响效应，主要对其产生的促进效应和抑制效应进行分析。同时还对金融化水平与不同经济发展阶段影响效应进行分析。

（一）经济金融化对中国经济增长的促进效应

从经济金融化对经济增长影响机制来看，随着金融化的不断演进，金融化的发展会促进资本市场的兴起，从而成为我国经济发展强有力的支撑，进而支持金融化水平的提升。④ 还有，良好的金融发展可以有效提高一国的全要素生产率，进而对于经济增长具有重要的促进作用。⑤ 有学者运用2000—2011年中国31个省份

---

① 臧秀玲，杨帆. 金融垄断资本全球扩张的动因和影响[J]. 山东大学学报（哲学社会科学版），2014(1)：8—19.

② 分别参见：鲁春义. 资本金融化转移的特征、机制与影响——基于经济主体金融化行为的视角[J]. 征信，2015(9)：71—75；徐云松. 中国经济金融化的演进趋势与路径选择——基于总量与结构视角的分析[J]. 征信，2017(6)：11—19.

③ 程恩富，谢长安. 当代垄断资本主义经济金融化的本质、特征、影响及中国对策——纪念列宁《帝国主义是资本主义的最高阶段》100周年[J]. 社会科学辑刊，2016(6)：54—63.

④ 王广谦. 经济发展中的金融化趋势[J]. 经济研究，1996(9)：32—37.

⑤ 刘文革，周文召，仲深，等. 金融发展中的政府干预、资本化进程与经济增长质量[J]. 经济学家，2014(3)：64—73.

的面板数据,考察了金融发展、技术创新与经济增长的关系,得出金融发展不仅直接促进经济增长,还通过推动技术创新实现对经济增长的间接促进。[1] 也有学者利用中国 1952—2007 年的数据,利用 VAR 因果关系检验和方差分解研究中国金融发展与经济增长之间的关系,得出金融发展能够促进经济发展的结论。[2]

从金融结构角度来看,有学者认为有效的金融结构能够更好地服务工业发展需求,进而有利于经济增长,如易纲等人以金融部门、非金融企业部门、居民部门为对象测度并分析我国金融资产结构,阐明了当前的结构改善是否适应经济发展的需要这一现实问题。[3] 还有学者认为金融结构应与相应阶段的实体经济需求相吻合,从而有效地实现金融体系功能,促进实体经济发展。有学者提出最优金融结构假说,认为对于发展中国家,最优的银行结构应当以中小银行为主;而对于发达经济体,应当发挥大银行与金融市场的主导作用[4],并运用中国 1985—2002 年 28 个省份的面板数据进行分析,得出中小金融机构市场份额的增加能够促进经济增长的结论。[5]

(二)经济金融化对中国实体经济发展的抑制效应

有学者从金融对实体经济的影响的角度分析,认为金融化总

---

[1] 李苗苗,肖洪钧,赵爽. 金融发展、技术创新与经济增长的关系研究——基于中国的省市面板数据[J]. 中国管理科学,2015(2):162—169.
[2] 陈伟国,张红伟. 金融发展与经济增长——基于 1952—2007 年中国数据的再检验[J]. 当代经济科学,2008(3):49—56.
[3] 易纲,宋旺. 中国金融资产结构演进:1991—2007[J]. 经济研究,2008(8):4—15.
[4] 林毅夫,姜烨. 经济结构、银行业结构与经济发展——基于分省面板数据的实证分析[J]. 金融研究,2006(1):7—22.
[5] 林毅夫,孙希芳. 银行业结构与经济增长[J]. 经济研究,2008(9):31—45.

体上促进了市场经济更为高效的发展,但是资本市场相对实体经济的高收益以及金融资本本身的食利性,很容易出现资金在虚拟经济"空转"的现象,使得实体经济资金供求严重失衡,并且使商品价格因资本市场的炒作而偏离真实价值,诸如房地产、文化产品等。[①]当前我国金融资本化和资本金融化现象扭曲了产融关系,金融资本的膨胀伴随实体经济的衰退,金融资本高利润率挤占实体经济利润,金融资本尤其是保险资本抢占产业股权伤及产业资本和实体经济。[②]

不仅如此,还有学者运用2006—2014年中国非金融上市公司的金融化数据,认为在经济金融化过程中企业的实业投资率明显降低,同时,金融资产的风险收益错配也抑制实业投资,而且随着金融化程度的提升而增强。[③]还有研究运用中国2008—2014年A股上市公司数据,构建实体企业金融化指标,通过分析企业金融化对企业投资率、企业创新、企业绩效等的影响,发现金融环境较优的地方反而会增强金融化对企业实际投资的"挤出"效应,金融投机更容易发生,进而研发创新下降,实体投资下降。[④]还有学者实证检验了我国制造业的金融化活动及其成因,发现尽管我国金融部门在总量规模和地位上不断提高,但其服务企业等微观主体的能力却不高,实体经济部门的金融化活动主要是为了扩大再生产

[①] 张成思,张步昙.再论金融与实体经济:经济金融化视角[J].经济学动态,2015(6):56—66.

[②] 何玉长,董建功.金融资本化与资本金融化亟需遏制——基于马克思主义产融关系理论的思考[J].毛泽东邓小平理论研究,2017(4):39—45.

[③] 张成思,张步昙.中国实业投资率下降之谜:经济金融化视角[J].经济研究,2016(12):32—46.

[④] 杜勇,张欢,陈建英.金融化对实体企业未来主业发展的影响:促进还是抑制[J].中国工业经济,2017(12):113—131.

或弥补投资缺口。① 对此,有学者认为金融资本的过度虚拟化,使得实体经济缺乏金融资金,从而抑制了经济发展。②

(三) 经济金融化对经济发展不同阶段的异质性影响

不少学者研究指出经济金融化水平在不同经济发展阶段有所不同,且每一阶段对经济增长的作用也不相同。谈儒勇研究了1993—1998年金融市场中不同金融主体发展对中国经济增长的影响,包括中国金融中介体发展、中国股票市场发展,其中金融中介体发展能够促进经济增长,但是股票市场对经济增长具有负效应。③ 还有学者认为,在不同的金融发展水平下,中国的金融发展对经济增长的作用是不一样的,表现为门槛效应和边际效率递减的非线性特征,比较东部与西部可以发现,东部的金融发展具有更大的经济促进作用。④ 进而有学者对经济金融化对经济增长差异化影响的背后机制进行了研究,基于对中国东部、西部、中部三个区域现阶段的经济金融化发展水平与其经济增长发展阶段,发现三种情况:一是东部经济金融化水平高,财富效应大于储蓄效应,消费需求强,企业投资受融资约束小,能够促进宏观经济增长;二是西部地区经济落后,经济金融化水平落后,储蓄效应与企业融资约束反而占主导地位,经济金融化会抑制地区经济增长;三是中部

---

① 张慕濒,诸葛恒中.全球化背景下中国经济的金融化:涵义与实证检验[J].世界经济与政治论坛,2013(1):122—138.
② 曹剑飞,齐兰.经济金融化对我国产业转型升级的影响及其对策[J].学术论坛,2016,38(1):66—69.
③ 谈儒勇.中国金融发展和经济增长关系的实证研究[J].经济研究,1999(10):53—61.
④ 杨友才.金融发展与经济增长——基于我国金融发展门槛变量的分析[J].金融研究,2014(2):59—71.

地区经济金融化与经济发展均在东部、西部地区,从而经济金融化对经济增长的影响有不确定性。[1]

五、经济金融化与中国产业发展

国内学者在关注和研究经济金融化对中国经济增长影响的基础上,进一步关注和研究经济金融化对中国产业发展的影响。

(一)经济金融化促进中国产业结构升级

有学者专门对经济金融化与中国产业结构升级的内在机制进行研究,认为金融化可以通过工业化、市场化和国际化的途径促进传统产业转型、新兴产业培育和创造性产业发展来进一步促进中国整体产业结构升级。[2] 同时,还分析了经济金融化与产业转型升级的关系,认为金融结构内生于产业结构,金融结构只有与产业结构转型要求相适应时才能促进产业结构升级。[3] 还有学者认为,经济金融化能够通过增加资金融通、降低资本交易成本,来促进投资与消费,进而促进转型升级。[4] 有学者提出"最优金融结构"理论,主要考察银行和金融市场在不同经济发展阶段对不同产业的影响作用,认为银行在成熟的产业体系中能够发挥更加有效的融资作用,而金融市场能够为新兴技术产业、创新和研发

---

[1] 张甜迪. 中国经济金融化的收入分配效应研究[M]. 北京:经济科学出版社, 2017.

[2] 齐兰,陈晓雨. 中国经济金融化对产业结构优化影响机制的实证研究[J]. 当代经济管理, 2015(5):75—80.

[3] 曹剑飞,齐兰. 经济金融化对我国产业转型升级的影响及其对策[J]. 学术论坛, 2016, 38(1):66—69.

[4] 傅进. 产业结构调整中的金融支持问题研究[D]. 南京农业大学, 2004.

企业提供更加有力的金融支持。① 对此,有学者构建纳入金融因素的非平衡增长理论模型,根据1981—2010年的跨国面板数据进行实证检验,得出了存在与产业结构相匹配的最优金融结构的结论。②

不仅如此,有学者将制度因素纳入经济金融化对产业结构升级研究的分析框架,通过对制度环境、区域金融化与产业结构升级之间影响效果的检验,分析得出制度环境会促进区域金融化水平,进而促进产业结构升级的结论。③ 也有学者将全球化因素引入分析,认为中国从全球金融资本主义进程中获得了相应的收益,当前日益兴起的风险投资和私募股权投资不仅推动了全球产业创新,也推动了中国新兴产业的发展。④

(二)经济金融化对中国产业发展的负面效应

在分析经济金融化对中国产业结构升级具有积极效应的同时,学者们还发现可能也存在负面效应。有学者通过对1996—2011年中国省级数据进行分析,认为经济金融化过度、金融结构不合理尤其是国有银行较高垄断程度对中国工业技术创新带来了效率损失。⑤ 并且认为当前我国金融化水平偏低、金融错配问题突

---

① 龚强,张一林,林毅夫.产业结构、风险特性与最优金融结构[J].经济研究,2014(4):4—16.
② 易信,刘凤良.金融发展与产业结构转型——理论及基于跨国面板数据的实证研究[J].数量经济技术经济研究,2018(6):21—39.
③ 齐兰,徐云松.制度环境、区域金融化与产业结构升级——基于中国西部面板数据的动态关系研究[J].中央财经大学学报,2017(12):22—33.
④ 向松祚.新资本论:全球金融资本主义的兴起、危机和救赎[M].北京:中信出版社,2015.
⑤ 齐兰,王业斌.国有银行垄断的影响效应分析——基于工业技术创新视角[J].中国工业经济,2013(7):69—80.

出,以大银行为主的金融结构已经不能适应创新驱动、转型升级的需要。① 由于金融化程度加深,资本从产业部门向金融部门转移严重抑制了实体经济发展,将导致产业空心化。② 金融化过程中的投机性投资更是扰乱了产业结构的均衡性。③

有学者关注中国金融机构与产业结构错配对产业升级带来的负面影响。有学者运用中国 1952—2005 年的时间序列数据,发现中国金融畸形发展的非常态模式对产业结构变迁产生了扭曲效应。④

还有学者认为当今资本主义已进入全球金融资本主义,以跨国公司为载体的全球金融资本主义重塑了全球产业模式和产业分工体系,而中国等新兴市场国家长期位于全球价值链和产业链的低端,这对中国产业升级带来竞争压力。⑤ 而发达国家跨国公司包括金融跨国公司对全球产业链、全球资本产生控制,加之目前中国一些产业自身创新能力不足,随着时间推移发达国家跨国公司及其垄断资本对中国产业的负面效应将越来越大。⑥

---

① 曹剑飞,齐兰.经济金融化对我国产业转型升级的影响及其对策[J].学术论坛,2016,38(1):66—69.
② 分别参见:林楠.经济金融化的风险与过度金融化的危害研究[J].西南金融,2016(2):23—27;鲁春义.资本金融化转移的特征、机制与影响——基于经济主体金融化行为的视角[J].征信,2015(9):71—75.
③ 齐兰,陈晓雨.中国经济金融化对产业结构优化影响机制的实证研究[J].当代经济管理,2015(5):75—80.
④ 曾国平,王燕飞.中国金融发展与产业结构变迁[J].财贸经济,2007(8):12—19.
⑤ 向松祚.新资本论:全球金融资本主义的兴起、危机和救赎[M].北京:中信出版社,2015.
⑥ 齐兰.垄断资本全球化对中国产业发展的影响[J].中国社会科学,2009(2):83—97.

六、金融化发展趋势

国内学者对金融化的发展趋势有不同看法,主要集中在两方面:一种是认为金融化将趋于强化,另一种认为金融化趋于弱化。

(一)金融化将趋于强化

持金融化趋于强化观点的学者认为,随着各国资本市场的开放和金融科技的发展,新兴的金融手段、金融产品层出不穷,金融资本对实体经济的控制不仅表现在对产业资本运转的控制,更表现在对高新技术、信息等的控制。① 而信息技术的发展,更是促进了金融的转型发展,以金融科技底层技术区块链为例,通过"区块链+物联网",能够拓展物联网金融应用场景,而"区块链+人工智能"的模式,能够实现金融服务安全水平的提升,同时,"区块链"的应用完善了相关的法律法规,能够优化现代金融发展环境,促进金融进一步发展。②

也有学者从发达国家与发展中国家关系角度来分析。随着垄断金融资本的剥削程度加深,金融危机、产业危机、货币危机以及财政危机日益加剧,发达国家为此向发展中国家转移内部危机冲突,获取更多垄断利润,与发展中国家间的经济政治秩序正在重构,金融化将不断强化,由此可能会进入一种新的帝国主义阶段。③

---

① 马锦生. 金融垄断资本的演进逻辑——论金融垄断资本主义的特征[J]. 武汉科技大学学报(社会科学版),2015(3):314—321.
② 鲜京宸. 我国金融业未来转型发展的重要方向:"区块链+"[J]. 南方金融,2016(12):87—91.
③ 尹兴,董金明. 当代垄断资本主义金融化分析[J]. 当代经济研究,2016(12):62—69.

（二）金融化将趋于弱化

另一些学者认为当今金融化带来了一系列问题,诸如金融脱实向虚,风险与危机日益积累,这些问题的存在削弱了金融本身的发展,在全球范围内"去金融化"现象不断出现,因为金融资本的持续性扩张不可能带来经济的持续性繁荣,最终必将走向衰亡。[1] 有学者通过对美国资本主义金融化的发展趋势进行分析判断,认为全球化的金融资本积累难以持续。[2] 有学者分析认为在金融化自身发展危机频现的情况下,各个政府纷纷出台严格的金融监管政策,意图约束金融的过度扩张,防止经济的过度虚拟化。相关企业也不断缩减自身的金融化水平以降低风险,例如,通用公司应对金融危机的措施就是通过金融业务重组,大量缩减风险业务等"去金融化"手段以保证公司充足的流动性与稳定的增长。[3] 还有学者从全球范围角度分析,认为金融化带来的国际金融危机和动荡将产生持续性影响,但是"一超独大"的国际局面将没落,世界经济将进入国际格局;同时,其认为国家垄断资本主义向国际金融垄断资本主义过渡的进程将中断,社会资本主义经济模式会逐渐兴起。[4] 同样,也有学者分析认为,特别是在国际金融危机后,经济过度金融化的现象将有所遏制,美元霸权的基础受到削弱,国际货币体系逐步趋于多元化格局。[5]

---

[1] 臧秀玲,杨帆.金融垄断资本全球扩张的动因和影响[J].山东大学学报(哲学社会科学版),2014(1):8—19.

[2] 马锦生.美国资本积累金融化实现机制及发展趋势[J].政治经济学评论,2014(4):61—85.

[3] 李超.GE去金融化[J].中国外资,2009(4):84—85.

[4] 何秉孟.美国金融危机与国际金融垄断资本主义[J].中国社会科学,2010(2):28—44.

[5] 齐兰,曹剑飞.当今垄断资本主义的新变化及其发展态势[J].政治经济学评论,2014(2):117—140.

第三节 国内外研究文献评析

前面两节分别对国外研究文献和国内研究文献进行了综述,在此基础上本节对国内外学者有关垄断资本与金融化研究的理论成果进行概括,同时评析其研究存在的不足,由此提出拟弥补其研究不足的一些考虑。

一、国外研究形成的理论成果概述

随着经济金融化尤其是资本主义金融化兴起和发展,国外学者自 20 世纪 80 年代起就十分关注这一新的现象,并进行专门研究,其代表人物及其成果是法国的弗朗索瓦·沙奈的《资本全球化》[1]和《金融全球化》。[2] 进入 21 世纪之后,尤其是 2008 年美国金融危机爆发,引起西方学者对主流经济尤其是新自由主义理论的深刻反思和对马克思主义垄断资本理论以及资本积累理论的重新认识。在此基础上,西方学者对金融化以及资本主义金融化的内在动因、作用机理及其对经济增长影响等方面做了深入研究,其代表性人物有美国的克瑞普纳、帕利,奥地利的斯托克海默,比利

---

[1] Chesnais, F. La Mondialisation Du Capital[M]. Paris: Syros, 1994;也可参见该书译著:弗朗索瓦·沙奈.资本全球化[M].齐建华,译.北京:中央编译出版社,2001.

[2] Chesnais, F. La Mondialisation Financière: Genèse, Coût Et Enjeux[M]. Paris: Syros, 1996;也可参见该书译著:弗朗索瓦·沙奈.金融全球化[M].齐建华,胡振良,译.北京:中央编译出版社,2006.

时的阿尔伯斯等,代表作主要有《美国经济的金融化》《金融化:金融资本统治经济学》《金融化与积累的缓解》《金融化的可能性》等。① 同时,西方左翼学者在坚持马克思主义政治经济学的基本立场和观点基础上,对资本主义金融化的含义、表现形式、后果以及未来发展趋势等进行了较多研究,其代表人物有美国的福斯特、科茨、爱泼斯坦,英国的拉帕维查斯、法恩、哈曼等,代表作主要有《资本主义的金融化》《金融化理论》《金融化与自由主义》《金融化与世界经济》《定位金融化》《僵尸资本主义:全球危机与马克思的相关理论》等。② 国外学者对金融化及资本主义金融化和垄断资本与金融化问题的广泛研究,形成了较为丰富的理论成果,其中主要的理论成果集中体现在六方面:(1)初步界定和探讨了金融化和资本主义金融化的含义及其表现特征;(2)分析探讨了金融化尤其是资本主义金融化形成发展的原因以及得以实现的内在因素和外在条件;(3)分析探讨了金融化与金融危机的因果关系,尤其论证了资本主义金融化和金融自由化与金融危机的联系;(4)研究和分

---

① 分别参见:Krippner, G. R. The Financialization of the American Economy[J]. Socio-Economic Review, 2005, 3(2): 173-208;Palley, T. I. Financialization:The Economics of Finance Capital Domination[M]. London:Palgrave Macmillan, 2013:17-40; Stockhammer, E. Financialisation and the Slowdown of Accumulation[J]. Cambridge Journal of Economics, 2004, 28(5): 719-741;Aalbers, M. B. The Potential for Financialization[J]. Dialogues in Human Geography, 2015, 5(2): 214-219.

② 分别参见:Foster, J. B. The Financialization of Capitalism[J]. Monthly Review, 2007, 58(11): 1-12;Kotz, D. M. Financialization and Neoliberalism[M]. Toronto: University of Toronto Press, 2008;Epstein, G. A. Financialization and the World Economy[M]. Cheltenham: Edward Elgar Publishing, 2005;Lapavitsas, C. Theorizing Financialization[J]. Work, Employment and Society, 2011, 25(4): 611-626;Fine, B. Locating Financialisation[J]. Historical Materialism, 2010, 18(2): 97-116;Harman, C. Zombie Capitalism : Global Crisis and the Relevance of Marx[M]. London:Haymarket Books, 2010.

析了金融化对一国经济增长影响的正负效应,并采用多种计量模型进行实证分析;(5)研究并分析了金融化对一国家内部产业发展的影响效应,包括对产业结构的影响效应和对产业组织的影响效应等;(6)研究探讨了金融化与金融监管的关系,以及金融与科技融合下的金融监管新问题。

二、国内研究形成的理论成果概述

国内学者一直关注当今资本主义金融化发展的最新动向,尤其2008年之后,进一步加大了对西方新自由主义理论的反思与批判,同时也加强了对马克思主义垄断资本和金融资本理论的进一步理解和认识。在此基础上,注重吸收借鉴国外学者有关金融化与资本主义金融化内在机理、金融化对经济增长和产业发展影响效应等方面的研究成果,并结合中国具体情况,对垄断资本和金融化对我国经济的影响问题开始了初步研究与探讨,其代表人物有王广谦、王元龙、林毅夫、陈享光、张宇、张成思、张慕濒、赵峰等,代表作有《经济发展中的金融化趋势》、《金融全球化有关问题的探讨》、《经济发展中的最优金融结构理论初探》、《中国金融化发展对实体经济的影响》、《金融垄断资本及其在新阶段的特点》、《再论金融与实体经济:经济金融化视角》、《全球化背景下中国经济的金融化:涵义与实证检验》、《当前中国经济金融化的水平和趋[1]

---

[1] 分别参见:王广谦.经济发展中的金融化趋势[J].经济研究,1996(9):32—37;王元龙.金融全球化有关问题的探讨[J].经济研究参考,2003(80):20—32;林毅夫,孙希芳,姜烨.经济发展中的最优金融结构理论初探[J].经济研究,2009(8):45—49;陈享光,郭祎.中国金融化发展对实体经济的影响[J].学习与探索,2016(12):94—103;张宇,蔡万焕.金融垄断资本及其在新阶段的特点[J].中

势——一个结构的和比较的分析》等。

国内学者的积极探讨和研究,形成了不少理论成果,其中主要的理论成果集中体现在六个方面:(1)初步梳理了经济金融化与金融全球化等概念及其相互之间的联系与区别,并扩展了垄断资本和金融资本以及金融化的研究范畴;(2)重点研究和探讨了资本主义经济金融化以及金融化与垄断资本主义发展阶段问题,并对相应阶段特征及其形成原因进行了分析;(3)分析探讨了资本主义金融化尤其是金融垄断资本对发达国家和发展中国家的影响;(4)研究分析了经济金融化对中国经济增长的影响,但存在促进效应与抑制效应的不同观念,以及对不同发展阶段的影响存在差异性;(5)进一步分析和探讨了经济金融化对中国产业发展的影响,具体包括对中国产业结构升级的影响,对中国产业技术进步的影响;(6)探讨了当前和今后一段时间内在全球范围内垄断资本金融化发展的趋势。

三、对国内外研究文献及其理论成果的总体评析

总体来看,国外学者和国内学者有关垄断资本与金融化的理论研究成果从不同方面和不同程度拓展了马克思主义垄断资本和金融资本理论,丰富了西方经济理论中的金融化理论和金融发展理论,为进一步研究垄断资本与金融化理论、进一步分析资本主义

国人民大学学报,2009(4):2—8;张成思,张步昙.再论金融与实体经济:经济金融化视角[J].经济学动态,2015(6):56—66;张慕灏,诸葛恒中.全球化背景下中国经济的金融化:涵义与实证检验[J].世界经济与政治论坛,2013(1):122—138;赵峰,田佳禾.当前中国经济金融化的水平和趋势——一个结构的和比较的分析[J].政治经济学评论,2015,6(3):120—142.

金融化对经济影响的现实问题提供了理论借鉴和研究思路。

当然,迄今为止,现有的国内外研究文献及其研究成果还存在一些不足,这些不足可以从国外研究的不足和国内研究的不足两方面进行评析。

（一）国外研究存在的不足

从现有研究文献和研究成果来看,国外研究存在的不足主要是：

一是研究偏重专项性而缺乏融合性。国外学者有关金融化与资本主义的研究或是较多地受传统主流经济学范式的影响,或是较多受传统马克思主义经济学范式的影响,研究分别在主流经济学范畴和马克思主义经济学范畴展开,各自研究不太相关联。如对于同一个金融化含义,主流经济学研究更多地从经济运行机制和生产力的角度来界定,而马克思主义学派则更多地从资本主义制度和生产方式等角度来界定。目前还没有见到从综合的角度对资本主义金融化的多种因素包括机制因素和制度因素等进行整体分析的研究。因此,现有研究虽然具有专门性,且有一定深度,但是较为单一性,还不能从整体上揭示和把握金融化及资本主义金融化的本质特征,更不可能将当今资本主义发展的最新最深刻的变化情况进行全面概括和分析,而这又是现实发展要求理论给予阐释的一个重要问题。

二是研究注重继承性而缺乏创造性。在进行制度分析时,更多地强调资本主义制度的内在矛盾及其不可调和,而忽略了现实资本主义发展的多样性和自我修复的能力,这一点在西方左翼学者分析金融化与垄断资本主义未来发展趋势时尤其明显,其研究更多的是依据马克思主义资本积累一般规律理论来分析金融化和垄断资本主义的变动态势,尽管也结合了一些现实数据和资料进行分析,但基本思路及其最后结论与传统的马克思主义理论分析的内容相差不多,而缺乏时代性和创新性。

三是研究存在偏好性而缺乏对比性。现有研究在进行机制分析时,尤其是进行金融化对经济发展影响分析时,在样本的选取、数据资料选择等方面常常有倾向性和偏好性,而忽略了不同国家不同发展阶段金融化对经济发展的影响会存在差异性的情况,这一点在主流经济学派以及相关学者进行研究时显得较为突出。如现有研究一般将发达国家的金融发展视为资本主义发展的内在要求和必然结果,而经济发展过程中出现的金融危机则可以通过泡沫刺破、机制调整等使经济恢复到正常状态。而发展中国家经济不发展的主要原因在于金融抑制,因此需要放松金融监管、开放金融市场,经济就能快速发展。其实,发达国家与发展中国家在金融化对经济发展的影响效应上既有共同性也有差异性,而且在发达国家之间和发展中国家之间,由于所处发展阶段不同、环境因素不同,金融化对经济发展的影响效应也会不同。因此需要在不同类别国家如发达国家与发展中国家以及同一类别国家中各个国家之间进行异同性的研究分析,才能较为全面客观地把握金融化与经济发展的内在机理、影响因素和影响效应。

(二)国内研究存在的不足

国内研究与国外研究相比有一定差距,而且在某些方面的研究也存在明显不足,主要在以下三个方面。

一是注重理论的概念及其联系与区别,而不太重视理论的系统性,而且对概念本身的研究更多注重对已有概念的梳理和界定,而缺乏对新现象进行概括抽象,提炼出新的概念范畴。如现有研究虽然界定和讨论了金融化、经济金融化、资本主义金融化、金融全球化等概念及其联系与区别,并对资本主义金融化发展阶段、表现特征以及发展趋势进行了探讨,但这些研究相对分散单一,没有进行较为完整的理论分析,并由此形成一个系统性的理论框架。

二是注重对现实问题进行具体分析,缺乏对现实问题的总体概括与整体分析,因而所提出的对策思路更多的是在局部性和策略性的层面,很难上升到全局性和战略性层面。如现有研究虽然发现了中国经济金融化发展中出现的诸多问题,包括:金融化的快速发展挤压实体经济的发展空间;金融资本的高回报率使得产业资本投资转向金融领域;金融脱离实体经济,自我循环、自我膨胀,导致金融资本扭曲;过度的投机性投资扰乱了产业结构的均衡;金融市场不完善、金融化水平低使得金融资源严重错配;金融结构不合理、大型国有银行的垄断性导致对企业技术创新的效率损失,等等。应在此基础上对已发现的问题进行梳理归纳,做出一个总体概括并进一步分析其中的主要问题,以对中国经济金融化发展中的问题有全面了解和把握,进而提出解决问题的思路,不仅具有全局性和战略性,而且还具有针对性和有效性。

三是研究开始注重实证分析,但这种实证分析还显得较为粗略,不是很系统很精确。对经济金融化对中国经济影响的分析只是理论推导,价值判断和经验总结还是不够的,还必须用科学的量化分析方法进行实证分析并检验,对此国内学者借鉴国外研究的实证方法和计量模型,结合我国实际情况和数据资料进行了实证分析,主要有:金融化程度与企业的实业投资率的实证分析;金融部门的总量规模变化与实业部门资本流向及其效率的实证分析;金融主体发展对中国经济增长影响的实证分析;中国经济金融化与产业结构升级内在机理的实证分析,等等。尽管这方面的研究成果数量不是很多,但却是中国经济金融化问题研究向着数量化、精确性迈进的一个进步。然而,这类研究还属于起步阶段,还需进一步提高和完善,除了实证分析中国经济金融化对宏观经济的影响外,还可以进一步细化为从多个层面进行分析,包括对总体经济增长、对区域经济发展、对产业经济发展影响等,形成一个较为系统的实证分析系列,提高实证分析的规范化和精确化水平,使实证分析与规范分析一样成为中国经济金融化问题研究的重要组成部分。

(三)本书拟弥补国内外研究不足的考虑

在吸收借鉴国内外有关研究文献和理论成果基础上,针对国内外现有研究存在的不足,本书拟在以下几个方面做些弥补工作,也是具有创新意义的工作。

总体归纳国内外研究不足共有六个方面,即:国外研究不足的三个方面,包括研究偏重专项性而较缺乏融合性,研究注重继承性而较缺乏创造性,研究带有一定程度的偏好性而缺乏对比性;国内研究不足的三个方面,包括研究注重概念梳理而缺乏对概念的提炼,也缺乏理论的系统性,研究注重对现实问题的单项分析而缺乏对现实问题的整体分析,研究开始注重实证分析但显得较为零散和粗略。

以上国内外研究不足方面可集合为四个方面的不足,即:一是理论探讨的深度不够,系统性分析欠缺;二是现实问题分析的高度不够,综合性分析欠缺;三是借鉴比较广度不够,对比性分析欠缺;四是实证分析力度不够,精确性分析欠缺。对此,本书拟在这四个方面做出弥补工作:

第一,在综合归纳现有有关概念基础上,根据当今资本主义发展尤其是金融垄断资本最新变化特征,提炼抽象出一个新的概念范畴,即"垄断资本金融化",并以此作为独立的研究对象,展开与此相应的一系列基本问题的理论探讨。这种探讨是在吸收借鉴国内外有关研究文献基础上,尤其是在坚持马克思主义垄断资本理论前提下,融合有关金融化理论和金融发展理论,结合当今资本主义金融化和全球范围金融化发展实际情况进行的分析。由此初步构建垄断资本金融化的理论研究框架,以此来弥补现有研究的第一个不足,即理论深度不够、系统性分析欠缺。(这一弥补工作拟在本书的第四章进行。)

第二,在对我国经济金融化发展过程中出现的诸多问题的梳理基础上,分析归纳出具有综合性、总体性的问题清单,并进一步分析论证其中的主要问题,从而对中国经济金融化发展过程中已出现的各种问题有一个总体判断,为提出对策思路提供全面可靠的现实依据,以此来弥补现有研究中的第二个不足,即现实问题分析的高度不够,综合性分析欠缺。(这一弥补工作拟在本书的第五章进行。)

第三,根据现有的国内外研究均缺少有关经济金融化水平在不同国家之间的比较,尤其是缺少中国与发达国家、中国与发展中国家之间金融化水平比较的情况,本书专门构建具有公认性的金融化衡量指标体系,对发达国家之间和发展中国家之间的情形进行比较分析,进而将中国与发达国家、中国与发展中国家的金融化水平进行比较分析,通过这种比较分析,可以对中国经济金融化的发展提供有益的启示。不仅如此,本书拟通过对主要国际货币尤其是金融霸权的更迭演变过程的历史考察,总结经验借鉴,以认识和把握垄断资本金融化一般规律和中国经济金融化的发展态势和未来走向,而这也正好弥补了现有研究中的第三个不足,即比较借鉴广度不够,对比性分析欠缺。(这一弥补工作拟在本书第六章、第七章进行。)

第四,在学习借鉴国外有关金融化研究较成熟的实证分析的基础上,加大实证分析力度。一方面,进一步拓展实证分析的范围,既可分析经济金融化对经济增长的影响,还可分析经济金融化对区域经济发展的影响,还可分析经济金融化对产业结构升级的影响等;另一方面,进一步细化实证分析的内容,既可以进行总量分析,也可以进行结构分析,既可以考虑经济因素,也可以引入制度因素,既可以考虑对全国整体情况分析,也可分东、中、西、东北四大区域情况进行分析等,从而提高中国经济金融化实证分析的规范化、精确化水平,以此弥补现有研究中第四个不足,即实证分析力度不够、精确性欠缺。(这一弥补工作拟在本书第八章、第九章、第十章进行。)

以上四个方面的弥补工作,也是本书具有创造性的研究工作,由此将形成本书的主要研究特色和创新之处,进一步丰富和发展马克思垄断资本主义理论,同时促进中国经济金融化的顺利发展。

第二部分

理论探讨

第四章　垄断资本金融化基本问题理论探讨

本章专门就垄断资本主义金融化问题展开讨论，重点对垄断资本金融化的含义、垄断资本金融化阶段性及特征、垄断资本金融化动因、垄断资本金融化影响作用、垄断资本金融化发展态势和未来走向等基本问题进行理论探讨。

第一节　垄断资本金融化的含义

一、垄断资本金融化概念的提出及界定

关于垄断资本金融化概念，迄今为止国内外有关文献中尚未见到，这是本书在研究当今经济全球化条件下的垄断资本与金融化问题时提出的一个新概念。之所以提出这个概念，基本考虑是：现有国内外文献中出现的金融化、金融全球化、金融垄断资本主义等概念主要从金融化自身、金融化与全球化联系、金融化与资本主义制度联系这些角度来界定的，这些表述均有道理，但同时还应在这些概念的基础上，有一个总体的综合表述，即对当今经济全球化条件下的垄断资本和金融化的基本内涵和本质特征进行整体概

述，以此作为本书研究的研究对象，这将有助于深入探究和把握当今垄断资本与金融化发展的新情况、新问题以及新变动态势，进一步丰富和拓展马克思主义垄断资本理论和西方经济学的金融化理论。

本书认为，垄断资本金融化含义包含以下三方面内容：

首先，垄断资本金融化是以经济金融化为基础的金融化，它是经济金融化的一种重要形态，是经济金融化的一种发展态势。一般来说，经济金融化是指经济活动日益以金融活动为中心，金融成为一种资源配置方式，在对社会的经济资源乃至全球范围的经济资源配置中起着越来越重要的作用。经济金融化反映的是经济与金融的关系。在市场的经济条件下，经济金融化的具体表现为：一是经济与金融关系相互融合、相互渗透，密不可分。现代市场经济的核心是金融，所以市场经济亦可称金融经济。二是经济关系越来越表现为金融关系，社会上原有的经济关系如商品货币关系、现金交易关系等越来越表现为债券债务关系、股权股利关系、风险保险等金融关系。以发达国家美国为例，20世纪80年代中期，美国1/4的人口直接持有股票和债券，3/4的人口直接或间接持有股票或债券，包括社会保险基金、医疗保险基金和各类投资基金。美联储数据显示，2016年美国家庭持有股票的比例为52%，比2013年增加了3个百分点。三是经济增长和发展中金融业的贡献越来越主要。如美国金融业占国内生产总值的比率，从1950年的2.8%增长到1980年的4.9%，2006年达到8.3%。金融危机之后贡献率有所下降[1]，但自2010年起又开始快速上升，并于2017年达

---

[1] 向松祚.新资本论——全球金融资本主义的兴起、危机与救赎[M].北京：中信出版社，2015.

到了 7.5%。①

其次,垄断资本金融化是以资本金融化为核心的金融化,它贯穿垄断资本金融化的全过程,是垄断资本金融化的动机和目的所在。资本金融化一般是指资本运动形式和增殖手段越来越多地采用金融方式,反映的是资本与金融的关系。马克思在《资本论》中指出:"资本一出现,就标志着社会生产过程的一个新时代"。② 资本与生俱来的运动性、增殖性和扩张性的本质等特性使它自诞生之日起就得以迅速发展,从最初的产业资本分离出来,形成一种新的资本形态,即金融资本。狭义的金融资本,是马克思、列宁所指出的工业垄断资本与金融垄断资本的融合,而广义的金融资本,则是指投资经营银行、证券、保险等金融业务的资本。在市场经济条件下,资本金融化具体表现为:一是资本形态虚拟化,即相对于生产性产业资本和与实际生产发生直接联系的生产性资本或实体资本而言,金融资本是以各种有价证券的形式存在的资本。该资本仅仅是一种所有权证书,其本身没有价值。在现实经济活动中,资本日益流向金融领域而非生产领域,金融资本通过控制社会投资来控制产业资本。同时,产业资本也纷纷"脱实向虚",抽出资本投向股市,以实现快速获利。根据世界交易所联合会数据库统计,全球股票交易市值从 1984 年的 1.7 万亿美元增长到 2017 年的 77.4 万亿美元,从相当于 GDP 不到 20% 的份额增长到 1.12 倍 GDP 的

---

① 数据来源:联合国数据库(UNdata),http://data.un.org/Explorer.aspx?d = IFS。数据根据联合国搜集的美国官方公布的国家统计数据整理所得,指标包括金融保险部门产业增加值和国民生产总值。

② 马克思. 资本论(第 1 卷)[M]. 北京:人民出版社,2004:198.

体量。① 二是资本融资证券化。一般来说,间接融资发展在前,直接融资发展在后,先有短期金融业务,后有长期金融业务。并且,间接融资与直接融资之间、短期融资与长期融资之间有一个大体对应关系。随着资本市场开放和非银行机构及其业务的迅速发展,资本融资方式更多地向证券化和非中介化发展。使得直接融资的发展程度远高于间接融资,直接融资的比例日益加大。根据世界银行统计数据计算得出,发达国家在20世纪90年代的直接融资水平就已经达到了60%的水平,此后呈现缓慢上升趋势,2010—2012年已接近70%的水平。② 三是金融工具或金融产品的衍生化杠杆化。金融衍生工具或金融衍生产品是指以杠杆或信用为特征,以货币、债券、股票等传统金融工具为基础而衍生的金融工具和金融产品。它既是一种特定的金融交易方式,更是由这种交易方式形成的一系列合约,主要包括远期合约、期货合约、期权合约、互换协议、认股权证及可转换债券等。随着资本市场的发展,金融衍生产品的交易越来越活跃,各种新的衍生工具不断被研发和应用。目前,全球期货市场为投资者提供股票、股指、利率、外汇、能源、金属、农产品等为标的物的期货、期权及场外衍生品。根据美国期货业协会(FIA)对全球76所可进行衍生产品交易的交易所数据的统计,2017年全球期货及期权的总成交量达251.9亿手,期货成交量为148.4亿手,期权成交量为103.5亿手,其中,北美地区的

---

① 数据来源:世界银行世界交易联合会数据库(WFE),https://data.worldbank.org/indicator/CM.MKT.LCAP.GD.ZS?view=chart。

② 祁斌,查向阳.直接融资和间接融资的国际比较[J].新金融评论,2013(6):102—117.

成交量再创新高,2017年成交量上升了3.5%达88.9亿手。[①]

第三,垄断资本金融化是以垄断资本为主导的金融化。马克思认为垄断资本是资本集中而达到极限的资本。[②] 列宁将垄断资本视为工业资本和银行资本的融合,并认为垄断是帝国主义最深厚的经济基础,由此帝国主义也称为垄断资本主义。垄断资本金融化中以垄断资本为主导是指垄断资本作为强势资本在一国或全球范围内对产业经济乃至整体经济的控制与支配。这种垄断资本不同于马克思、列宁等所指的传统垄断资本,它是现代垄断资本,是金融化了的垄断资本,本书将其称为金融垄断资本。这种现代的金融化了的垄断资本与传统的垄断资本有着明显不同,集中体现在三个方面:

(1)金融垄断的行动主体由之前以主权国家为母国的跨国公司投资为主转变为以"对冲基金"等非国家行动者或非生产性投资者为主,它们可以超越国家主权边界直接进入他国领域,实行对金融资源的操控。

(2)金融垄断方式由传统的银行资本与工业资本的融合为主转变为金融资本通过收购或并购产业资本进行金融控股方式为主,通过"母公司"对"子公司"控股,以及各个子公司以相同的方式控股可以支配更多资本进而对实体经济进行控制。如美国洛克菲勒、摩根、罗斯柴尔德等十大财团凭借强大的金融势力通过金融

[①] 王丽铮.2017年全球衍生品市场发展分析:一些长期趋势结束 新趋势出现[N/OL].期货日报,(2018—04—10).[2018—08—29]. http://futures.hexun.com/2018—04—10/192800107.html?from=rss.

[②] 马克思恩格斯全集(第23卷)[M].北京:人民出版社,1972:688.

资本对产业资本及实体经济的控制达到了前所未有的程度。

（3）金融垄断组织由传统银行机构为主体转变为由各类机构投资者联合组成的现代全球金融网络为主,这种现代全球金融网络是以发达国家尤其是以美国金融中心华尔街金融寡头为核心,由风险投资、股票投资基金、退休基金、共同基金等组成,它们实际掌控和操纵着全球数百万亿美元的金融资产,主宰着当今全球金融资本主义基金体系。

综上分析,垄断资本金融化具有广泛的内涵,它是一个综合性概念。因此,可将垄断资本金融化含义界定为:垄断资本金融化是在经济全球化条件下,以经济金融化为基础,以资本金融化为核心,以金融垄断资本为主导,以跨国金融垄断集团为载体的金融资本要素在全球范围内流动和配置过程,其实质是金融垄断资本对金融资源要素的超强控制。

二、垄断资本金融化与垄断资本全球化的联系与区别

对垄断资本金融化的含义界定后,便于对此展开研究。之前有的研究提出垄断资本全球化概念,并进行了系统研究。[①] 在此有必要对两个概念的联系与区别进行说明。

首先,垄断资本全球化和垄断资本金融化两个概念的共同基点是垄断资本,同时两者各有侧重,垄断资本全球化侧重全球化和产业资本跨国公司,而垄断资本金融化侧重金融化和金融资本及

[①] 齐兰.垄断资本全球化问题研究[M].北京:商务印书馆,2009.

跨国金融集团。垄断资本全球化是指"以经济全球化为基础,垄断资本为主导,发达国家跨国公司为重要载体的资本全球化"。而垄断资本金融化是指以经济金融化为基础,以资本金融化为核心,以金融垄断资本为主导的金融资本要素在全球范围流动和配置的过程,其实质是金融垄断资本的控制与支配。从两个概念定义可见其联系与区别。垄断资本全球化从经济全球化角度着重研究产业垄断资本尤其是发达国家跨国公司的对外直接投资(主要是绿地投资)在全球范围内对国际贸易和全球产业价值链的垄断与控制问题。而垄断资本金融化则是从经济金融化的角度,研究21世纪以来发达国家和发展中国家金融开放和金融发展现实情况,着重研究金融垄断资本尤其是跨国金融集团(包括跨国公司的并购投资)在全球范围内对国际金融、国际资本活动乃至国际货币体系的主导与控制问题。

其次,选择垄断资本全球化和垄断资本金融化分别进行研究,是与本书进行研究时所处的环境背景相关联的。之所以先研究垄断资本全球化及跨国公司问题,是因为20世纪中后期尤其是80年代以来,经济全球化进程加快,垄断资本不断向全球扩张,并与跨国公司融为一体,以实现对全球的生产乃至贸易及技术的控制,而这种状况也对中国的产业发展和经济发展产生巨大影响,因而对此进行理论探讨和对策研究。而现在选择研究垄断金融化及跨国金融集团(包括跨国公司的并购投资)问题,是基于21世纪以来,金融化迅速发展尤其2008年美国金融危机引发的全球经济危机所引起的对金融垄断资本问题的思考。而且,经济金融化和国际金融垄断资本也将对中国实体经济乃至整体经济产生巨大影响,因此开始注重对垄断资本金融化问题进行探讨。对这两大方面问题的研究探讨,也在一定程度上丰富和发展了马克思主义关于垄断资本理论内容。其中,垄断资本全球化研究进一步拓展了马克思主义垄断资本理论,而垄断资本金融化则是进一步深化了马克思主义垄断资本理论。

第二节 垄断资本金融化阶段性及主要特征

一、垄断资本金融化与资本主义发展阶段

20世纪80年代以来,尤其是进入21世纪以来,资本主义发展出现了一系列深刻变化,集中体现在金融化趋势日益增强,金融资本在资本主义经济的支配作用更加明显,产业资本与金融资本的关系、实体经济与虚拟经济的关系发生巨大变化,金融资本垄断也从一国范围扩大到全球范围。由此,国内外许多学者一般将这种变化称为国际金融垄断资本主义,并认为资本主义发展进入了一个新的阶段即金融垄断资本主义阶段。当然,在这个大前提下,关于资本主义新阶段的具体提法,不同学者也有不同观点,其中代表性的观点是:弗朗索瓦·沙奈和让·克洛德·德洛奈的"金融垄断资本阶段"[1],张宇、

---

[1] 分别参见:弗朗索瓦·沙奈. 金融全球化[M].齐建华,胡振良,译.北京:中央编译出版社,2006;让·克洛德·德洛奈,张慧君. 金融垄断资本主义[J]. 马克思主义与现实,2001(5):79—81.

第四章 垄断资本金融化基本问题理论探讨

何秉孟、杨承训的"国际金融垄断资本主义阶段"[1],高峰的"金融全球化的垄断资本主义阶段"[2],向松祚的"全球金融资本主义阶段"[3]等。

本书认同国内外学者研究所达成的基本共识,也认为不同学者的不同提法有其理由。在此基础上,提出当今资本主义发展正处于一个全球金融垄断资本主义阶段的观点,即全球垄断+金融资本主导+资本主义=全球金融垄断资本主义。之所以这么认为,是基于资本主义体系仍存在的前提下,全球垄断和金融资本为主导这两个方面具有客观必然性。

第一,从资本主义经济发展历史上看,资本主义发展经历了自由竞争资本主义到垄断资本主义两大阶段。而在垄断资本主义阶段,迄今为止,根据垄断主体、形式、程度和范围等来划分,又可分为四个具体阶段,即私人垄断资本主义阶段—国家垄断资本主义阶段—国际垄断资本主义阶段—全球垄断资本主义阶段。[4] 也就是说,从垄断的角度看,当今资本主义从私人垄断发展到国家垄断再发展到国际垄断的基础上,进入全球垄断阶段,是具有客观必然性的。

---

[1] 分别参见:张宇.金融危机、新自由主义与中国的道路[J].经济学动态,2009(4):17—21;何秉孟.国际金融垄断资本与经济危机跟踪研究[M].北京:社会科学文献出版社,2010;杨承训.国际超级金融垄断资本主义新特征[J].马克思主义研究,2010(10):157—158.

[2] 高峰.20世纪世界资本主义经济的发展与演变[J].政治经济学评论,2010,1(1):105—125.

[3] 向松祚.新资本论——全球金融资本主义的兴起、危机与救赎[M].北京:中信出版社,2015.

[4] 齐兰.垄断资本全球化问题研究[M].商务印书馆,2009:48.

第二，根据马克思主义的资本循环理论和现实中资本国际运动的演化规律，当今金融资本成为国际资本运动的主导形态也是具有客观必然性的。马克思的资本循环理论表明，资本要增殖必然运动，增殖性和运动性是资本本性。起初单个产业资本运动全过程包括购买—生产—销售三个阶段或环节，表现为资本从生产到流通、从流通到生产的不断转换的过程。资本正是通过这种不断循环、不断转换的运动，实现了价值增殖。

资本循环理论也可运用于资本国际运动分析，而且现实国际资本的运动及其变化规律也印证了这一点。资本国际运动中主要包括三种形态的资本运动，即商业资本的国际运动、产业资本国际运动、金融资本的国际运动。最初是商业资本为主导的资本国际运动，表现为国际贸易在世界经济中占主导地位。通过对世界银行世界发展指数数据库的统计计算可得，20世纪70年代的十年间，世界范围内对外直接投资流出总额相当于GDP比重的平均增长速度在1.2%左右，而此时国际贸易相当于GDP比重的平均增长速度在3.7%，说明全球范围内贸易增长速度超过了投资增长度，国际贸易在世界经济中占据主导地位。[①] 接着，产业资本为主导的资本国际运动，表现为国际生产和跨国公司投资的迅速发展，20世纪60年代后期到90年代初，跨国公司数量迅速增加，其增加量达5倍多。这些数量众多的跨国公司控制90%以上的直接投资，控制世界生产的40%，将产业资本的触角扩伸到包括发达国家和发展

---

① 数据来源：世界银行世界发展指数数据库（WDI），http://databank.worldbank.org/data/reports.aspx?source=world—development—indicators。

中国家在内的世界各地。①

现在是金融资本为主导的资本国际运动,主要表现为国际金融和跨国金融集团(包括跨国公司并购投资)的快速发展,还包括衍生金融资本的国际流动和飞速发展。根据国际清算银行(BIS)公布资料显示,2017年底国际银行的债券净额达68900亿美元,相较1996年4200亿美元的净额增加64700亿美元,20年间以平均15%的速度增长。2017年场外交易(OTC)衍生金融市场余额的名义总价值达5319120亿美元,其中外汇工具合约占16%,利率工具合约占80%,余下为股权相关合约。② 根据联合国贸易和发展会议的统计,全球并购投资数量从1990年的2000多起迅速增长到2017年的6967起,总价值高达6939.62亿美元。同时,从20世纪90年代开始,全世界直接投资相当于GDP比重的增速已经接近并超过世界贸易的增长速度,据计算,从1990年到2000年,全球对外直接投资流出的平均增速在18%,而全球商品和服务的贸易总量的平均增速在6.9%,到21世纪,虽然整体均有所减速,但是对外直接投资速度在2000年到2017年的平均增速仍旧有6%,高于全球贸易的3%。③

当然以上三种形态的资本国际流动不是各种形态资本的单独

---

① 何泽荣.论经济、金融全球化[J].经济学家,2000,5(5):72—78.
② 数据来源:国际清算银行关于债券的统计数据,https://www.bis.org/statistics/secstats.htm?m=6%7C33%7C615。
③ 所有数据均来自联合国贸易和发展会议,其中兼并收购和对外直接投资数据链接为 https://www.unctad.org/en/Pages/DIAE/World%20Investment%20Report/Annex—Tables.aspx;而全球商品和服务贸易总量的数据链接为 http://unctadstat.unctad.org/wds/ReportFolders/reportFolders.aspx?sCS_ChosenLang=en。

运动,而往往是三种资本形态交叉或融为一体的运动,是三种资本形态运动在空间上并存和时间上继起的有机结合。只是在不同的空间和时间里,资本国际运动中的主导形态有所不同。

由此可见,当今资本主义发展阶段是处于全球金融垄断资本主义阶段,而垄断资本金融化是资本主义在这一发展阶段的集中体现。

二、垄断资本金融化的主要特征

在此主要从资本结构变化情况,即产业资本与金融资本的关系以及金融资本内部结构关系对垄断资本金融化的主要特征进行分析。

(一) 金融资本替代产业资本取得支配性地位

一般来说,产业资本是支持实体经济乃至整个社会经济的基础和主体,而金融资本则应更多地为产业资本提供融资服务,以提高产业资本的运行效率。但垄断资本的金融化却改变了产业资本与金融资本的这种关系,金融资本替代产业资本取得了支配性地位,其重要性日益增强。具体体现为三方面:

1. 金融资本进入产业资本,并控制产业资本。美国十大财团中的九家财团都拥有强大的金融势力(杜邦财团金融资本较弱)。以石油垄断为基础的洛克菲洛财团,以大通曼哈顿银行为核心,以及纽约化学银行、大都会人寿保险公司以及公平人寿保险公司等万余家金融机构组成的金融势力,对冶金、化学、橡胶、汽车、食品、航空运输、电信甚至军火等领域的企业采取多种形式实行控制。

2. 产业资本流向金融领域。非金融企业中的金融资本的比重相对于其产业资本的比重明显上升。如美国非金融企业拥有的金融资本的比率由20世纪60年代不足40%升到了2001年的90%，以通用电气(GE)为例，2002年通用电气下属的GE金融公司，总资产近5000亿美元，占通用电气总资产的85.15%[①]。

3. 随着产业资本向金融领域的转移，金融业"创造"的"产值"大大超过制造业，在GDP中的比重也不断上升，如图4—1所示。

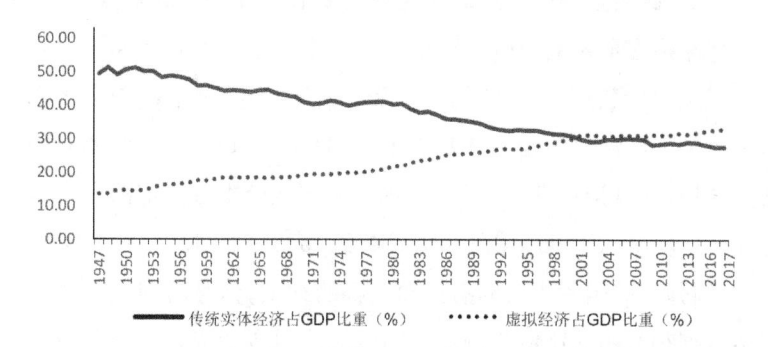

图4—1 1947—2017年美国实体经济与虚拟经济发展趋势对比

数据来源：根据美国国家经济分析局网站(http://www.bea.gov/industry/gdpby-ind—data)相关数据整理。

由图可知，2017年，美国传统实体经济[②]创造的GDP占美国GDP的比例已下降到27.8%，其中制造业所占GDP一路下降到11.57%。金融保险以及房地产所占GDP的比重上升至20.9%，虚

---

① 张宇等著. 中级政治经济学[M]. 北京：中国人民大学出版社，2016：274.
② 刘骏民. 经济增长、货币中性与资源配置理论的困惑——虚拟经济研究的基础理论框架[J]. 政治经济学评论，2011，2(4)：43—63. 其中：刘骏民教授把制造业、交通运输业、建筑业、农业、采矿业、公用事业、信息业划入美国传统实体经济；把金融、保险与房地产服务业、职业服务业纳入虚拟经济；把教育医疗救助、娱乐休闲餐饮、其他服务、批发零售计入传统服务；单独列出政府部门。

拟经济创造的 GDP 占比达 33.02%。同时,美国的传统实体经济所占 GDP 比重总体呈现下降的趋势,虚拟经济所占 GDP 比重整体呈上升趋势。2001 年以前,美国一直是传统实体经济占主导地位,其所占 GDP 的比重高于虚拟经济,2001 年以后虚拟经济首次超过传统实体经济产值,并且一直高于传统实体经济。20 世纪 70 年代以前的美国三大支柱产业——汽车、钢铁、建筑已经让位于新的三大支柱产业——金融(和保险)、房地产和高端服务业。①

(二)跨国金融资本流动成为跨国资本流动的主要形式

全球跨国金融垄断资本流动规模增长迅速,由从 1990 年的 1 万多亿美元增加到 2006 年的 8.2 万亿美元,跨国金融垄断资本占全部跨国资本流动的比例从 80% 上升到 85%。与此形成鲜明对照的是,以外国直接投资(FDI)为主的国际产业资本占全部跨国资本流动的比例则从 1990 年的 20% 下降到 2006 年的 15%。② 虽然近年来,整体上跨国资本流动有比较大幅的缩减,但是跨国金融资本仍然占据相对高的比例。例如 2016 年,跨国金融资本占全部跨国资本的 62%,仍在一半以上。③

(三)金融资本中新型金融产品和金融经济发展迅速,大大超过传统金融产品产出规模

金融资本脱离产业资本从产业资本脱离出来,进行自我循环、自我发展,其中新型金融产品和金融经济发展迅速,大大超过传统金融产品产出规模。证券和资产管理是美国金融行业快速增长的

---

① 张宇等主编. 高级政治经济学[M]. 北京:中国人民大学出版社,2012:389.
② McKinsey & Company. Mapping Global Capital Markets: Fourth Annual Report[R]. January,2008.
③ McKinsey & Company. The New Dynamics of Financial Globalizaiton[R]. August,2017.

领头羊。有数据显示,2015年美国证券行业总资产规模为2.58万亿美元,占美国GDP比重达14.24%,证券化率(各类金融证券如股票、债券、共同基金等总市值与GDP的比值)达150%,美国证券市场发展迅速且规模不断扩大。① 资产管理包括各种共同基金、退休基金、信托、托管业务等。根据国际清算银行(BIS)调查报告数据,全球汇市的日均交易量增长迅速,从1995年的1.2万亿美元增长到了2016年的5.1万亿美元。与此同时,2017年的外汇市场和货币市场以利率掉期为主体的金融衍生产品交易量屡创历史,金融衍生产品的市值规模突破了500万亿美元。②

(四)金融业中银行业之间的兼并收购,大大提高了银行的资本集中度,形成银行巨头

20世纪70年代之后,美国银行业进行了大规模的兼并收购和整合。目前,美国银行巨头和全球银行巨头几乎无一例外皆是通过长时间的持续的兼并收购形成的。如美洲银行自1982年起经过20多年的一系列的兼并收购,到2007年成为美国历史上第一家真正意义上的全国性银行——美国银行。它拥有6000多家分支机构,存款额占全部银行存款的10%。美国另外两家银行——摩根大通银行和花旗银行也是通过持续收购重组成为现在与美国银行齐名的三家银行巨头。福布斯发布2018年美国银行100强榜单可知,美国摩根大通银行拥有2.6万亿美元资产,美国银行总资产为2.2万亿美元,花旗银行总资产为1.85万亿美元,依然是美国排名

---

① 2018年中美证券行业市场现状对比及发展潜力分析[N/OL].中国报告网,(2018—02—05)[2018—08—29]. http://free.chinabaogao.com/gonggongfuwu/201802/02531XJ2018.html.

② 数据来源:国际清算银行统计数据库(BIS Statistics),https://stats.bis.org/statx/srs/table/d5.1.

最前的银行。

（五）在主要国际货币中，美元处于世界货币地位和金融霸权地位

20世纪70年代布雷顿森林体系崩溃后，国际货币体系进入了所谓的"牙买加体系"。在这个体系里，美元行使着主要国际储备货币的功能，因此在这个被称为美元本位制体系中，美国既可以获得大量实体商品与资源的注入，同时又可以通过经常账户赤字获取铸币税收益。根据联合国贸易和发展会议统计数据，1980年到2017年，美国经常账户持续处于逆差状态，累计11.5万亿美元逆差总额。并且自1997年开始，美国贸易逆差急剧上升，2006年以7524亿美元的逆差达到历年来逆差峰值。2010年到2017年，美国贸易逆差年均维持在5000亿美元左右。① 而美元的国际储备货币地位使美国可以任意印发货币作为弥补经常账户赤字的手段，例如，美国通过财政赤字的方式源源不断地向国内输入美元。美元的世界货币地位和金融霸权地位还体现在美国金融危机以及金融政策对全球经济的影响。2008年次贷危机爆发，美国房地产资产泡沫破灭，以次级住房抵押贷款为基础的金融衍生产品的市场价值瞬间蒸发，并且迅速蔓延到全球金融市场，进一步拖累了全球实体经济。为了维持美元霸权，在金融危机爆发后的2008年11月至2012年12月间，美联储实施了四轮"量化宽松"政策，导致美元资产持有者蒙受损失，全球财富向美国转移。这些均显示出了美元霸权的本质特性。

---

① 数据来源：联合国贸易与发展会议数据库（UNCTADstat），http://unctadstat.unctad.org/wds/ReportFolders/reportFolders.aspx?sCS_ChosenLang=en。

第三节　垄断资本金融化动因

一、垄断资本金融化的主要动因

垄断资本金融化能够形成并且迅速发展是有其客观必然性的,主要动因包括实体经济因素、科学技术因素、跨国金融组织因素和制度因素。

(一)实体经济的发展为垄断资本金融化奠定了物质基础

垄断资本金融化及经济金融化产生和发展均根源于实体经济。金融化与实体经济的原本关系是实体经济决定金融化,金融化推动实体经济发展。

从一国范围来看,实体经济发展决定了金融化过程中金融发展的结构、规模和阶段。从结构上看,一国的宏观经济结构决定了该国的金融结构,如二元经济结构决定了二元金融结构;而产业结构及同一行业内产业组织结构即市场结构也决定了金融总量结构和金融体系的组织结构。从规模上看,一国的经济发展规模与该国的金融机构数量、分支机构数量、从业人员的数量等具有直接相关关系。从阶段上看,一国经济发展由低级阶段到高级阶段,金融发展也相应地由低级阶段进入高级阶段(包括金融结构、金融工具、金融市场等)。因此,实体经济发展是金融发展的基础,也是垄断资本金融化发展的持久动力。

从全球范围来看,经济全球化的生产全球化和贸易全球化是金融全球化的前提和基础。因为生产全球化尤其是跨国公司对外直接投资的迅速发展,需要国际金融市场与之匹配,以保证其跨国生产经营活动得以进行。并且,生产和直接投资的全球化发展也要求资金和资本要素超越国界及区域范围进行流动;贸易全球化的发展促使商品及服务,信息及生产要素在国际频繁交流,这也需要资金和资本在进行相应流动,以便利于国际的贸易结算。而且贸易全球化也要求金融业务和金融机构的跨境发展,从而促进国际金融市场的快速发展。因此,生产和投资全球化、贸易全球化发展推动了金融全球化发展,也促进了垄断资本金融化的发展。

(二)科学技术发展为垄断资本金融化提供了技术条件

科技革命尤其是信息技术的出现,冲破了原有地域乃至国家的种种限制,使整个世界连为一体,为金融资本在全球范围内流动提供了技术保证。卫星、计算机、互联网等信息通技术的发展大大突破了时空的物理限制,使得信息的获取变得相对容易,信息技术能向全球即时传送股票价格等各种金融交易信息,巨额金融资本能在短时间内进行全球范围内的高速流动,金融交易瞬间完成,大大降低了跨国金融交易成本提高了交易效率。

与此同时,随着经济的发展,为规避政府对金融业的管制,自20世纪60年代开始,发达国家金融机构先后掀起金融创新浪潮。金融创新是使金融市场和金融机构发生变革的新金融工具和新融资方式的创造运动。科学技术特别是通信技术的迅速发展,大大推动了金融创新的迅猛发展。从全球来看,金融创新的主要表现为:一是新兴金融市场的不断出现,期货市场、期权市场等不断产生发展和完善,这是为规避风险、约束或管制而进行的金融创新。二是伴随融资要求而出现的各类金融衍生产品,发挥着对冲汇率、降低利率风险和套期保值的作用。20世纪80年代以来,西方金融机构不断开发各种新型金融工具,有资料显示,目前新型金融工具已达4000多种。① 金融创新作为金融技术的革命,其发展对发达国家的金融业产生了革命性的影响,各类金融机构之间的传统业务分工趋于模糊,显现同质化特征,同时也对全球金融活动产生了深刻影响,各种新的金融工具引导资金跨国流动,将各国的金融市场真正联结在一起,从根本上改变了全球金融运作的基础。因此,由金融技术推动的金融创新丰富了金融交易品种,促进了金融变革,增加了金融化的深度与广度。

(三)巨型跨国金融集团是垄断资本金融化的重要载体

垄断资本金融化除了经济基础和技术条件外,巨型跨国金融集团也是其形成发展的重要因素。

这里的巨型跨国金融集团区别于一般的金融集团,它是以发达国家为母国或为基础成长起来的跨国金融集团,其资金雄厚,规模巨大,凭借自身优势,能够主导和支配全球范围内金融资本流动和各种金融交易活动。根据联合国贸易发展委员会数据,截至2012年,全球前50的跨国金融集团均属于发达国家,美国15家,英国6家,瑞士、德国、法国、加拿大各4家,瑞典、日本、意大利均为3家,比利时、西班牙、荷兰各2家,澳大利亚、奥地利和丹麦各1家,这些跨国金融集团总资产高达510千亿美元,全球子公司达12352家。②

发达国家巨型跨国金融集团不仅在数量规模和份额上占绝对

---

① 资料来源:https://wenku.baidu.com/view/c59c43f08e9951e79a892770.html。
② 数据来源:UNCTAD,Web Table 30. The Top 50 Financial TNCs Ranked by Geographical Spread Index (GSI), 2012 a。

优势,而且操控能力强,是除主权国家之外的引领和主导全球金融发展的重要载体,由此金融垄断资本在国际金融领域中实施超强控制,并进一步强化垄断资本金融化发展的态势。

(四)金融自由化浪潮为垄断资本金融化创造了制度环境。

20世纪70年代以来,在全球范围内出现了以改变原有金融体制的限制、让市场力量发挥更大作用为目标的金融自由化浪潮。这一浪潮在发达国家表现为相继开始放松金融管制,在发展中国家则表现为以金融部门运行从主要由政府管制转变为由市场力量决定,集中表现在价格自由化、业务经营自由化、市场准入自由化和资本流动自由化四方面。

与此同时,美国、英国、日本、德国和法国等主要发达国家采取了一系列放松金融管制措施,包括从放松利率管制到放松金融业务管制,再到放松资本项目管制,极大促进了金融机构之间的竞争,推动金融机构向全能化、国际化发展。金融自由化浪潮深刻影响了全球金融活动、金融机构和金融市场。正是由于金融自由化浪潮以及资金资本跨国流动的限制被打破,使得金融垄断资本也得以在全球范围内自由流动,从而也为垄断资本金融化提供了制度保障。

二、垄断资本金融化的根本动因

由前面分析可看出,垄断资本金融化形成发展的主要动因是实体经济因素、科学技术因素、跨国金融集团因素和制度因素。实际上,垄断资本金融化的根本动因,也就是深藏在这些因素之中的内在因素,是金融垄断资本的逐利本性,即垄断资本金融化的根本动因是金融垄断资本本性所决定的对利润最大化、利益最大化、价值最大化的追逐。

自金融垄断资本诞生以来,其逐利的冲动从来就没有停止和收敛,反倒因其在逐利过程中受到阻碍而引发更大的冲动与扩张,这也是为什么金融垄断资本及金融化在近二三十年发展和扩张如此快速的内在原因。

1. 生产性行业利润率长期下降导致垄断资本金融化的原始动力形成。如美国制造业利润率在 1966—1976 年以每年 5.4% 的速度下降,虽然在 1980—1997 年受加速折旧等以及第三次科技革命的刺激,制造业利润率以每年 3.6% 的速度有所回弹,但是在 1997 年制造业的整体利润水平仍旧只相当于 1956—1965 年这十年间利润水平的 60%,并且在 2000 年之后,制造业利润率再次下降,2008 年金融危机爆发后下降幅度尤为显著。[1]由此,资本追逐利润的天性使其努力寻找其他渠道(即后来的金融渠道)获取较高的投资回报。

2. 在本国资本投资趋于微利时进行对外扩张是推动垄断资本金融化又一内在动力。在发达国家以制造业为主的传统行业利润下降时,金融垄断资本便寻求对国际投资空间的开拓,将本国的制造业向发展中国家转移,即将资本投资到生产成本较低的发展中国家。而发展中国家用制造业产品出口所换取的外汇储备又可以通过证券投资的形式回流到发达国家金融市场,从而使发达国家资本投资、金融投资回报持续可观。

---

[1] 张成思,张步昙. 再论金融与实体经济:经济金融化视角[J]. 经济学动态,2015(6):56—66.

总之，垄断资本金融化的根本动因是资本追利本性，正如马克思当年撰写《资本论》描述的那样："资本家害怕没有利润或者利润太少，就像自然界害怕真空一样……"①如今随着资本主义金融化的发展，金融垄断资本的逐利本性有过之而无不及。现在资本逐利目标不再是唯一追求利润最大化或效用最大化，而是一心追求市值最大化或股东利益最大化。这也正如一学者所指出的，当今时代是"一切为了资本，一切依赖资本，一切来自资本；一切为了股东，一切依靠股东，一切来自股东；一切为了市值，一切依靠市值，一切来自市值。这就是全球金融资本主义时代最明显的时代宣言和最可靠的行为准则"②。

第四节 垄断资本金融化影响作用

垄断资本金融化的影响作用是个复杂问题。就金融发展对经济增长的影响作用而言，国内外学者研究的结论大的方面看就至少有四种，如促进论、抑制论、相互促进论、不确定论等。而且，在金融发展理论中有关发展中国家金融发展对经济影响的正负效应也有不少表述，如金融深化对经济发展的正面效应有收入分配效应、储蓄效应、投资效应、就业效应、税收效应等方面，而金融抑制对经济发展的负面效应有负收入效应、负储蓄效应、负投资效应、

---

① 马克思.资本论(第1卷)[M].北京:人民出版社,2004:871.
② 向松祚.新资本论——全球金融资本主义的兴起、危机与救赎[M].北京:中信出版社,2015:74.

负就业效应等方面。① 由此可见,金融化的影响作用问题,可从多种角度进行讨论。而垄断资本金融化作用问题,涉及面更广,需全方位多层次考虑,它既包含在全球范围内金融化对全球生产和贸易以及对全球金融的影响作用,也包含在一国范围内金融对本国经济发展以及对金融本身的影响作用,还包括金融化对不同类别国家的影响作用差异性问题。因此,本节选择全球范围、一国范围和不同类别国家范围这三个层次来分别讨论分析垄断资本金融化的正负影响作用。

一、垄断资本金融化在全球范围内的影响作用

(一)垄断资本金融化的积极影响作用

总体来看,垄断资本金融化从整体上有力地推进了全球经济包括国际贸易、国际生产和投资、国际金融的发展,大大提高了资金在全球范围的配置效率,并由此增进了全球福利。

1. 促进国际贸易和国际投资的迅速发展。垄断资本金融化使得国际资本流动可以在全球范围内瞬间完成,不再受国际金融市场的时间和空间的限制。根据联合国贸易发展委员会计算所得,2000—2008年国际直接投资为98.378千亿美元,2008—2017年国际直接投资增加到125.77千亿美元。2000—2017年,国际直接投资平均年增长速度为6.1%,而国际贸易的平均年增长速度为3.2%,世界产出年平均增长速度5.3%。②

---

① 艾洪德等主编.货币银行学[M].大连:东北财经大学出版社,2011:280—282.
② 数据来源:联合国贸易与发展会议,其中兼并收购和对外直接投资数据链接为 https://www.bis.org/statistics/secstats.htm?m=6%7C33%7C615。

2. 促进了资金在全球范围内的有效配置。垄断资本金融化促使资本跨国界流动增加，使得有限的资金得到合理配置，也使得已有的资金得到重新配置，对于提供资金的欧美等发达国家，通过投融资可以提高资本收益，对于需要大量急需的投资但本国储蓄不足的发展中国家特别是新兴市场经济国家，获得经济发展启动资金，能够促进本国经济发展，并也推动了地区经济乃至全球经济的发展。

（二）垄断资本金融化的负面效应

垄断资本金融化是一把双刃剑，它在带来许多积极作用时，也带来不少负面效应。这种负面效应集中体现在增加了世界经济体系的不稳定性和加大了全球金融危机的风险。

1. 增加了世界经济体系的不稳定性

垄断资本金融化，使得各国经济相互依赖明显增强，任何一国内部经济失衡都有可能通过国际金融市场传导到其他国家，从而大大增加了世界经济体系的不稳定性。这种不稳定性主要源自两个方面。一是金融自身内在不稳定性。美国经济学家明斯基提出的"金融不稳定假说"，认为金融体系具有天然的内在不稳定性，而且金融的脆弱性、金融危机和经济周期的内生性的相互关联，使得一国政府的干预不可能从根本上消除金融的不稳定性，从而金融危机以及金融危机对经济运行的危害难以避免。[①] 二是金融产品的投资风险增大。虚拟经济过度膨胀，导致金融资本与实体经济之间的联系被割断，金融衍生产品种类和规模快速增长，不仅能继续衍生出更为复杂的次级金融衍生产品，还会被分割到各种金

---

① Minsky, H. P. Can "It" Happen Again? [M]. New York: M. E. Sharpe, 1982.

融机构的投资产品组合中。不仅如此,对冲基金及其他高杠杆金融机构以其财务杠杆工具几十倍甚至上百倍地放大各种金融衍生产品的交易价值,使得金融衍生产品价值与真实资产价值之间联系弱化甚至背离,将有可能成倍放大其投资和交易风险,一旦金融衍生产品链条中某一环节出现断裂,就会产生"多米诺骨牌效应",导致金融产品投资风险的集中爆发和迅速蔓延。

2. 加大了全球金融危机的风险性

垄断资本金融化促使全球金融市场一体化,资本及金融资源在全球范围的自由流动,也可能同时导致金融风险在全球范围的扩散。如 2008 年美国次贷危机,不仅美国购买与次贷相关的金融产品及其衍生产品的投资者深受其害,而且日本、欧洲等发达国家以及部分发展中国家的投资者也深陷其中,并且美国次贷危机造成各国金融市场剧烈波动,金融机构大量倒闭,从而引发全球性金融危机。有资料显示,20 世纪 80 年代以来到 21 世纪初的 20 多年时间里,世界上共有 36 个国家和地区爆发了 41 次金融危机。另外,全球发生过 108 次金融体系的严重问题。[①] 如果再加上 2008 年发生的全球金融危机,其波及的国家和地区就会更多而且影响程度也更深刻。

二、垄断资本金融化在一国范围内的影响作用

(一)垄断资本金融化在一国范围内的积极作用

1. 促进本国金融体制与金融结构的整合优化。垄断资本金融

---

① 王元龙. 金融全球化有关问题的探讨[J]. 经济研究参考, 2003(80):20—32.

化,一方面促进美国、英国、日本等国的专业银行制度向德国式全能银行制度转变,另一方面也促进包括德国、日本等国的金融体系由过去的以间接金融为主导的金融结构向以直接金融为主导的美英式金融结构转变。这种转变,将加速金融机构的改革和重组,有效提高金融体系和金融结构的效率。

2. 促进本国金融市场的竞争和金融化水平的提高。垄断资本金融化,将强化一国国内金融机构之间、金融机构与非金融机构之间的竞争,优化金融业的市场结构,并由此形成具有核心竞争力的金融企业或金融企业集团,参与国际金融市场竞争。与此同时,竞争还将激励金融技术的发展和金融人才的流动,进而推动金融服务水平的提升和金融创新的发展。而金融业的发展和金融创新产品不断出现,也促进本国金融市场的进一步开放和本国政府金融监管水平的不断提高。

(二)垄断资本金融化在一国范围内的负面效应

1. 加剧资本逐利的投机性,易于诱发金融泡沫。垄断资本金融化将极大激发金融垄断资本对利润或市值追逐的投机性,进而诱发金融泡沫,最终导致经济和金融的动荡。

2. 加大金融体系和金融机构内在脆弱性,使其稳健性下降。信息不对称和委托代理关系所引起的逆向选择和道德风险等,会加大金融体系和金融机构内在脆弱性。同时,金融混业经营模式和直接金融主导的金融结构也加大了金融监管难度,而且跨国界的金融监管更加难以实施。

3. 将降低本国货币政策的独立性。"三元悖论"是国际金融理论的重要组成之一。"三元悖论"的"不可能三角"论点是指在开放经济条件下,一国的货币政策独立、浮动汇率制度和资本市场开放三者不可能同时选择,只能选择其中的两项。此后,"二元悖论"取代"三元悖论",即各国在进行开放经济政策选择时,只能在资本账户开放和货币政策独立两项中选择一个。金融垄断资本全球化使各国的资本市场和货币政策相应地联为一体,从而一国货币政策的实施将不像封闭条件下那样具有独立性且直接有效,而是受到国际和国别因素的影响。货币政策的独立性将会降低,一国政府的宏观调控能力将会减弱。

三、垄断资本金融化在不同类别国家的影响作用

垄断资本金融化对发达国家和发展中国家的影响作用是正负效应均有,并非是发达国家好处占尽,发展中国家处处吃亏,更不是发展中国家好处占尽,发达国家处处吃亏。实际上,无论是发达国家还是发展中国家,在垄断资本金融化过程中都有获益和受损的方面,不是绝对地一边倒。相比较而言,发达国家及其金融垄断资本集团获益更多,而发展中国家以及各个国家内部中低阶层群体则获益较少甚至有的直接受损。

(一)垄断资本金融化对发达国家的影响作用

在垄断资本金融化过程中,发达国家尤其是以美国为代表的西方主要发达国家处于优势地位,控制着全球生产要素和资本金融资源,也控制着全球贸易和跨国投资。同时,发达国家的金融垄断资本集团在国际资本流动和国际金融市场中也起着主导作用。对于发达国家来说,垄断资本金融化最大的益处就是可以凭借已有的金融垄断资本优势和垄断地位进一步加强资本控制,获得巨大利益。这是因为,发达国家经历了数百年资本主义经济的发展

过程，在国内它们拥有成熟的并与国际规则接轨的市场制度和相应完备的宏观调控体系。在国际上它们控制和操纵国际经济和金融组织，主导和支配国际金融和国际经济规则的制度与实施，因此，在垄断资本金融化过程中，发达国家及其跨国资本金融财团可以凭借已有的垄断地位和垄断优势从中获取最大收益，并降低风险程度和损失程度。并且，在此基础上进一步强化其垄断地位和垄断优势以及对国际金融规则的主导权，使其在垄断资本金融化过程中的利益和权利不断得到巩固和加强。

当然，发达国家在垄断资本金融化过程中也受到一些冲击，尤其是对于其国内的不同阶层群体，资本积累金融化、利润来源及分配金融化、个人收入和消费金融化等使得贫富差距进一步扩大，中低阶层群体利益受损程度严重，以致引发国内社会动荡。

（二）垄断资本金融化对发展中国家的影响作用

发展中国家在垄断资本金融化过程中从整体上看其获益程度不如发达国家，但不同发展中国家也不同程度地分享了垄断资本金融化的一些益处。如中国等发展中大国在垄断资本金融化过程中，借助国际资本国际投资，促进了本国经济发展，成为世界经济发展的重要力量。一些发展中小国乃至一些不发达的国家，也获得了垄断资本金融化带来的一些机会和条件。而对于广大发展中国家来说，垄断资本金融化最大的不利在于原有的劣势和被动地位不仅没有从根本上改变，反而在某种程度上被固化和强化了，并且由于经济发展较落后、市场经济发展不成熟、政府宏观调控体系还不完善、金融实力薄弱等原因，在国际金融国际经济舞台中的话语权和影响力也很弱，因此，与发达国家相比，在垄断资本金融化过程中处于明显的不利地位,一旦国际市场风云变幻,发展中国家将遭受更多更严重的冲击,甚至还有可能付出让渡国家主权的沉重代价。

第五节 垄断资本金融化发展态势和未来走向

一、垄断资本金融化的发展态势

垄断资本金融化的发展态势是怎样的,是需要分析研判的一个重要问题。结合国内外有关研究文献和目前垄断资本金融化实践发展情况来看,本书认为,主要发展态势集中体现为四个方面:一是垄断资本金融化的全球性特征继续保持,同时其区域发展也不断增多;二是垄断资本金融化的垄断本质仍很突出,同时国际主要货币多元化态势会逐步加大;三是垄断资本金融化与相关国家的再工业化进程相互交织,同时再金融化的势头可能兴起;四是垄断资本金融化与各国全球性特征发展的趋同性进一步增强,同时其差异性也更加明显。

（一）垄断金融化的全球性特征不断继续保持,同时区域性发展不断增强

垄断资本金融化随着金融垄断资本的逐利本性必然是从一国领域扩展到全球范围,通过全球范围金融资源的有效配置来实现。因此,只要金融资本存在,垄断资本金融化就会在全球范围内不断

发展。

与此同时,同经济全球化过程中出现区域一体化的现象类似,垄断资本金融化在全球范围发展过程中,区域金融合作也相应产生和发展。区域经济发展带来区域内部贸易增长,区域内国际分工协作更加深化,从而对区域内资本活动及金融资源配置的需求也不断增加。而且,区域经济协作和金融合作的便捷性和稳定性会大于全球化,在实践可行性上和可操作性也优于全球化。同时,区域经济协作和区域金融合作也是一种促进区域经济及金融发展的有效方式,可以在某种程度上减少或消除参与全球化进程中遇到的一些障碍和隔阂。如当前在以美国为代表的发达国家及金融垄断集团和相应的国际金融组织等主导和支配全球金融资源配置的同时,一些发展中国家也相应开始区域金融合作探索,如2014年、2015年先后成立的"丝路基金"、"亚洲基础设施投资银行"、"金砖国家新开发银行"等区域金融机构将在中国倡议的"一带一路"区域经济发展过程中起着资金融通、贸易畅通、设施联通、政策沟通、民心相通的重要作用。

(二)垄断资本金融化的垄断本质仍然很突出,同时国际主要货币多元化态势会逐渐加大

当今垄断资本金融化还是由以美国为首的发达国家及其跨国金融垄断集团主导的金融化。这种主导地位体现的金融垄断资本的最本质特征,就是垄断。发达国家及其跨国金融垄断集团,控制了全球资金、生产要素等各种资源以及国际金融机构,控制或主导着国际经济和国际金融制度规则。尽管2008年国际金融危机使得美元在国际金融中的主导地位有所弱化,但是在今后相当一段时间内美元依旧是世界上的货币霸权,美国主导形成的国际经济和国际金融秩序依然起着作用,美元霸权的制度性支撑并没有消失。与此同时,2008年国际金融危机的后果也让世界各国认识到国际主要货币地位的重要性,不能以他国的一国主权货币代替世界货币,要切断一国通过国际货币金融体系转移国内危机的途径。因此,未来世界货币多元体系代替美元独霸体系,一方面可分散系统性风险,维持国家和地区的金融安全和经济安全;另一方面,也能提升一国或一个地区的货币国际地位和国际影响力。如欧元在国际货币体系中作用增强和人民币加入SDR等,是欧洲和中国在经济实力提升的同时注重提升本地区或本国货币的国际地位及影响力的具体体现。

(三)垄断资本金融化与再工业化进程相互交织,同时再金融化势头可能兴起

虽然在2008年国际金融危机之后垄断资本金融化在全球范围内尤其在一些发达国家如美国等的发展受到遏制,但金融化对经济发展的作用不会消失。如美国提出的"再工业化"战略,就是以扭转之前因金融过度化致使本国产业空心化的现象,希望通过大力发展先进制造业来重振美国实体经济。与此同时,也注重金融对再工业化战略实施的支持,随着美国经济的逐步回升,2018年5月24日美国总统正式签署改革《多德-弗兰克法案》。这是对2008年金融危机后美国制定的严格银行监管政策的首次重大修改,也是特朗普政府推动放松银行监管方面的重大举措,虽然该议案主要是为中小型银行减轻监管压力,但也预示美国经济发展在再工业化进程中蕴含的再金融化的态势。

(四)垄断资本金融化与各国经济金融化发展的趋同性进一步增强,同时其差异性也更加明显

垄断资本金融化推动了全球金融市场一体化,使各国各地区

的经济发展和金融资源的配置彼此相互依赖、相互促进,其共同发展的依存性空间增强。当今没有任何一个国家和地区可以在金融封闭的条件下单独生存和发展,也没有任何一个国家和地区可以采取某种措施单方损害他国而不同时损害自身。垄断资本金融化的发展及各国融入垄断资本金融化过程的动因有着共性,如之前分析的包括经济基础、技术条件、载体形式和制度保障等,其表现特征也具有相似性,即金融资本同产业资本的关系发生变化并占据支配性地位,金融资本的流动成为跨国资本活动的主要形式,金融资本具有自我循环与发展的能力,金融资本通过资本集中可形成金融寡头等,而这些动因的共性及其表现特征的相似性所显示的各国金融发展的趋同性,是由金融与经济发展的内在规律决定的。因此,各国金融发展及金融制度和金融政策的实施应遵循金融与经济发展的一般规律,也应遵循国际金融的基本制度和基本规则,从而保证各国和全球范围的经济金融化规范有序发展。

不仅如此,在看到垄断资本金融化发展趋同性的同时,还要看到其在各国发展的差异性。各个国家的经济发展阶段和水平、自然条件、社会制度及传统文化价值理念是不尽相同的,因此各自经济金融化过程会有不同的模式和路径。发达国家之间尽管经济发展阶段和水平接近,但在金融结构方面,不同时期、不同国家也有不同的模式,如以英国、美国为代表的市场型主导的金融结构和以日本、法国为代表的间接型主导的银行结构等。同样,发达国家与发展中国家以及发展中国家之间,由于国情等一系列条件的不同,其金融发展模式也有所不同,同时其金融开放、金融体制改革及金融体系的建立应在遵循一般规律下,结合本国实际情况具体实施,而不能一味地按照西方发达国家所推崇的金融自由化或金融深化模式来进行,否则有可能带来灾难性的后果。拉美国家金融化失败的教训就充分说明这一点。所以,既要遵循一般规律,又要注重各国自身差异,构建起符合自身情况的金融化发展模式,这一点对于中国这样的发展中大国尤其重要。

二、垄断资本金融化的未来走向

如何预测垄断资本金融化的未来走向,也是需要进一步探讨的问题。2008年金融过度化导致美国次贷危机进而引发全球金融危机,促使国内外学者对金融化问题以及新自由主义思想进行反思。同时,以美国为首的发达国家对金融化积累模式进行调整,国际金融机构等对金融监管规则进行修订,这也使得发展中国家尤其是新兴市场国家对当今垄断资本的金融化问题有了新的认识。这些都将对垄断资本金融化的今后发展和未来走向产生重要影响。

(一)垄断资本金融化将伴随一国经济现代化全过程

垄断资本金融化具有客观必然性,它的产生和发展以及未来走向是有其内在规律性的,是一个很长的历史过程。只要发展现代经济,就得在市场经济条件下借助资本、金融和垄断资本金融化。而各国经济的现代化过程是一个没有止境的过程,即使发达国家的经济现代化水平已经很高,也仍需不断改进和提升。而发展中国家和不发达国家的经济现代化程度普遍较低,发展经济的任务更加艰巨。不仅如此,经济发展本身还具有周期性、波动性和不稳定性。所以,不管是发达国家,还是发展中国家,还是不发达国家,发展经济将会持续不断,而金融化也将伴随着经济现代化全过程。

（二）垄断资本金融化将促使资本主义制度进行深层修复

以美国为典型代表的资本主义发展模式是以金融化积累和负债消费为基础的。这种发展模式是垄断资本金融化在资本主义国家的集中体现，是资本主义积累和消费间对抗性矛盾不但积累和深化的结果，导致资本主义生产关系的分层与断裂，使得金融集团、金融寡头以及少数金融白领与其他社会阶层民众的收入差距悬殊。由此引起的社会动荡及其后果将对资本主义制度产生深远影响。这将促使资本主义制度进行"深层修复"，这种深层修复必须具有制度性和系统性，才能保证当今垄断资本主义国家的社会稳定和经济可持续发展。

（三）垄断资本金融化将拉大发达国家和发展中国家不平等程度

垄断资本金融化在给发达国家和发展中国家带来利益的同时，也带来风险，但是这种利益和风险是不对等的。发达国家及其金融寡头由于主导着全球金融市场和资本活动及其金融资源的配置，控制国际金融机构及其国际金融规则的制定，则可以尽享垄断资本金融化的各种"红利"，获取巨大利益。而发展中国家由于经济发展落后、市场发展不成熟、经济体制不完善等，将会承担更多的风险，这些风险主要包括国际资本流动带来的本国金融市场动荡乃至经济崩溃、国家主权让渡等。随着垄断资本金融化过程的深化，发达国家与发展中国家差距会不断加大，一边是发达国家财富的积累；一边是发展中国家相对贫困和绝对贫困的加剧，最后导致富者更富，贫者更贫。如同马克思早在150多年前所揭示的，资本主义积累的一般规律即本质是财富在资产阶级一方积累，贫困在无产阶级一方积累，形成严重的贫富两极分化。无产阶级创造的社会财富越来越多,但是自身却始终处于被剥削和贫困的境地,进而资本主义积累的历史趋势就是,随着资本积累的发展,资本主义基本矛盾不断激化,从而社会主义制度取代资本主义制度成为历史必然。① 尽管资产阶级通过对生产关系的局部调整和采取某些措施可以暂时缓解这一矛盾,但不可能从根本上解决这一矛盾。当然这一历史趋势的实现,要经过一个相当长的历史时期乃至曲折的历史过程。

(四)垄断资本金融化的发展将会形成新的国际金融和国际利益分配格局

当前垄断资本金融化仍处于发展完善过程之中,其本身应有的正能量还未充分释放出来。而且,各类金融资源、资本要素与实体经济的结合程度不一,既有过度金融化,也有金融化不足,垄断资本金融化还有很大发展空间。因此,在未来相当时间里,以发达国家金融垄断资本为主导的垄断资本金融化还将继续存在,并且还会不断发展。与此同时,以新兴市场国家为代表的发展中国家通过自身改革与发展和融入全球金融化过程,其经济实力和金融实力不断增强,并在国际经济和国际金融舞台中的作用不断增大,从而将有可能打破现有的发达国家金融垄断资本独霸和主宰国际金融、国际利益分配的格局。当然,未来新型国际金融和国际利益分配格局的形成,将取决于发达国家与发展中国家尤其新兴市场国家之间金融实力的对比,取决于美国的美元与其他国家主要国际货币之间货币实力的对比。

---

① 马克思恩格斯全集(第23卷)[M].北京:人民出版社,1972:831—832.

第三部分

问题思考

第五章 垄断资本金融化背景下中国经济金融化问题思考

经济金融化是经济全球化的一个重要组成部分,也是垄断资本金融化的基础。中国自20世纪70年代末80年代初实行改革开放以来,逐步参与和融入经济金融化的进程,在获取发展机会的同时也面临着许多风险和挑战,尤其是当今世界出现一些新的不稳定不确定因素,使得这种风险和挑战显得更加严峻。

在这种大的环境背景下,中国的经济金融化发展过程在取得一些成效的同时也出现些问题,如何看待和解决这些问题,如何认清和把握经济金融化发展内在规律,如何寻找和发现既适合中国国情又符合国际规则的经济金融化的有效路径,如何通过经济金融化更好地促进实体经济发展,同时也促进金融经济自身发展,进而为打造经济强国和金融强国奠定基础,等等,这些既是实践发展提出的新命题,更是理论界应该思考和探究的重要命题。

为此,本章从三个方面进行思考和探究,一是当前中国经济金融化所处的阶段及其水平的判定;二是中国经济金融化的"合理金融化"基准设定;三是中国经济金融化过程中出现的主要问题及其解决思路。

第一节　当前中国经济金融化所处阶段及其水平的判定

国外学者很早就开展了关于一国经济金融化发展阶段及其水平的研究。1969年，美国经济学家戈德史密斯创新地运用金融相关率FIR来衡量一国经济金融化的程度，迄今为止，该测量指标被国内外学者最为认同并且运用最为广泛。同时，衡量经济金融化的指标也随着金融经济实践的发展也在不断完善。我国学者近年来也开始注重和研究经济金融化问题，对于当前我国经济金融化所处阶段及其水平的判定，基本上采用了戈德史密斯的金融相关率这一衡量指标，同时在此基础上又结合中国的经济金融化发展的实际情况，从不同角度增补新的指标来衡量中国经济金融化的状况，并作出相应的判断。其中具有代表性的观点有：陈享光等从货币化向货币资本化再向资本虚拟化演化的角度，分别采用金融资产总值指标（包括外汇储备总量、M2总量、债务总量等指标）与国内生产总值（GDP）进行比较衡量，认为我国宏观经济出现了明显的金融化倾向，特别是2008年国际金融危机之后，我国实体经济发展面临困难，为此国家通过强化货币与金融政策来调节与刺激经济增长，因而中国经济金融化倾向开始显现。[①] 张慕濒等学者专门设计了经济金融一体化的评价体系，从宏观、中观和微观三个层次实证检验了中国经济金融化的客观存在，所得出结论是"我国

[①] 陈享光，郭祎. 中国金融化发展对实体经济的影响[J]. 学习与探索，2016（12）：94—103.

实体经济并未出现类似美国的持续金融化现象,实体经济部门的金融活动主要是为了扩大再生产或者弥补实业投资不足,金融部门的快速发展虽然从总量上提高了经济金融化水平,但无助于改善企业等微观主体的金融能力"。①赵峰等学者则从金融资产结构入手,并对比美国同类数据进行测量和分析,由此认为:"从整体金融资产结构看,中国存在经济金融化的趋势;但不同部门的发展趋势存在差异,其中金融部门和非金融企业部门的金融化趋势比较明显,而且居民部门由于收入增长和信贷体制等原因,并没有呈现出明显的趋势。从和美国的对比来看,金融危机前,中国的金融化水平和速度都低于美国;而在金融危机后,中国金融化的速度大幅度提升,这对我国未来经济的发展会产生重要的影响。"②

以上学者从不同角度进行分析,得出的共同结论是我国存在经济金融化倾向,而且这种倾向在有些部门表现更为明显。本章也认同这个研究结论,认为随着经济全球化和垄断资本金融化的进程加深,加之我国经济发展等各种因素的影响,我国已经进入了经济金融化发展过程。至于我国经济金融化目前是处于什么阶段和水平,现有文献较少给予分析说明。经济金融化对于我国来说是一个较新的经济现象,无法通过自身进行纵向比较作出判断,只有与其他国家进行比较才能有一个基本判断。本章在此选择我国与美国在有关金融化数据进行对比,从这一角度进行分析判断。

---

① 张慕濒,诸葛恒中. 全球化背景下中国经济的金融化:涵义与实证检验[J]. 世界经济与政治论坛, 2013(1):122—138.
② 赵峰,田佳禾. 当前中国经济金融化的水平和趋势———一个结构的和比较的分析[J]. 政治经济学评论, 2015, 6(3):120—142.

美国的经济金融化进程是从1999年开始的,它是以当年美国的《金融服务现代化法案》①在国会通过、《格拉斯-斯蒂格尔法案》②退出历史舞台为标志的,这使得美国经济金融化在之后十几年内得以迅速发展,其结果就是金融利润占美国国内利润比重发生变化。数据显示,1965—1980年,美国金融利润占国内总利润的比重均值为17%,而2000—2015年,该比重均值上升为28.9%。③而我国金融相关率④的指标情况是,2002年为3.01,2016年为4.5,2002—2016年均值为3.58。⑤ 中国与美国金融相关率数据比较,差别很大,先暂不判断美国是否存在金融过度化问题,但中国与美国的比值差别大的情况从某种程度上说明了中国经济金融化发展空间还是很大的。不仅如此,从经济规模和金融市场数据来看,根据国际货币基金组织和世界银行数据,2016年美国在全球GDP的份额达24.67%,中国在全球GDP的份额为14.87%,2016年美国股票市场市值为273522亿美元,中国股票市场市值73207.4亿美元,中国股票市场仅为美国股市总市值的26.76%。同时,美国

---

① 《金融服务现代化法案》是于1999年11月经美国国会通过,其主要解除对金融业混业经营的限制,允许控股公司经营"具有金融性质(financical in nature)"的业务和一些"金融活动的附带业务(incidental/complementary to a financical activity)"。

② 《格拉斯-斯蒂格尔法案》是于1933年由民主党参议员卡特·格拉斯和众议员亨利·B.斯蒂格尔提出,其主要目的是分离银行业与证券业,实际上对商业银行与投资银行联属关系的建立进行了限制。

③ 王生升.经济金融化导致资本主义生产关系的分层与断裂[J].红旗文稿,2017(9).

④ 金融相关率即为金融资产总额与国民生产总值的比率,其中对金融资产的统计参考陈雨露、马勇(2011)的方法简单处理,用M2、金融机构各项贷款、股票市价总值、各种债券发行额和保险公司总资产之和作为金融资产总值的指标。

⑤ 资料来源:中经网统计数据库。

股票市场份额占全世界的42.13%,而中国仅占全世界的11.28%。[1]从金融自由度数据来看,根据美国传统基金会2017年公布的金融自由度指数(Financial Freedom),全球金融自由度平均指数为48.34,其中美国、中国的金融自由度指数分别为70和20,全球分别排在第20位和第160位,马来西亚、巴西、南非等部分新兴市场国家的金融自由度指数皆为50,由此可以看出,中国的金融自由度水平远远低于美国等发达国家和地区,还低于马来西亚、巴西、南非等部分新兴市场国家。[2] 根据数据显示的中国与美国之间的差距,可以基本判断,中国经济金融化还处于初级发展阶段,其总体水平比较低,基础比较薄弱,问题也比较多,金融功能对经济发展的促进作用还没有充分发挥出来。

第二节 "合理金融化"基准设定

中国经济金融化发展处于初级阶段,总体水平低,应该加大发展力度。而这又引发新的思考:中国经济金融化究竟发展到什么程度才是合适的、合理的?因为现有理论和实践已证实金融化过度是引发金融危机的一个重要原因,美国的金融危机已经充分予以印证。同时,金融化不足也是阻碍经济发展的一个重要原因,发

---

[1] 资料来源:IMF,World Economic Outlook 2016,Wanshington D.C.;The World Bank,World Development Indicators 2016。

[2] 张岸元,张怀志,陈巧巧.中国经济对比:差距比想象的大得多[EB/OL].(2017—11—09)[2018.09.26] http://www.chinacef.cn/index.php/index/article/article_id/4395。

展中国家金融压抑导致经济效率低下也已成事实。那么,怎样才是合理的金融化呢,也就是说,合理金融化应有一个基准,超过这个基准就是过度,达不到这个基准就是不足。而这个基准又如何设定呢?这也是中国经济金融化发展过程中需要探究的问题。

国内有学者用经济货币化、经济信贷化、经济证券化和经济虚拟化四个方面的指标构建起经济金融化指标体系,分别来衡量中国经济金融化的状况,并提出"适度金融化"的概念,将其定义为"只有适应市场发展程度的金融化才是适度金融化"。[①] 之后也有学者在借鉴这种指标体系基础上,将经济货币化、经济信贷化、经济证券化和经济虚拟化四个维度整合形成一个经济金融化指数,对我国 2007—2015 年经济金融化程度进行测量,显示我国经济金融化指数从 2007 年 3.32 上升到 2015 年的 3.56,整体基本保持在 3.0 左右,说明中国经济金融化的发展相对稳定,没有出现过度增长态势。[②]

以上学者所提出"适度金融化"概念和思想很有价值。但是概念界定较为抽象,没有进一步解释怎样的"适度金融化"才算适应了市场经济发展程度,同时所采取的经济金融化指数可以描述经济金融化的程度和变化情况,却不能判定其发展状况和程度是否合理,或者是否处于合理区间之内,所以还需进一步探讨和完善。在此,本章提出"合理金融化"范畴及其基准设定。

所谓"合理金融化"是指,金融发展与实体经济发展两者相互协调、相互促进,同时金融发展的内在动力与外部约束应相对应、

---

① 林楠. 中国经济适度金融化研究——从金融市场发展速度、结构和规模的视角[J]. 理论探讨, 2014(2):101—104.
② 李义平,刁文. 中国经济金融化再思考[J]. 河北学刊, 2016(3):111—115.

相平衡。从目前来看金融化这个"度"量化到具体数值或用某一金融相关率或经济金融化指数进行衡量，还是很难确定是否合理的，因为不同国家、同一国家不同时期或同一时期不同部门或同一部门不同条件下的情况都是不同的，而且还会变化，所以本章没有采用"适度金融化"概念，而是提出"合理金融化"范畴，并进而设定"合理金融化"的基准，这种基准也不是一系列的量化指标，而更多的是一种价值判断和评价标准。

综合国内外已有研究成果及研究数据，借鉴发达国家和发展中国家金融化实践的经验教训，结合我国具体情况，尤其是我国金融化发展处于初级阶段的情况，本章对"合理金融化"基准的设定包括以下四个方面：

1. 从金融发展与实体经济发展的关系来看，既不能金融化过度也不能金融化不足，而应金融化适度。一方面，金融化发展基于实体经济的发展，并为实体经济服务，而不能挤压和妨碍实体经济发展，更不能脱离实体经济发展而自我循环发展、自我膨胀，进而对实体经济发展造成严重损害，否则就属金融化过度。另一方面，金融化发展应适应并促进实体经济发展，其功能和作用的发挥应与实体经济发展相匹配，而不能消极被动，也不能只是成为实体经济的附属，否则就属金融化不足。

2. 从金融发展与经济发展阶段的联系来看，既不能金融化超前，也不能金融化滞后，而应金融化适中。一方面，金融发展有其自身规律和一般发展模式，但必须与一国的经济发展阶段和发展水平相对应，不能超越本国现有经济发展阶段和经济发展水平，照搬他国尤其是发达国家的金融发展模式，否则就属金融化超前。另一方面，金融发展也不能落后于现有经济发展阶段和发展水平，更不能以强调本国国情为理由而排斥或者限制金融化发展,否则就属金融化滞后。

3. 从金融自身结构来看,既不能结构单一,也不能结构失衡,而应结构均衡。金融自身结构可以有多种划分,若从金融流动是否通过中介划分,则可分为市场主导型金融结构和银行主导型的金融结构;若从银行规模大小划分,可分为大型银行、中小型银行;若从所有制类型划分,则可分为国有银行和非国有银行或其他所有制银行等。一方面,金融结构应是多元化,各类经济主体的参与其中,有利于开展竞争,提高金融资源的配置效率,而不是一家独大或寡头垄断,否则就属于金融结构单一;另一方面,金融结构中各类经济主体和各种经济要素的组合存在一种客观的内在的最优比例关系,从而可以降低风险提高规模效益,而不是过度竞争和无序发展,否则就属金融结构失衡。

4. 从金融发展与政府干预的关系来看,既不能干预过多,也不能放任自流,而是应审慎监管。一方面,金融行业的特殊性,尤其是金融发展可能产生金融危机,要求政府必须对金融实行必要的干预和管理,但不能过多干预,更不能运用行政机制全面管控,否则就属干预过度。另一方面,金融发展不能没有边界,它必须受必要约束,不能一味强调金融自由化、完全放开金融管制,否则就属监管缺位或监管不到位。

以上分析则可将"合理金融化"基准概括为四个方面内容,即金融发展适度、金融变化适中、金融结构均衡、金融监管审慎。美国经济学家罗伯特·席勒在其所著的《金融与好的社会》一书中曾说,"金融应当帮助找出减少生活的随机性,而不是增加随机性。为使金融体系更好地运行,找出需要进一步发展其内在逻辑以及

第五章　垄断资本金融化背景下中国经济金融化问题思考

金融在独立自由的代理人之间最好的交易的能力——这些交易使人们生活得更好"。① 其实,这么说可能更为准确:只有好的金融才能有好的社会,而在此所提出的"合理金融化"及其四个基准则是力图向好的金融靠得更近一些。

第三节　中国经济金融化过程中出现的主要问题及解决思路

自 21 世纪以来,随着中国经济快速发展和改革开放的不断深化,中国经济金融化也得到相应发展,其显著标志就是金融业在国民经济中的比重不断上升。有资料显示,我国金融业资产总规模与 GDP 的比率从 2004 年的 3.02% 增长到 2016 年的 4.5%;金融业增加值占 GDP 比重从 2005 年的低点 3.99% 增长到了 2015 年的高点 8.4%,2016 年略有回落。② 金融对我国经济发展起着越来越重要的作用。对此本书将在第八章、第九章、第十章进行专门实证分析,即分析经济金融化对中国经济增长、对区域产业发展、对产业结构优化的影响,其实证分析的内容和结论在此不一一展开,但总体判断是,经济金融化对中国经济不同层面的影响,积极效应大于负面效应,但负面效应如不进行控制,将会导致严重后果。由此也引发更加深入的思考,就是经济金融化的负面效应是与经济金融

---

① Shiller, R. J. Finance and the Good Society[M]. Princeton:Princeton University Press, 2012.

② 汤铎铎,张莹. 实体经济低波动与金融去杠杆——2017 年中国宏观经济中期报告[J]. 经济学动态,2017(8):4—17.

化发展中存在的问题直接关联的,那么中国经济金融化发展中存在有哪些问题呢?

对此国内外不少学者对我国经济金融化存在的问题提出了自己的看法,主要代表性观点有:"金融部门的过度膨胀,非金融企业的金融化"①,"金融脱离实体经济发展的程度加深"②,"金融业逐渐重心化,金融获利垄断化"③,"实体经济与金融房地产业之间结构失衡"④,"中国制造业过度金融化"⑤,"中国银行体系结构存在国有大型银行垄断问题"⑥,"企业金融化与国有银行垄断经营等有所关联",⑦"国有银行垄断加剧国有企业金融化态势"⑧,等等,以上这些观点从不同角度揭示了中国经济金融化过程中存在一些问题,但是从目前来看,全面分析和探讨中国经济金融化问题的文献暂还没有发现,而且现有的经济学、金融学理论也没有相应的理论支撑或分析范式来研究探讨中国经济金融化现实中的总体问题,同时已有发达国家和发展中国家的历史数据和经验事例也不

---

① 张成思,张步昙.再论金融与实体经济:经济金融化视角[J].经济学动态,2015(6):56—66.
② 陈享光,郭祎.中国金融化发展对实体经济的影响[J].学习与探索,2016(12):94—103.
③ 何玉长,董建功.金融资本化与资本金融化亟需遏制——基于马克思主义产融关系理论的思考[J].毛泽东邓小平理论研究,2017(4):39—45.
④ 黄群慧.论新时期中国实体经济的发展[J].中国工业经济,2017(9):5—24.
⑤ 谢家智,王文涛,江源.制造业金融化、政府控制与技术创新[J].经济学动态,2014(11):78—88.
⑥ 林志帆,龙晓旋.金融结构与发展中国家的技术进步——基于新结构经济学视角的实证研究[J].经济学动态,2015(12):57—68.
⑦ Allen .F., Qian, J., Qian, M. Law, Finance, and Economic Growth in China [J]. Journal of Financial Economics. 2005,77(1):116-157.
⑧ 齐兰,王业斌.国有银行垄断的影响效应分析——基于工业技术创新视角[J].中国工业经济,2013(7):69—80.

能直接套用在对我国的现实问题的分析上,而这个问题的探究又具有重要意义,所以本章试图在借鉴吸收现有研究成果的基础上,对所观察到的我国经济金融化过程中出现诸多现象和诸多问题进行梳理和总结,依据所设定的"合理金融化"四个基准进行分析,由此形成对当前中国经济金融化问题较为系统的概括和提炼,进而为我国经济金融化朝着好的方向发展以及制定相应的对策提供现实依据。

本章认为当前我国经济金融化过程中存在的问题主要体现为四个方面两种问题的同时并存,也称为"四对两并存"问题,即金融化过度与金融化不足并存、金融化超前与金融化滞后并存、竞争不充分与竞争无秩序并存、政府干预过多与监管不到位并存,其中金融化不足、金融化滞后、竞争不充分、政府干预过多问题在每一方面两个并存问题中显得更为突出。

一、金融化过度与金融化不足并存,其中金融化不足更为突出

一般认为,中国经济金融化过程的最大问题或首要问题就是金融化过度,即金融化发展规模和速度等远远超过实体经济。有数据显示,中国金融资产总量由 2007 年的 111.2 万亿元增至 2014 年的 263.7 万亿元,8 年间中国金融资产总量翻了 2.37 倍,年均增长率超过 17%,远快于同期 GDP 增长率。[①] 根据国家统计局统计数据,2015 年、2016 年、2017 年我国金融业增加值分别为 5.79 万亿元、6.11 万亿元和 6.57 万亿元,金融业增加值对 GDP 的贡献率分

---

① 李义平,刁文.中国经济金融化再思考[J].河北学刊,2016(3):111—115.

别为15.2%、5.6%和5.4%,特别是2015年其增速达到了24%,创历史新高居所有行业之首。① 从宏观的经济层面来看,我国金融业发展增速过快,2012年金融业增加值占GDP比重为6.3%,2016年则增加到8.4%。② 从微观经济层面来看,金融企业利润率显著升高,Wind数据显示,2019年上半年A股上市公司中金融企业(包括银行、保险、证券等)数量上市公司总数不到3%,但其净利润却占所有A股上市公司利润的54%。③ 与此同时,我国实体经济发展增速减缓,实体经济资本回报率下降,资金快速从实体经济向金融业转移,非金融企业即生产性企业越来越多地成为金融控股集团,其利润越来越多地通过金融渠道获得,而不是通过传统的商品生产和贸易渠道获得,同时利润越来越多地用于股东分红、购买金融资产甚至兼并收购,而不是用于生产性积累和投资包括技术研发等,产业资本流动和企业资产投资越来越多地倾向金融领域(包括房地产领域)。数据说明,2012年国资委下属的117家央企中有76%的企业直接或间接布局金融业务领域,这些非金融央企通过控股或参股实际控制的信托公司、人寿保险公司、证券公司和财产保险公司的数量分别达24家、23家、20家和14家④。目前我国的实体产业尤其制造业出现过度金融化倾向⑤,我国非金融企

---

① 数据来源:国家统计局,http://www.stats.gov.cn/tjsj/。
② 黄群慧.2017中国工业经济发展报告—面向新时代的实体经济[R].北京:经济管理出版社,2017.
③ 数据来源:Wind资讯与Wind数据库,https://finance.ifeng.com/c/7pbau4hRjkj.
④ 张慕濒,诸葛恒中.全球化背景下中国经济的金融化:涵义与实证检验[J].世界经济与政治论坛,2013(1):122—138.
⑤ 谢家智,王文涛,江源.制造业金融化、政府控制与技术创新[J].经济学动态,2014(11):78—88.

业也有经济金融化倾向,整个经济"脱实向虚"的现象严重。由此可见,金融业快速发展和金融资本的高回报率,一方面挤压实体经济、实体产业和实体企业的发展空间,另一方面诱发实体经济、实体产业和实体企业转向金融领域。不仅如此,金融业发展在脱离实体经济基础上,通过金融衍生和信用链条延伸等金融创新,不断强化自我循环、自我膨胀,进一步加剧了整个经济虚拟化、泡沫化的程度。

目前,我国金融产业部门金融创新创造的货币供给不断增加,每年都以12%—13%的速度增长,而且影子银行信贷规模2016年达65万亿元,比5年前增加了近2倍,同时包括银行非传统信贷业务、非银行金融机构资产业务和其他融资类业务在内的广义影子银行的规模从2010年的15.45万亿元增长到2016年的95.94万亿元。[①] 由此可见,近年来我国金融化发展快于实体的发展,不仅挤占妨碍和抑制实体经济发展,并使实体经济实体企业越来越脱实向虚,而且其金融自身发展衍生化杠杆化速度很快,如果不适时调整和控制,其后果是产业空心化、资产泡沫化,并将引发金融危机和经济衰退。

因此,当前我国金融化发展的确存在过度化倾向,这个现象需引起高度重视,避免出现国外发达国家和发展中国家因金融过度化、金融自由化发展导致的严重后果。

当然,还应该同时看到,我国金融化发展处于初级阶段,一些方面的发展显得快速,但其发展基本面还属于较低层次和较低水

---

① 黄群慧.论新时期中国实体经济的发展[J].中国工业经济,2017(9):5—24.

平,这种发展状况与我国经济发展规模还十分不相匹配。如果从世界经济范围来看,尤其是与发达国家的金融发展水平以及在国际金融的地位和影响力来看,我国金融化发展的不足方面显得更为突出,这从中国与美国的相关数据比较可以说明。

作为世界第一大经济体美国和世界第二大经济体中国,其两国经济和金融方面的最新数据是:2017年,美国GDP占世界总量的份额从2008年的23%上升到24.8%,同期,中国GDP占世界总量的份额由7.3%上升到15%;美国的美元国际化指数近年来一直保持在55%左右,而中国的人民币国际化指数仅在3%上下。中国GDP是美国的65%,但中国的资产市场体量仅约为美国的1/3。在IMF中的SDR(特别提款权)中,美元权重是41.7%,人民币权重是10.9%。① 一个国家的金融实力及其主权货币在国际金融领域的地位和影响力,是与该国自身金融化发展水平和经济发展基础密切相关的,因此,必须在大力打造经济强国的同时,注重加强金融发展,尽快弥补金融不足,为打造金融大国和金融强国奠定坚实基础。

二、金融化超前与金融化滞后并存,其中金融化滞后更为突出

从金融发展与经济发展阶段的联系来看,国内学者大多数认为目前我国金融化发展过于超前,除了从上述有关金融资产总量增长快于GDP增长,金融部门利润率增长快于非金融企业利润率增长,非金融企业利润中从金融渠道获得的利润增长快于从生产

---

① 王文.中美出现结构性的实力消长[J].红旗文摘,2018(7).

贸易渠道获得的利润增长,金融部门收益中金融衍生产品等金融创新带来收益增长快于传统金融业务带来收益增长等数据实例得到印证外,更主要是金融化这种发展超越了我国现实经济发展阶段和市场经济发展程度。如从中国金融资产规模发展来看,有关资料显示,2000年以来,整个亚洲(不包括日本)的金融资产规模年均增长率达13.6%,剔除通胀因素,其增速为全球第一,超过了北美。而其中中国金融资产规模在2013年的增长率高达23%,远超过亚洲及其他国家和地区。① 近年来,中国金融化各项指标涨幅惊人,信贷、股票、保险、期货等均高速发展。② 不仅如此,中国互联网金融发展突飞猛进,市场数据显示,中国移动支付发达程度远超过美国。2016年中国第三方移动支付规模总量达38万亿元人民币,是美国的50倍③,还有数字货币等金融新业态以及快速发展的金融创新产品,这种超前发展给金融自身带来活力、使社会经济活动及居民获利或民众消费更为便利的同时,容易引发各种新的风险和乱象,近期网贷爆雷和金融诈骗事件频繁发生,对社会负面影响很大。

　　由此可见,我国近期金融化发展某些方面较为超前,既产生了积极影响,也带来了负面影响,尤其是网贷集中爆发事件在社会上负面影响很大。然而这些现象的发生不能归结为是金融化超前发展所致,相反,这说明了中国金融化发展相对滞后,既没有适应经济发展和社会发展新形势和新需求,也没有形成与我国经济发展

---

① 张成思,张步昙. 再论金融与实体经济:经济金融化视角[J]. 经济学动态, 2015(6):56—66.

② 林楠. 当代国际经济金融化的现状、动因及其对经济发展的影响[J]. 理论探讨, 2015(2):36—40.

③ 资料来源:艾瑞咨询和Forrester Research两家咨询公司分别针对中美两国移动支付市场的研究报告数据。

阶段以及发展趋势相匹配的金融市场和金融体制。与一些发达国家乃至发展中国家相比,我国金融化发展还是十分落后,通过表5—1可以印证这一点。

表5—1 中国与国际货币发行国规模指数对比(2016)

国别	中国	日本	瑞士	英国	美国	欧元区
经济规模							
在全球GDP中的份额(%)	14.87	6.56	0.89	3.52	24.67	15.82
在国际贸易中的份额(进口+出口)	10.04	3.75	1.95	3.76	11.99	25.23
金融市场规模							
国内债务余额							
政府国内债务余额(十亿美元)	3251	9001	118	NA	NA	NA
金融机构国内债务余额(十亿美元)	3406	2223	166	NA	NA	NA
公司国内债务余额(十亿美元)	2523	507	59	NA	NA	NA
国际债务余额							
政府国内债务余额(十亿美元)	15	7	NA	18	5	NA
金融机构国内债务余额(十亿美元)	103	232	10	2493	1841	NA
公司国内债务余额(十亿美元)	23	60	56	357	502	NA
国际机构国内债务余额(十亿美元)	NA	NA	NA	NA	NA	NA
总债务余额	9409	12032	NA	5427	38100	17539

续表

股票市场规模						
股票市场市值（十亿美元）	7320.74	4955.3	1403.36	3463.42	27352.2	6171.85
占世界资本市场份额(%)	11.28	7.63	2.16	5.34	42.13	9.51
上市公司数量	3052.0	3541.0	264.0	2590	5204.0	5254.0
外国上市公司所占份额(%)	0.00	0.17	14.02	18.49	16.78	7.80
平均日交易量（百万美元）	83652.72	22962.86	3408.41	NA	112654.09	NA
平均周转速度(占市场资本总额的%)	242.98	100.63	57.89	NA	159.88	NA
IPO得到的新资本（十亿美元）	209.09	32.14	2.46	NA	NA	118.98
ETFs上市数量	269	226	1098	NA	1810	NA
衍生产品市场						
OTC利率衍生产品余额(十亿美元)	NA	41800	4168	34034	143290	105594
OTC利率衍生产品日交易量(十亿美元)	10	83	14	237	1357	641
OTC外汇衍生产品余额(十亿美元)	NA	14146	3541	9080	70550	24334
外汇市场规模						
外汇市场交易量份额(%)	4.00	22.00	5.00	13.00	88.00	31.00
在全球外汇储备中份额(%)	NA	3.11	0.13	3.42	51.36	15.04

数据来源：IMF（World Economic Outlook）、WB（World Development Indicators）、World Federation of Exchanges（Annual Report 2006）BIS ECB。

通过表5—1可以看出,我国股票市场、金融衍生产品市场和外汇市场的规模与美国相比差距较大。其中,从股票市场方面,美国的股票市场市值是我国的3.74倍,上市公司数量是我国的1.71倍,股票平均日交易量是我国1.35倍;从衍生品市场来看,美国的OTC利率衍生产品余额数量达143.29万亿美元,OTC利率衍生产品日交易量是我国的135.7倍。从外汇市场来看,美国的外汇市场交易量份额达88%,而我国仅有4.0%,两国差距非常大。因此,应在适度控制金融发展规模和速度、加大打击金融诈骗金融犯罪活动的同时,注重加强金融市场和金融制度的建设,以给金融健康发展提供一个良好的环境条件。

三、竞争不充分与竞争无秩序并存,其中竞争不充分更为突出

金融结构是金融体系内部各种不同金融机构、金融活动主体之间的比例关系及其制度安排。从我国金融结构来看,目前的基本状况是,在金融体系结构层次上,主要是银行主导型金融结构;在银行体系结构层次上,主要是大型银行为主导的金融结构;在商业银行体系结构层次上,主要是国有银行为主导的金融结构。如果集中表达我国金融结构的总体情况,就是大型国有银行主导型金融结构。这种金融结构的特点就是,建立在银行信用的基础上,以大型国有银行为主体,借助于存贷款创造资金的功能进行资金配置,以满足经济发展过程中的资金需求。这种金融结构的形成是我国历史条件的产物,也是与我国现阶段经济发展和经济体制状况密切关联的,它为我国30多年来经济快速发展提供了有力的资金支持,同时,随着我国经济发展和经济体制改革进入了新的历

史时期,这种金融结构的影响效应也开始发生变化。

实际上这种金融结构的优劣性及其对经济增长的作用也一直是国内外学者关注和研究的问题之一。在已有的文献中,国内外学者着重讨论在金融体系结构中是银行主导型金融结构还是市场主导型金融结构更利于资源配置和经济发展问题,有学者认为银行主导型金融结构在信息收集和处理方面具有优势,可以有效克服金融交易中的各种信息不对称问题。而倡导市场主导型金融结构的学者认为金融市场能够提供更为丰富灵活的风险管理工具,可以根据实际情况设计不同的金融风险产品,避免银行主导金融结构的弊端,即其中介性质和天生的谨慎倾向性不利于企业发展和企业创新。同时,也有学者认为,在银行主导型金融结构和市场主导型金融结构这两种金融结构中,判断哪种结构更有利于风险防范和经济发展,应从金融结构演化与实体经济发展之间的因果关系来考虑。而且,只有金融体系的构成与实体经济相匹配,才能有效地发挥金融体系应有的功能。因此,银行主导型和市场主导型金融结构在资金配置、克服信息不对称及分散风险方面并无优劣之分,而且从金融体系本身也无法评价两种金融结构的优劣。只有与经济发展阶段相适应、与实体经济对金融服务需求相适应的金融结构才是最优的。[①]

在此基础上,还有学者针对当前我国经济发展阶段及其金融结构运行等情况提出了较为具体的观点。有学者认为,目前银行主导型金融结构适于当前中国所处的经济发展阶段,更加匹配现

---

① 林毅夫,孙希芳,姜烨.经济发展中的最优金融结构理论初探[J].经济研究, 2009(8):45—49.

有的产业结构和要素禀赋结构。同时,在四大国有银行为主的银行体系下较难充分满足中小企业的融资需求,可以发展地方性中小型银行,为中小企业提供更多的金融支持,以促进金融结构优化。① 也有学者认为,当前我国金融结构应适时地从"银行主导型"向"市场主导型"转型,才能适应和促进经济发展,并有利于金融服务创新,有助于改善中国资金配置效率,避免银行内部集中度过高而产生负面影响。而银行业内部较高的集中度和大型垄断银行的存在可能是金融结构不能实现适时转型的原因,因此应开放银行业竞争,促进中小股份制银行的发展,既有助于改善中国的资金配置效率,还可以降低银行业集中度过高形成的"政治—经济"风险。②

对此,本章认同国内学者的观点,即一方面银行主导型金融结构是适合目前我国现有发展阶段的,另一方面这种金融结构应适时转型为市场主导型金融结构。在此基础上,采取哪种金融结构以及转型到哪种金融结构,除了要考虑我国现阶段具体情况等因素外,还要考虑这种金融结构本身的构成及其运行效率问题。

从产业组织理论角度来分析,这里所讨论的金融结构应是,金融体系内部各个金融机构在金融活动、金融交易中的地位、作用及其比例关系,不同的金融结构影响着参与金融活动的金融机构的经营行为并产生相应的配置效率。因此,合理的金融结构应有利于金融机构之间的充分竞争,有利于金融发展和金融创新,有利于

---

① 龚强,张一林,林毅夫.产业结构、风险特性与最优金融结构[J].经济研究,2014(4):4—16.

② 林志帆,龙晓旋.金融结构与发展中国家的技术进步——基于新结构经济学视角的实证研究[J].经济学动态,2015(12):57—68.

金融资源的有效配置，进而有利于支持和促进实体经济和整个社会经济的发展。

按照本章提出的这种"合理的金融结构"的四个有利于的内容，对照现有的我国金融结构情况，可以看出，尽管目前金融体系内也存在着程度不同的金融机构杂多、同业竞争加剧以及金融乱象的频繁发生的现象，但总体来看，金融行业中金融体系内的主要问题或突出问题仍是金融结构单一、大型银行集中度过高、国有银行垄断性较强。有数据显示，目前我国国有大型银行的总资产、存贷规模占据了银行业的一半以上，即四大国有商业银行的总资产所占比重为53.79%，存款额所占比重为49.15%，贷款额所占比重为56.30%。[1]按照行业垄断程度的指标来衡量，一个行业内最大三家企业的资产总额占该行业资产总额比重越大，则该行业垄断程度越高，由此可见，则我国银行体系中大型国有银行的垄断程度较高。

这种大型国有银行为主导的金融结构，对我国经济发展将形成严重制约，主要体现为以下四个方面。

一是大型国有银行的主导地位，制约着中小型银行发展，也制约着国有银行以外的银行发展，限制了其资金创造和供给，从而制约着中小型企业和非国有企业的成长与发展。有数据表明，截至2014年底，国有控股公司的总市值占A股市值约70%，几项关键指标诸如总资产、净资产、主营业务收入均占75%以上。由此有称此状况为"垄断者的盛宴"。[2]

---

[1] 中国银行业运行报告编写组.中国银行业运行报告(2013年度)[R].中国银行业监督管理委员会,2014.

[2] 林志帆,龙晓旋.金融结构与发展中国家的技术进步——基于新结构经济学视角的实证研究[J].经济学动态,2015(12):57—68.

二是大型国有银行的信贷偏好,使得中小企业和非国有企业融资相对困难,这也是中小企业一直以来融资难问题的重要原因之一。大型国有银行在信贷方面有对大企业的偏好和国有企业的倾向,所以信贷资金主要流向于创新效率较低的国有企业。相关研究显示,在近十几年里,银行正式贷款的80%以上流向了国有企业部门,而其余不到20%流向对中国 GDP 贡献超过70%的非国有部门。[1]

三是大型国有银行的垄断不仅妨碍中小企业和非国有企业发展,制约了整体经济发展,而且还直接间接地对企业技术创新产生效率损害。有关研究依据1996—2011年的数据,对国有银行垄断与中国工业技术创新能力成长的关系进行实证分析,发现尽管近年来四大国有银行市场份额逐渐降低,但国有银行在金融体系和银行业中仍居于主体地位,起主导作用,金融抑制程度仍很严重,这种低效率的金融结构不仅妨碍中国总体经济增长,更是制约着中国工业技术创新水平的提升。[2]

四是大型国有银行的垄断地位,容易因产生缺乏竞争而导致的各种弊端。由于行业较高的集中度和垄断利润的获得,大型国有银行缺乏内在创新发展动力和外在竞争压力,尽管规模、数量、市场份额和收益占比很大,但质量、效率、品牌及核心竞争力严重不足。2018年公布的《财富》世界500强名单中中国企业入围数量达到120家,其中金融企业占19家,四大国有银行不仅榜上有名而

---

[1] 卢峰,姚洋. 金融压抑下的法治、金融发展和经济增长[J]. 中国社会科学,2004(1):42—55.

[2] 齐兰,王业斌. 国有银行垄断的影响效应分析——基于工业技术创新视角[J]. 中国工业经济,2013(7):69—80.

且排名靠前,中国工商银行、中国建设银行、中国农业银行、中国银行分别排在第22位、第28位、第38位和第42位。尽管四大国有银行的规模和利润明显占优,但是在资产收益率、人均利润率、品牌、商业模式、国际化程度等方面指标上与欧美金融企业相比存在很大差距,距离世界一流金融企业也差距很大,这种状况与我国经济规模在国际领域中地位很不匹配。

在金融领域的竞争不充分问题,较之竞争无秩序问题更为突出,且对经济发展制约更大,对经济效率损害更深。因此,应全面加大对金融领域中的反垄断力度,一是开放银行业竞争,形成多元化的金融结构,一方面支持鼓励中小型银行和非国有银行的发展,另一方面在更高层次上开放金融领域,按照加入WTO时所做的银行业开放承诺和政府最新金融开放的承诺,逐步扩大和实施金融对外开放。通过引进外资银行、外资金融机构和扩大外资银行的业务范围等,促进金融结构的多元化和合理化,并倒逼国有商业银行的转型和改革。

二是加快国有银行转型改革,转变以往传统经营模式和增长方式,实现经营结构的战略性调整,提高经营效益,从而优化金融结构,降低社会融资成本,提高金融资源配置效率,更好地支持和服务多种市场主体对经济发展的资金需求,以促进我国实体经济以及整体经济的可持续发展。

三是在打破旧有的国有银行在银行体系中垄断格局的同时,注意防范新的垄断格局的形成,尤其是随着金融市场内外开放,相应地降低进入壁垒和放松金融管制,民间资本、涉外资本特别是发达国家金融垄断资本进入我国,其凭借强大的资金优势和垄断优势等,将会在我国金融市场形成一种新的垄断。而且,由于金融业本身就属于资本密集型行业,容易造成自然垄断。外国金融资本的这种高垄断不仅会有可能导致国内金融资源配置出现新的失衡和错配,也可能对我国金融安全构成严重威胁,因此,还应注重和加强金融领域中的反垄断监管,避免在消除原有垄断的同时产生新的垄断。

四、政府干预过多与监管不到位并存,其中政府干预过多更为突出

中国经济金融化发展过程中,由于受传统的计划经济体制的长期影响,加之新型的市场经济体制还处在建立和完善之中,政府主导型的经济发展模式也同样产生了政府主导型的金融发展模式,包括前面讨论到的金融体系结构、银行体系结构等,均与这种政府主导型的金融发展模式密切相关。一直以来,我国金融监管体制注重行政机制,强调求稳定保稳定,担心出问题出风险,力求运用行政机制管控一切金融风险,以致对可能监控不了的金融风险就直接禁止相应的金融活动,而忽视了市场机构和金融机构自身防范风险机制的作用。[①] 在此背景下,政府对金融领域的金融市场各类主体的自主行为干预过多、管控过多,习惯用行政规范取代市场规范,既对正规金融体系采取全面行政管控,也漠视金融运行中内生的非正规金融,甚至认为健康稳健的金融体系及金融市场运行是在事无巨细的全面金融监管下形成的,从而政府主导下的金融管控模式不断固化,严重抑制了金融创新,金融体系越来越难以满足经济发展的内在要求。

市场经济是以市场机制来进行资源配置,而金融是市场经济

---

① 王国刚.负面清单:金融监管新模式[J].金融博览,2015(3):18—19.

的核心,更要以市场机制来进行金融资源的配置。而以行政机制或政府干预来进行金融资源配置,必然会导致金融资源配置效率的损失,而且在国有银行还可能产生委托—代理风险,诸多金融腐败案件的频繁发生以及银行高管、金融管理部门高级官员因贪腐案件不断暴露,给国有金融资产造成巨大损失,这也从另一方面突显了行政机制和政府干预过多产生的问题。因此,应深化金融管理体制的改革,以市场机制取代行政机制,减少或取消政府的过多干预,同时要尽快发展金融市场,尤其是多层次资本市场,建立健全多层次股票市场体系和债券市场体系,推动股权融资发展,充分发挥市场机制在金融资源配置中的决定性作用,为政府管理金融模式的转变提供市场条件,也为以银行信用为基础、以存贷款为主体、以国有银行为主导的间接融资金融体系、金融结构逐步向以市场为主导的直接融资的金融体系、金融结构转变奠定市场基础。

与此同时,在减少乃至取消政府对金融机构金融活动全面监控的过程中,不能放松金融监管的力度,相反还应加强和完善金融监管模式,在进一步完善微观审慎监管的基础上,重点加强宏观审慎监管,并且适应新形势新要求,不断改进和创新金融监管模式。这是因为:一方面,中国金融改革发展和金融对外开放的深化,金融业务综合化、金融活动国际化、金融产品多样化等趋势日趋明显,这将给金融监管提出新的挑战,如金融机构将可能形成跨行业、跨市场、跨国界的综合化经营模式,这将加大系统性风险产生与放大的可能,会对金融稳定带来不确定因素。同时,随着金融市场的对内对外开放,民间资本、涉外资本将越来越多地进入金融体系,尤其是发达国家跨国金融集团进入我国金融市场时,还可能产生新的金融市场垄断格局,这对我国的金融安全构成威胁。

另一方面，新一轮信息技术、通信技术的迅速发展，目前已出现的互联网金融和未来更多的金融科技创新等也将给金融监管提出更大的挑战，为此应积极做好相应的金融监管对策。一是要应对互联网金融带来的挑战。互联网金融没有改变金融的本质，是传统金融通过互联网技术在理念、思维、流程及业务等方面的延伸、升级与创新。互联网金融虽然从某种程度上增加了金融市场的跨时间、跨空间的竞争性，并且增加了信息共享的可能性，但同时也带来了更多的风险因素以及增加了信息的不对称性。因此，在对互联网监管中更为注重的是互联网金融风险防范问题，互联网金融监管包括对其所涉及的具体平台的监管，如P2P网络借贷平台、第三方支付平台、众筹融资平台等。互联网金融风险会因互联网特征而放大，表现为风险传播速度更快、风险系统关联增强、风险类型更加复杂，而且因其很强的连接性和广泛的受众面，会进一步强化风险的内在关联。因此，应尽快加强互联网金融监管立法，对于互联网金融企业，要建立征信体系，依托大数据、云计算等信息技术建设征信系统，从源头堵住互联网金融监管的空白地带。二是要应对金融科技创造带来的挑战。以人工智能、区块链、云计算以及大数据为基础的金融科技带来的金融模式、流程、交易方式的创新，极大地推动金融发展进而促进新业态的发展，然而这些金融创新产品目前还缺乏相应的法律法规给予规范，容易产生且已经产生了一系列不合规的行为，包括非法发售代币票券、非法发行证券以及非法集资、金融诈骗、传销等违法犯罪活动，而且如果其核心的区块链技术和数字加密技术管理不善，一旦被破解或者遭遇黑客攻击，金融创新科技机构就会迅速陷入危机。在网络效应、规模效应和尾部效应的作用下，金融风险会在不同业务、不同市场和不同区域间传染并放大,将导致严重后果。这些都对金融监管提出新要求。金融科技本身能够降低交易成本、提升交易的信用度,为金融监管降低成本,因此应设计好金融监管体制,使得金融科技这枚双刃剑发挥积极效应,以金融创新推动金融发展,进而促进整个经济发展。

第四部分

综合比较

第六章　中国与其他主要国家经济金融化比较分析及其借鉴

近年来,中国乃至世界大部分国家出现了经济金融化的共同趋势,但是不同国家的经济金融化程度、特征存在差异性。对此,本章主要通过比较中国与发达国家、中国与发展中国家之间的经济金融化水平,探究其共同性和差异性,并由此总结分析以及提出经验借鉴。

第一节　经济金融化比较国内外研究述评

目前为止,关于经济金融化的比较研究主要集中在各国经济金融化变化的一般规律及其形成过程的差异性和原因方面。

一、经济金融化比较国外研究

国外学者在研究比较经济金融化时,一方面主要探讨各国经济金融化的共同规律,有学者从比较资本主义角度来分析得出的一个共同趋势是金融化已经在全球范围内兴起。[1] 并且,世界各国

---

[1] Epstein, G. A. Financialization and the World Economy [M]. Cheltenham: Edward Elgar Publishing, 2005: 339–347.

的非金融企业、银行和家庭都产生了金融化趋势,拉帕维查斯等人分析了美国、英国、日本、德国和法国的各经济部门的金融化,发现所有国家的非金融公司都降低了对银行的依赖程度,并增加了对金融资产的收购;银行已经将盈利活动转向公开市场中介以及与家庭交易;工人的基本需求通过参与金融活动来满足,进而出现养老金和住房市场等的金融化。[1] 另一方面,有学者也发现在当今世界金融化的共同转向中,各国的经济金融化存在多样的形式与内容。例如,拉帕维查斯等人在分析时发现,在经济金融化的发展过程中,日本和德国在企业金融化的趋势落后于美国和英国,即在企业降低对银行的依赖方面相对低于美国和英国;而法国正在经历大规模交叉持股的过程。他们认为,造成这些差异的原因是不同的制度、政策和历史发展过程使得各个国家金融与产业、金融与工人以及金融与家庭之间的经济关系发生的转变不同。[2] 弗莱厄蒂提出,欧洲的金融化路径具有独特性,主要原因是欧洲一体化造成政策的融合,削减了国家影响政策的能力。1975—2005 年,欧洲银行开始逐渐增加对高收益的、以市场为基础的金融工具的投资,这种金融化进程加速了对私人收益管制放松,从而允许高收入者用杠杆获得更高收益。[3] 对欧洲经济金融化进行比较研究的还有维

---

[1] Lapavitsas, C., Powell, J. Financialisation Varied: A Comparative Analysis of Advanced Economies[J]. Cambridge Journal of Regions, Economy and Society, 2013 (6): 359 – 379.

[2] 同上。

[3] Flaherty, E. Varieties of Regulation and Financialization: Comparative Pathways to Top Income Inequality in the OECD, 1975 – 2005[J]. Journal of Comparative Policy Analysis: Research and Practice, 2018.

罗尼卡·斯托波娃等,他们对1999—2016年欧洲金融化进程进行研究,得出欧洲金融化趋势日益明显,但是其过程具有显著的跨国异质性,且经济金融化程度比英国更低。①

也有学者对各国经济金融化的形式进行分类。规制学派(Regulation School)提出了金融化的类型划分。贝克尔等总结出四种类型的金融化:一是以虚拟资本为基础,表现为金融资产价格暴涨;二是以有息资本为基础,表现为银行的扩张;三是精英化,表现为资产阶级与中上阶层更为活跃地参与金融活动;四是大众化,即工人等大众都纷纷加入金融运营体系。②斯托克海默认为,随着投资减少,收入分配日益不平衡,积累变得缓慢和脆弱,金融化类型开始分化:一些国家采用信贷推动消费的模式,最终形成了房地产泡沫;另一些国家主要依靠出口来维持积累,因为制度约束阻碍了由信贷推动的消费路径。③

二、经济金融化比较国内研究

国内有关经济金融化比较的研究文献相对较少,已有的文献主要集中在各国之间金融发展、金融结构、金融体系等方面差异的比较,抑或是国家之间、中国国内各地区之间、国内各经济部门之

---

① Stolbova, V., Battiston, S., Napoletano, M., et al. Financialization of Europe: A Comparative Perspective[R]. ISI Growth, 2017.

② Becker, J., Jäger, J., Leubolt, B., et al. Peripheral Financialization and Vulnerability to Crisis: A Regulationist Perspective[J]. Competition & Change, 2010, 14(3-4): 225-247.

③ Stockhammer, E. Neoliberalism, Income Distribution and the Causes of the Crisis[J]. Discussion Papers, 2011, 51(5): 462-472.

间经济金融化水平的比较等。

有学者重点分析了金融发展、金融结构以及金融体系等的优劣势及其与其他国家的差异。对于金融发展或者金融结构优劣的判断,主要通过其与实体经济呈现怎样的关系这一角度进行分析。例如,周琼指出,判定金融发展优劣的标准不在于金融部门的规模,而是其对整个社会经济全局的影响,对此她比较了2016年度全球前6大经济体(美国、中国、日本、德国、英国、法国)的金融发展情况,主要运用金融资产规模结构、非金融部门杠杆率和金融业增加值占GDP比重三大主要指标。[①] 杨友才通过对东西中部金融发展水平的比较得出不同的金融发展水平对经济发展产生的影响不同。[②]

关于经济金融化的程度和速度,国内研究者一方面从宏观角度研究中国社会经济全局的经济金融化,另一方面研究比较经济部门间或者产业部门间金融化的程度。赵峰和马慎萧通过对中国金融资产结构特征总结、中国经济金融化中金融部门和非金融部门结构比较、非金融部门内部结构分析、居民收入分配分析、劳动生产率与工资增长之间的关系比较来考察中国经济金融化的趋势,并且通过与美国经济金融化的深度与速度方面的横向比较来分析中国经济金融化水平。其中经济金融化的深度与速度比较主要通过比较两国国内信贷的构成以及住户部门贷款占可支配收入比例的变化来实现。[③] 对于部门间经济金融化程度的比较研究,主要涉及非金融上市公司、产业部门。有学者运用2000—2012年上

---

① 周琼. 不同金融发展模式比较[J]. 中国金融, 2018(11): 83—85.
② 杨友才. 金融发展与经济增长——基于我国金融发展门槛变量的分析[J]. 金融研究, 2014(2): 59—71.
③ 赵峰,马慎萧. 金融资本、职能资本与资本主义的金融化——马克思主义的理论和美国的现实[J]. 马克思主义研究, 2015(2): 33—41.

市公司数据,认为当前我国非金融上市公司金融化水平在逐年下降,具体表现在:我国三次产业中金融化水平逐年下降,其中第三产业中金融化程度高于第一产业和第二产业的金融化水平,第二产业中金融化程度最低的是制造业,同样呈现显著下降的态势。①

第二节　经济金融化衡量指标及相关因素

本节主要选取衡量经济金融化指标,并梳理影响经济金融化共同性和差异性的相关因素。

一、经济金融化比较指标的选取

根据已有文献,在对国家经济金融化进行比较时,不仅需要从宏观角度去分析,而且需要从经济部门间关系变化去分析各国经济金融化的差异,并从制度、政治和历史等方面去分析造成此种差异的原因。比较研究的时间跨度为 1990—2017 年,重点关注在此期间经济危机前后的趋势变化。20 世纪 90 年代初以来,世界范围内的爆发的代表性经济危机包括四次,即欧洲货币体系危机(1992—1993 年)、墨西哥金融危机(1994—1995 年)、东南亚金融危机(1997—1998 年)、美次贷危机及全球金融危机(2007 年至今)。但基于部分国家数据缺乏,主要以 2008 年与 2009 年为时间节点进行趋势变化比较。

---

① 邓迦予. 中国上市公司金融化程度研究[D]. 西南财经大学, 2014.

关于选择经济金融化的衡量指标,本节主要采用克瑞普纳衡量经济金融化的指标,包括金融部门的利润增长在 GDP 贡献、金融部门和非金融部门之间的相对收入比[①]。金融部门的利润增长是经济金融化的核心特征[②],其中很重要的一部分是银行业垄断利润的增长。因而,衡量经济金融化时,这一指标成为当前学术界研究经济金融化最为重要的判断指标。但是对于全球整体金融化的衡量而言,由于数据的限制,未能找到金融部门在全球 GDP 中的利润贡献,从而本节主要通过对各个国家金融部门的产业增加值在 GDP 中的贡献来衡量金融化程度。同时,由于比较国家较多,对于非金融企业内部资产结构的数据相对缺乏,本节没有对非金融企业内部金融资产比较分析。

根据上述分析,主要从以下两方面选取各个国家经济金融化水平的衡量指标:

第一,金融在 GDP 中的贡献率=金融部门产业增加值在 GDP 中占比。

在金融部门产业增加值的经济核算中,本节所涉及的金融部门包含金融、保险以及房地产行业(Finance, Insurance, Real Estate,简称 FIRE)。这主要是因为房地产具有金融类似的投机属性,[③]并且发达国家的金融体制中,房产证券化后的衍生产品较多,涉及证券、保险、银行等行业,从而会发现历次经济危机大部分伴随着房

[①] Krippner, G. R. The Financialization of the American Economy[J]. Socio-Economic Review, 2005, 3(2): 173-208.

[②] Christophers, B. Financialisation as Monopoly Profit: The Case of US Banking [J]. Antipode, 2018: 1-27.

[③] Krippner, G. R. The Financialization of the American Economy[J]. Socio-Economic Review, 2005, 3(2): 173-208.

价泡沫和信贷泡沫的破裂。例如,在 2008 年金融危机发生前,英国、西班牙、爱尔兰和冰岛等国就出现房价暴跌,继而各类与房地产相关的信贷产品出现违约引发恐慌,危机在一年后爆发。

但是在比较中国的金融部门产业增加值在 GDP 中的比值时,本章加入了金融保险行业(FI)产业增加值在 GDP 中的比值这一指标。由于信贷机制以及房地产金融工具的差异,房地产行业在各个国家的金融属性有一定的差异,特别是发展中国家。例如,中国房地产行业具有更多的居住属性,并且房地产信贷也未实现证券化,目前很难区分房地产交易的金融特质,但其确实对中国经济有非常重要的影响,并且在房价上涨的预期下,中国房地产市场逐渐显现投机性质。因此,未免以偏概全,本章在下文比较中国的金融部门产业增加值在 GDP 中的比值时,会额外加入金融保险行业(FI)产业增加值在 GDP 中的比值。

第二,金融部门与非金融部门相对规模=金融企业产业增加值与非金融企业产业增加值的比值。

对于国家个体的金融化衡量,除描述其金融部门产值在国民生产总值中的比重之外,还要对金融企业和非金融企业的产业增加值进行相对比较。在联合国国民账户官方统计数据(National Accounts Official Country Data)[①]中,选择数据库中表 4.3 非金融企业和表 4.4 金融企业中的产值数据进行分析。这两张表从生产账户、总收入账户、主要收入分配账户、收入账户二级分配、可支配收入账户、资本账户、金融账户几个方面来记录一个国家非金融企业、金融企业的运营活动。

---

① 该数据版本为 United Nations Statistics Division(UNSD),网页链接为 http://data.un.org/Explorer.aspx?d=IFS%EF%BC%9B1980。

二、经济金融化比较的相关因素

在分析经济金融化共同特征和差异性的影响因素时,当前的研究主要集中在分析金融体系、法律体系、开放程度等因素。

在金融体系方面,现实经济生活中,通常每个国家由于具有不同的金融体系,从而使得一国金融业发展有所差异。这一概念在比较政治经济学中提出,该领域的学者将国家金融体系分为银行主导与市场主导两种。[①] 从经济发展的历史沿革来看,对于早期发展阶段的经济体而言,其制度环境较弱,银行主导型金融体系具有明显的优势。[②] 银行主导型金融体系的特点通常表现为银行在金融体系职能中起到主导作用,家庭资产占银行存款比例大,股票市场往往较小,银行贷款占公司负债比例较大,更有利于资本密集型、渐进式创新的制造业企业的低风险投资,其代表国家主要为德国、法国、日本,而这些国家的银行与工业往往高度融合。随着银行金融化的加深,其逐步向市场主导型金融体系靠拢。市场主导型金融体系的证券市场作用更为突出,通常以股权融资为主,能够支持风险较高的公司,其代表国家主要为美国、英国,这些国家的金融更具创新性,市场也更为活跃、更具竞争性,[③] 并且能够更为有

[①] Zysman, J. Governments, Markets and Growth: Financial Systems and the Politics of Industrial Change[M]. Ithica NY: Cornell University Press, 1983.

[②] Gerschenkron, A. Economic Backwardness in Historical Perspective.[M]. Minnesota: The Belknap Press of Harvard University Press, 1962: 383 – 385.

[③] 分别参见: Hellwig, M. Banking, Financial Intermediation, and Corporate Finance[J]. European Financial Integration, 1991, 35 – 63; Rajan, R. G. Insiders and Outsiders: The Choice between Informed and Arm's-Length Debt[J]. Journal of Finance, 1992, 47(4): 1367 – 1400.

效地配置资源,克服市场信息不对称的问题。[1] 在应对金融危机方面,不同的金融体系承受金融危机的能力不同,例如,有学者研究了法国与德国在2008年金融危机时的损失情况,发现在同为银行主导型金融体系的情况下,具有更为保守金融体系的德国遭受的损失更为严重。[2] 对于国家在危机中恢复能力而言,有学者认为市场主导型金融体系的国家平衡能力更强,其复苏快于银行主导型金融体系国家。同时指出,在金融危机爆发后短期内,平衡发展的金融结构能够在金融危机爆发后快速复苏,[3]从而平衡发展的金融结构下的金融体系也会拥有更快的恢复能力。[4] 在金融体系与经济发展的关系中,一些学者聚焦于研究金融体系整体的金融服务功能研究,即指出金融体系能否及时满足实体经济的各类金融需求,与金融体系由谁主导无关,更与金融结构本身是否合理无关,[5]最终只要能够满足国内资深的服务需求、满足金融市场参与者的诉求即可。

而法律体系方面,有学者认为一个国家的法律体系决定了一

---

[1] Allen, F., Gale, D. Comparing Financial Systems [M]. Massachusetts: MIT Press, 1999.

[2] Grabel, R. B. I. Financialization and Government Borrowing Capacity in Emerging Markets, by Iain Hardie[J]. International Political Economy, 2012, 20(5): 1136-1139.

[3] Allard, J. A. R. B. Market Phoenixes and Banking Ducks: Are Recoveries Faster in Market-Based Financial System[J]. IMF working paper, 2011: 1-25.

[4] Pun, N., Tse, T., Ng, K. Challenging Digital Capitalism: SACOM's Campaigns against Apple and Foxconn as Monopoly Capital [J]. Information Communication & Society, 2017(1): 1-16.

[5] Becker, J., Jäger, J., Leubolt, B., et al. Peripheral Financialization and Vulnerability to Crisis: A Regulationist Perspective[J]. Competition & Change, 2010, 14(3-4): 225-247.

国的金融功能,进而决定一国的金融发展和经济发展,法律是国家控制经济的终极表达,①法律和执行机制能够影响一国金融市场的主要发展方向,如影响该国的金融体系是银行为主导还是以市场为主导。②有学者通过对四十个国家的企业级数据,计算每个国家依赖外部融资的比例,研究发现引起这些国家企业融资行为差异的主要因素为法律法规,即法律法规对企业各类融资准入进行了规定,进而影响一国企业融资模式的发展方向。③

关于国家开放程度对一国经济金融化的影响的讨论,主要集中体现在外部资本如何影响国内金融活动以及国内金融机构如何参与国外金融活动,因为这些都将影响金融体系中各类金融活动比重的变化。有学者认为经济全球化加速了经济金融化,在全球化条件下,跨国公司垄断了全球的贸易与生产,生产重心从西方转移到了东方新兴经济体。而此时,在成熟的资本主义国家,产能过剩带来经济停滞,垄断资本除了流向国内金融市场,更是通过跨国公司、外资银行等组织向全球扩张,以此来实现资本主义的发展,消化过剩产能,这也就带来了全球范围的经济金融化。④ 尤其是对

---

① La Porta, R., Lopez-De-Silanes, F., Shleifer, A., et al. The Quality of Government[J]. The Journal of Law, Economics, and Organization, 1999, 15(1): 222 - 279.

② 分别参见:La Porta, F., Lopez-De-Silanes, F., Shleifer, A., et al. Law and Finance[J]. Journal of Political Economy, 1998, 106(6): 1113 - 1155; La Porta, R., Lopez-De-Silanes, F., Shleifer, A., et al. The Quality of Government[J]. The Journal of Law, Economics, and Organization, 1999, 15(1): 222 - 279.

③ Demirguc-Kunt, A., Feyen, E., Levine, R. The Evolving Importance of Banks and Securities Markets[J]. World Bank Policy Research Working Paper, 2011.

④ 分别参见:Lapavitsas, C. The Financialization of Capitalism: "Profiting without Producing"[J]. CITY, 2013, 17(6): 792 - 805; Aalbers, M. B. The Potential for Financialization[J]. Dialogues in Human Geography, 2015, 5(2): 214 - 219.

于新兴经济体和发展中国家而言,随着资本市场的开放,资本积累速度加快,资本对于低成本、高效率获得资金有了更高的要求,国内垄断资本金融化速度提升。[1] 在国际层面,布雷顿森林体系崩溃之后,美元变为准世界货币。同期,为了应对国际汇率和利率的不稳定,国际资本流动增加,进一步加速了发展中国家的金融化。[2] 而这种资本流动多数发生在资本市场的交易中,有学者研究指出资本市场的开放,会促进一个国家股票证券市场的发展,并且在本国银行业发展较好的情况下,这种促进作用会提升。[3]

第三节 中国与不同类别国家的经济金融化比较

本节主要对中国与其他主要国家经济金融化的共同性与差异性进行比较。

一、中国与主要发达国家之间比较

本节首先比较发达国家之间以及中国与这些发达国家经济金融化发展变化的共同特征与差异性,进而结合各自的金融体系、金融制度、经济发展阶段等因素分析造成各国经济金融化发展变化的共性与差异性的原因。本章选取了美国、日本、德国、法国、意大

---

[1] Bonizzi, B. Financialization in Developing and Emerging Countries[J]. International Journal of Political Economy, 2013, 42(4): 83 – 107.

[2] Lapavitsas, C. The Financialization of Capitalism: "Profiting without Producing" [J]. CITY, 2013, 17(6): 792 – 805.

[3] Chinn, M. D., Ito, H. A New Measure of Financial Openness[J]. Journal of Comparative Policy Analysis: Research and Practice, 2008, 10(3): 309 – 322.

利、英国和加拿大七个发达国家作为比较对象。因各国数据统计时间差异性,每个国家数据涵盖的时间范围存在差异,其中美国的统计数据为 1997—2015 年,日本统计数据为 1995—2015 年,德国统计数据为 1991—2015 年,法国统计数据为 1980—2015 年,意大利统计数据为 1990—2016 年,英国统计数据为 1990—2016 年,加拿大统计数据 1981—2016 年,中国统计数据为 1995—2016 年。

(一)发达国家之间经济金融化比较

在对各国经济金融化比较过程中,分别计算了七国集团的 FIRE 部门产业增加值占 GDP 比重、金融与非金融部门产业增加值比值两个指标。通过对主要发达国家的经济金融化水平现状的分析,并试图从中总结出发达国家之间经济金融化的共同性和差异性。

1. 发达国家经济金融化现状分析

七国集团的 FIRE 部门产业增加值占 GDP 比重情况如图 6—1 所示。根据图 6—1,从 20 世纪 80 年代到 90 年代,发达国家都是呈现上升趋势。20 世纪 90 年代以来,各国的 FIRE 部门产业增加值在 GDP 中的比值仍然呈波动上升趋势。由于各国数据范围不同,为了方便比较,此处从 1997 年开始分析各国比值的增加情况。其中,增长最快的为意大利,其从 14.07% 到 2016 年的 19.11%,增长了 4.41 个百分点;第二为加拿大从 16.49% 到 2016 年的20.14%,共增长 3.65 个百分点;剩下依次为法国从 15.21% 增长到 2015 年的 17.37%,美国从 18.25% 增长到 2015 年的 19.71%,日本从 15.00% 增长到 2015 年的 15.97%;英国在 1997 年之前有过跳跃性增长,在 1997 年后维持在 20% 附近缓慢波动上升,从 1997 年的 19.80% 增长到 2016 年的 20.08%。然而德国从 16.19% 下降到了

2015年的14.95%,不过可以发现在1997年以前,德国一直处于上升阶段,此后逐步呈现出波动下降的趋势,但在2015年仍然高于1990年。

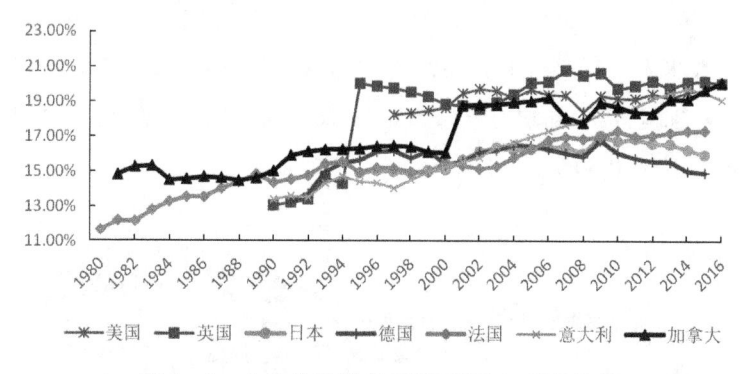

图6—1 七个发达国家FIRE部门占GDP比重

注：数据来源联合国数据库,链接为：http://data.un.org/Explorer.aspx?d=IFS。数据根据联合国搜集的各国官方公布的国家统计数据整理所得,虽然国家数量较少,但包含了发达国家、发展中国家以及欠发达国家,1980—2016年的国家数据,此处不一一列出,详见原始数据。加拿大统计数据来自加拿大国家统计局,为了使得期限尽可能长,本节选取数据为：Statistics Canada. Table 36—10—0401—01 Gross domestic product (GDP) at basic prices by industry (x 1000000)以及Statistics Canada.Table 36—10—0434—03 Gross domestic product (GDP) at basic prices by industry annual average (x 1000000)。(下同)

在计算发达国家金融企业与非金融企业产业增加值时,由于缺乏加拿大和日本的数据,此处只比较五个发达国家金融企业与非金融企业产业增加值的比值,如图6—2所示。研究发现这一指标的整体趋势以及水平的差异性均较大。一是在2003年以前,这一指标最高为美国,其次分别为意大利、英国、法国和德国。在2003—2008年,英国经济金融化水平快速上升,并高于美国。而在2008年金融危机后,美国迅速恢复至危机前的水平,法国的经济金融化水平也恢复并呈相对上升态势,英国经济金融化水平反而下

181

降,世界经济金融化格局转变为是美国最高,然后依次是英国、意大利、法国和德国。二是20世纪90年代以来,上升趋势相对明显的只有美国和英国,其余国家在波动中缓慢下降。其中,美国从1998年的13.32%增长到2015年的14.26%,英国从1997年的9.76%增长到2015年的12.46%,增长幅度分别为0.94%和2.7%。而德国、法国、意大利均有下降,1997—2015年的下降幅度分别为1.93%、0.1%、0.39%。

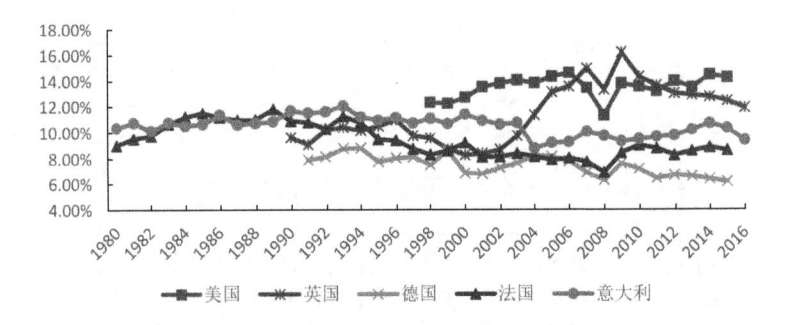

图6—2 五个发达国家金融企业与非金融企业产业增加值比值

2. 发达国家之间经济金融化的共同特征

结合上述两个指标的比较,研究总结得出关于发达国家间经济金融化的在宏观经济层面的一个主要的共同特征,即20世纪80年代以来,这些国家的金融部门在GDP中的贡献率一直处于上升趋势中。这种趋势主要根据上述对图6—1的分析可以得出。这主要反映了金融部门在整个国民经济中占据的地位越来越重要。主要原因是20世纪80年代以来,新自由主义思想盛行,金融管制放松,经济全球化发展迅速,使得全球范围内的金融市场繁荣发展,尤其是这些发达国家的金融资产迅速扩张。根据国际货币基金组织统计,全球金融资产在1980年为12万亿美元,与GDP规模大体相当。而到了2016年,根据统计,全球范围金融资产都迅速扩张,尤其是发达国家,其中,美国2016年金融资产相当于GDP的443倍,英国金融资产相当于GDP的830倍,最低的德国金融资产相当于GDP的377.3倍,具体数据如下表6—1所示。由此可见,发达国家的经济金融化趋势增强在宏观层面上表现比较明显。

表6—1 2016年金融资产相当于GDP的比值(%)

国家	(债+股+银行)/GDP
	2016年
美国	443
英国	830
加拿大	379.7
意大利	513.2
日本	555.7
法国	592.7
德国	377.3

数据来源:周琼.不同金融发展模式比较[J].中国金融,2018(11):83—85;意大利、加拿大的债市、银行数据来自BIS,债券数据参见BIS数据库 https://stats.bis.org/statx/toc/SEC.html;银行数据参见BIS数据库 https://stats.bis.org/statx/srs/table/b1?m=S&p=20164&c=#;意大利、加拿大的GDP和股市数据来自世界银行世界发展数据库,http://databank.shihang.org/data/source/world—development—indicators#。

3.发达国家之间经济金融化的差异性

(1)七国集团经济金融化水平具有较为明显的分化

首先是英国和美国的水平一直处于世界前列,且近年来有明显的上升趋势,说明这两个国家的经济金融化相较其他国家更为明显。而法国和德国的经济金融化水平均处于相对较低的水平,并且在2008年金融危机后有较为明显的下降。在此认为这主要与各国的金融体系类型有一定的关系。例如,美国和英国均属于市场主导型金融体系。市场主导型金融体系的证券市场作用更为突出,通常以股权融资为主,能够支持风险较高的公司,这使得一个国家的金融更具创新性,活跃度和竞争性[1],并且能够更为有效地配置资源,克服市场信息不对称的问题。[2] 但在市场主导型金融体系下,较容易发生投机性行为,从而这种体系的自我膨胀能力更强。法国和德国的金融体系主要由银行为主导。银行主导型的金融体系中通常家庭资产占银行存款比例大,股票市场往往不发达,银行贷款占公司负债比例较大,更有利于资本密集型、渐进式创新的制造业企业进行低风险投资,国家的银行体系与工业往往高度融合,市场的发展其实与实体经济的发展密切相关,较难发生大规模自我膨胀。所以,虽然法、德也是发达国家,但是整体经济金融化水平与英、美还是存在一定差距。

(2)德国和法国虽有相同的金融体系,但金融与非金融部门间关系具有明显差异

金融危机后,法国金融与非金融部门产值之比上升,而德国这一比例下降,使得法国该比例明显高于德国。根据相关文献资料和历史数据,本研究发现导致这一现象的主要原因是两个国家的金融功能在实体经济中的差异。2002—2007年,德国和法国的金融系统都包含越来越多的非银行金融机构,但银行仍占主导地位。德国模式被定义为三支柱分散型全能的银行主导型金融体系,这些银行是大型民营银行、公共部门储蓄银行(储蓄银行和地方银行)和合作社,三大支柱分别是金融结构、法律地位和治理制度。德国政府对地方银行以及公共部门所有权的干预远超其他可比经

---

[1] Hellwig, M. Banking, Financial Intermediation and Corporate Finance[J]. European Financial Integration, 1991.

[2] Allen, F., Gale, D. Comparing Financial Systems [M]. Massachusetts: MIT Press, 1999.

济体。20世纪90年代,德国零售业和商业银行业务的五分之四是由公共部门银行进行的,这些银行被视为专门服务德国大企业、中小企业的银行业务。[1] 这也能解释从20世纪90年代开始,为什么德国金融企业与非金融企业产值的比重持续波动下降。德国本身为制造业大国,其银行对企业的干预程度非常深,例如目前上市商业部门一直由三大国际性银行(德意志银行、德累斯顿银行和德国商业银行)主导,银行与中小企业的关系非常密切,但也限制了国内的竞争环境。同样,法国于20世纪90年代初开始银行金融化,其有着比德国更深的原始金融自由度,且法国的大公司一样也向金融市场转变,但法国银行体系仍是欧盟最为集中的银行体系之一。[2] 1987—2002年,法国最大的国有银行开始了私有化进程,并在20世纪90年代迅速形成特有的银行体系。当时法国的银行体系由两大上市商业银行(法国巴黎银行和法国兴业银行),以及四大互助合作银行(农业信贷银行、法国人民银行、松鼠储蓄银行、法国国民互助信贷银行)构成。目前,法国拥有世界上高度集中的银行体系,其中互助银行由储户拥有,上市商业银行由股东控制,法国银行与非金融企业的联系更为松散。在法国,法国银行开始金融化并且竞争更为活跃,能够经营全种类金融市场业务,并寻求海外投资和其他活动补偿,但是国内公司并未转向国外融资。[3]

(3) 2008年金融危机前后,英国、美国经济金融化水平变化最大,而意大利、法国和德国变化相对较小

---

[1] Hardie, I., Howarth, D. Die Krise but Not La Crise? The Financial Crisis and the Transformation of German and French Banking Systems[J]. Journal of Common Market Studies, 2009, 47(5): 1017-1039.

[2] 同上。

[3] 同上。

本研究认为市场主导的金融体系在金融危机中更为敏感。其中,意大利经济金融化虽然并未在此次危机时间范围内表现出巨大波动,但是其在后续的 2010 年普遍爆发的欧债危机中受到较为严重的打击。根据中经网统计数据,2011 年意大利政府债务规模已经是 GDP 的 120%,并且之后几年其债务规模仍处于持续上升阶段,到 2017 年政府债务规模已达 GDP 的 131.8%。这也解释了意大利的经济金融化水平在 2008 年后受到影响较小,因为由政府主导的债务通常受市场影响较小,但是在全球市场上会发生主权债务危机,从而带来不同于金融危机的经济危机。而对于银行主导的德国和法国而言,其金融化水平在金融危机中的变化较小,且德国的下降幅度高于法国,这可以根据表 6—2 的比较中看出。这主要是因为德国以银行为主导,其与国内企业、中小企业的关系密切,使得德国的银行杠杆率高,承担了大量风险。同时,德国商业银行和地方银行的金融化和低竞争性已经破坏了银行在德国模式中的核心地位:德国银行开始向海外寻求利润,德国大型企业越来越多地转向外国银行和另类股东。德国银行主导型金融体系的金融化路径使得国内银行持有更多的国外金融资产,这也使得国内企业的外部融资也逐步转向国外金融中介。法国虽然也存在银行的金融化并且竞争更为活跃,也寻求海外投资和其他活动补偿,但是国内公司并没有转向国外融资。[①] 因而,在 2008 年金融危机时,德国国内实体经济遭受比法国更大的损失。而由于自由程度大的市场恢复速度更快,法国在后期能够逐渐恢复,德国经济金融化的水平却存在一定程度下降。

[①] Hardie, I., Howarth, D. Die Krise but Not La Crise The Financial Crisis and the Transformation of German and French Banking Systems [J]. Journal of Common Market Studies, 2009, 47(5): 1017–1039.

第六章 中国与其他主要国家经济金融化比较分析及其借鉴

表6—2 七国集团经济金融化水平变化(2008年减去2007年)

国家	FIRE(%)	排序1	金融与非金融比值(%)	排序2
意大利	0.14	1	-0.31	1
法国	-0.13	2	-0.84	3
德国	-0.19	3	-0.59	2
加拿大	-0.30	5	NA	NA
英国	-0.31	6	-1.65	4
日本	-0.39	7	NA	NA
美国	-0.95	8	-2.13	5

（二）中国与发达国家经济金融化比较

1. 中国与发达国家经济金融化水平现状比较分析

在中国经济金融化现状分析中,为了更为客观地比较中国与发达国家,本节增加了比较指标即FI部门产业增加值占GDP比重,这部分的原因在第二节的指标选取中已经说明。

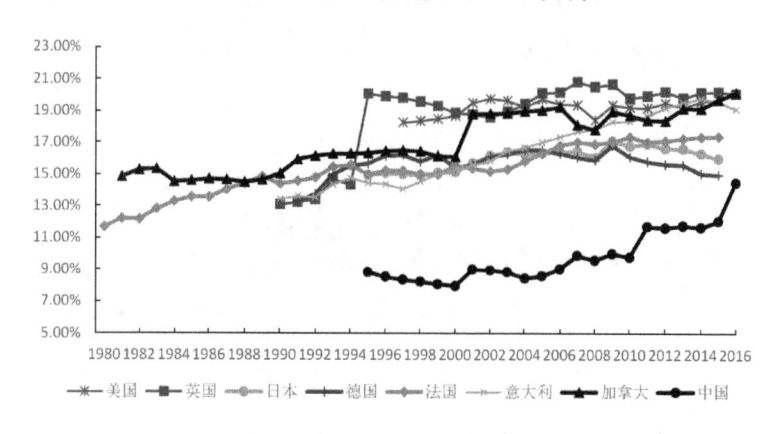

图6—3 中国与七个发达国家FIRE部门占GDP比重

注1:数据来源联合国数据库,链接为 http://data.un.org/Explorer.aspx?d=IFS。数据根据联合国搜集的各国官方公布的国家统计数据整理所得,虽然国家数量较

少,但包含了发达国家、发展中国家以及欠发达国家,1980—2016年的国家数据,此处不一一列出,详见原始数据。

注2:加拿大统计数据来自加拿大国家统计局,为了使得期限尽可能长,本节选取数据为:Statistics Canada. Table 36—10—0401—01 Gross domestic product(GDP)at basic prices by industry(x 1000000)以及 Statistics Canada. Table 36—10—0434—03 Gross domestic product(GDP)at basic prices by industry annual average(x 1000000)。(下同)

首先,从图6—3可以看到,中国的经济金融化自2004年以来就一直处于上升趋势,整体上中国的FIRE部门占GDP的比值从1995年的8.8%增长到2016年的14.4%。直至2016年中国这一比例仍略微低于七个发达国家中最低的德国,与最高的英国的20.2%相差近六个百分点。

而根据图6—4,1995—2007年,中国FI在GDP中的占比保持在4%—5%,但此之后与FIRE部门一样,呈现快速增长态势,远超英美两国,在2016年达到8.3%,高于英国的7%。在这一指标上,中国已经处于比世界发达国家更高的水平。这说明,我国的金融保险市场近年来膨胀较为厉害,并且已经远远超越发达国家。

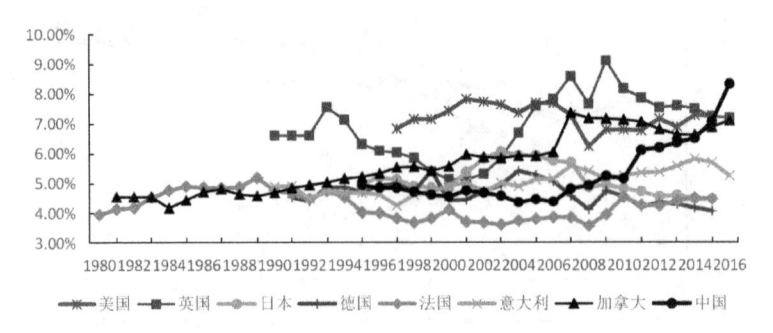

图6—4 中国与七个发达国家FI部门产业增加值占GDP比重

数据来源:同上。

从平均水平上来看,中国近年来经济金融化的平均水平在一定程度上低于发达国家。根据统计,2008—2016年中国FIRE部门占GDP的平均水平为11.03%,与表6—1中的数据比较,中国落后于七国集团。而单就FI占GDP来说,中国2008—2016年的平均水平为5.95%,有所上升,但未超越英国、美国和加拿大等国家。

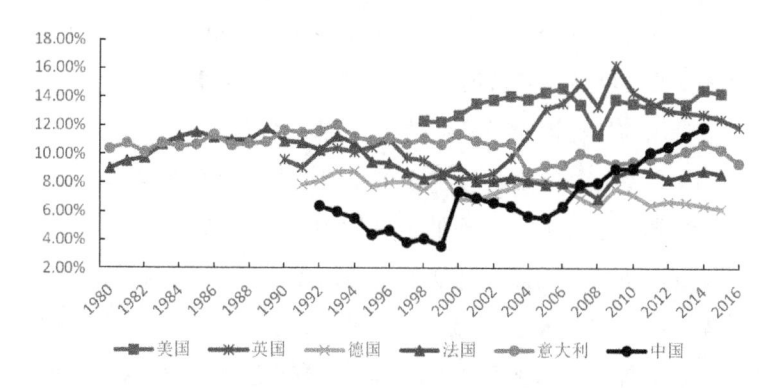

图6—5 中国与五个发达国家金融企业与非金融企业产业增加值比值

在金融企业与非金融企业产业增加值比值方面,中国从1992年的6.5%快速增长到2014年的11.88%,并在2008年金融危机后分别赶超德国、法国、意大利三国,目前已经与英国和美国的水平相接近。在我国经济以每年平均7%左右速度增长的过程中,非金融企业和金融企业的产值都发生着不同程度的增长,从而金融企业与非金融企业产业增加值的比值不断增长就更加说明了金融相对非金融企业的规模膨胀更快,已经超过非金融企业的发展速度。

2.中国与发达国家经济金融化的共同性

中国与发达国家经济金融化水平的共同特征是20世纪80年代以来都处于波动上升阶段。通过上述对中国经济金融化水平现状以及与其他主要发达国家经济金融化水平的比较中可以看到,我国经济金融化水平自20世纪90年代以来就呈现快速上升阶段。

特别是在指标金融部门产值占 GDP 比值的测算结果中发现,中国与发达国家的 FIRE 部门占 GDP 比值的上升趋势都非常明显,且上升幅度均大于 FI 部门占 GDP 的上升幅度,说明这些国家的房地产部门的增长速度均较为快速。纵观历年来中国与各发达国家房地产市场的发展,均出现了不同的房地产泡沫。2008 年美国金融危机的爆发背后就伴随着房地产市场过度繁荣的现象。

3. 中国与发达国家经济金融化的差异性

中国的经济金融化平均水平低于发达国家,但增速超过发达国家。经济金融化平均水平低于发达国家主要体现在 2008 年以前中国整体经济金融化水平低于发达国家平均水平,而在 2008—2016 年,中国经济金融化平均水平低于英美等发达国家。而增速超过发达国家主要体现在 2008 年以后经济金融化水平的快速增长,如金融保险产业增加值占 GDP 比值增长迅速并且超过发达国家的比值,以及金融企业增长超过非金融企业产值的增长。后续的快速增长主要源自中国对金融市场的市场化改革。中国的改革始于 1994 年,但金融市场改革的进程较慢,属于逐渐放开型。从 1994 年提出商业银行的转变方向,到 1996 年才设立第一家民营银行——民生银行,并且在 20 世纪 90 年代初才有初步的股票市场。特别是直到 2013 年中国才全面放开金融机构贷款利率管制。而我国的证券、衍生品交易市场开始发展的时间也较迟,如在 2010 年才开始有股指期货,2015 年上市第一只股票期权,等等。但我国金融市场在国内以及在国际上的发展速度非常快,这主要得益于我国实体经济的持续快速增长,提升了我国金融市场的资本流动以及在国际上的地位。例如,2017 年就有两百多只 A 股大盘股纳入 MSCI 新兴市场指数和 MSCI 全球指数。并且 2008 年金融危机后,各发达国家金融市场受到较大创伤。但中国因为本身金融市场开放程度小特别是资本账户未完全开放,且国内资产证券化正处于初步成长阶段,在各个发达国家受打击且正处于逐步恢复过程中,中国能够以相对较小的损失渡过危机。在此之后,中国大力发展金融市场相关业务,例如资产管理、信托计划、私募股权等股权投资开始兴起。根据 Wind 数据库统计,到 2016 年,中国债市、股市、银行金融资产规模已经是 GDP 的 441.9 倍,已经处于发达国家水平。① 与此同时,中国仍然是银行主导型金融体系的发展中国家,国内各类经济活动依然主要依靠银行间接融资。

当然,对于仍处于发展中经济体的中国来说,并不是经济金融化水平越高越好。总体来说,发达国家金融市场比中国发达,但是 2008 年以来,发达国家的金融市场与实体经济的比值一直维持较为稳定的水平。而在中国经济并未完全超越发达国家的情况下,金融市场却正在日益超越英美等经济金融化居于首位的国家,单就金融保险在 GDP 中的贡献率就已经完全超越英美两国。因而,进一步理清当前中国经济金融化水平背后的结构、制度、风险因素,有利于中国经济金融化健康发展。

二、中国与主要发展中国家之间比较

发展中国家范围的确定主要参考国际货币基金组织的标准。② 由于发展中国家比较多,本节主要选取有代表性的几个国家进行

---

① 周琼. 不同金融发展模式比较[J]. 中国金融,2018(11):83—85.
② 参考来源:IMF,World Economic Outlook 2015,149—150。

比较分析。考虑到数据的可得性，对所获取GDP数据进行排序，选取前五名国家作为本节分析样本。根据数据整理前五名分别是中国、印度、巴西、俄罗斯、墨西哥①。但俄罗斯没有2008年以前的数据，所以将其从样本中剔除。在分析其他发展中国家和中国的经济金融化现状的基础上分别比较发展中国家之间、中国与其他发展中国家之间经济金融化的共同性和差异性。

（一）发展中国家之间经济金融化比较

在对各国经济金融化进行比较过程中，本节分别计算了发展中国家印度、巴西、墨西哥FIRE部门占GDP比重、FI部门占GDP比重以及金融与非金融部门产业增加值比值三个指标。

1. 发展中国家经济金融化现状分析

21世纪以来，巴西、印度和墨西哥的金融部门产业增加值占GDP的比重虽各自有所波动，但均维持在15%—17%，不过各自的趋势有较为明显的差异。尤其明显的是2008年金融危机后，巴西和墨西哥的经济金融化就呈现与印度完全相反的趋势，即快速下降的态势。由于数据缺乏，该指标的比较主要从2004年开始。从图6—6可以看到，增长速度最快的为印度，其从2004年的14.7%增长到2012年的17%。其余两个国家反而处于波动下降的趋势，其中巴西从2004年的16%下降到2012年的15.1%，随后有轻微上升但是未超越前期最高水平。墨西哥从2004年的15.5%下降到2012年的14.6%，随后有轻微上升但是未超过2009年的最高水平16.4%。

---

① 中国统计数据1995—2016，数据来源均为Wind数据库；印度统计数据1990—2013，FIRE部门产业增加值来源于印度统计局，网页链接为http://www.mospi.nic.in/data，金融企业与非金融企业产业增加值数据来源于联合国数据库；巴西1995—2014，金融企业与非金融企业产业增加值数据来源于联合国数据库。

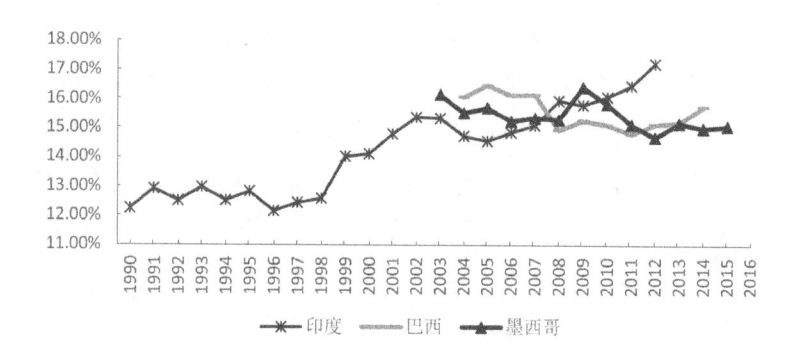

图 6—6　三个发展中国家 FIRE 产业增加值占 GDP 的比值

数据来源：印度数据来自印度统计局。

图 6—7 主要比较的是三个发展中国家金融企业和非金融企业产业增加值的比值，同样三个国家的水平差距较为明显，整体上最高的为印度，接着分别为巴西和墨西哥。从趋势上来看，自1998年以来，印度与巴西均处于下降趋势，墨西哥保持相对平稳状态。其中印度从1998年的23%左右下降到2013年14%左右，下降幅

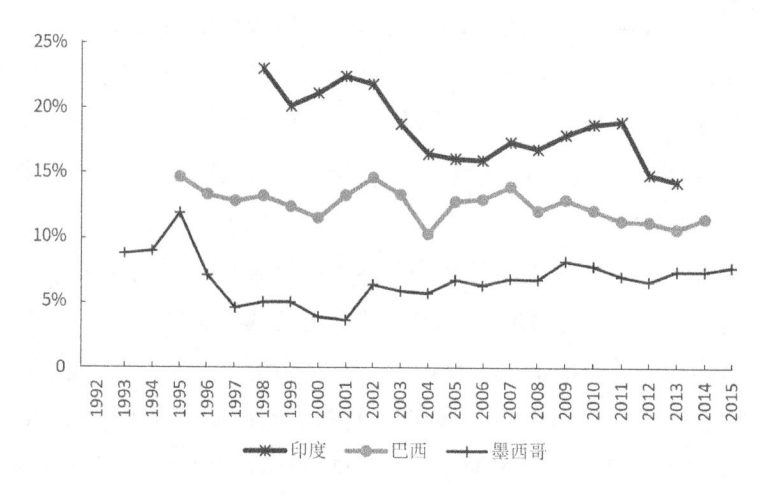

图 6—7　发展中国家金融与非金融企业产业增加值比值

度高达 7 个百分点，整体上表现为非金融企业规模增加日益大于金融企业；巴西金融企业和非金融企业的产值比也一直处于波动下降趋势，从 1995 年的 14.6% 下降到 2014 年的 11.4%，下降幅度没有印度明显，但也表明其金融企业活动相对非金融企业更不活跃。而墨西哥从 1998 年的 5% 上升到 2014 年的 7.4%，但没有超越 1995 年的最高水平 11.9%。

2. 发展中国家之间经济金融化的共同特征

自 21 世纪以来发展中国家的经济金融化的一个主要共同特征是其经济金融化具有缓慢弱化的趋势。这些发展中国家三个经济金融化指标均没有表现出非常明显的上升态势，甚至在金融企业与非金融企业产业增加值比值这一指标上表现出下降趋势。

对于印度而言，其金融市场改革后整体市场建设较为完善，但是从上述现象来看，金融市场的发展还是受到了约束。这主要是因为，尽管印度银行业在全球金融危机之后实现了迅速恢复，但是最近两年却因为国内经济增长放缓而受到了较大的影响。从 2011 年起，印度的 GDP 增速出现了下降，2011 财年的增速为 8.9%，2012 财年下降至 6.7%，2013 财年更是低于 5%。国内经济不景气，导致出现投资减少、消费者需求降低、银行业整体增长减缓、盈利能力减弱等现象。

对于巴西而言，其实体经济近年来增长减速，而金融市场发展受到国内经济环境限制，平均增长速度更是低于实体经济，从而导致金融与非金融企业产值比下降。首先 21 世纪以来，巴西发生过一次金融危机，即 2002 年巴西金融危机。此次危机的主要原因是受 2001 年阿根廷金融风暴影响与传染，当时巴西金融市场开放程度不断加大，金融监管制度并不健全，资本市场发展也不完善，从而在此次危机中受到较为严重的打击。[①] 表现在经济金融化水平上,就是 2002 年之后的三年金融企业与非金融企业产值比值呈现较大幅度的下降,尽管金融部门在 GDP 中的占比由于数据缺乏暂时无法比较,但由于两者趋势相似,可以用前者做大致判断。在 2008 年的金融危机中巴西也受到一定波及,使其金融发展受到一定程度的阻碍。根据联合国统计数据,巴西的 GDP 增长率一直存在下降趋势,特别是 2008—2013 年,GDP 增长率从 13.2% 下降到 4%,在 2014 年有显著提升,而且金融行业的增长速度远低于非金融行业增长速度,说明相对非金融部门而言,金融部门的实力在日益减弱。这主要是因为巴西对欧美国家依赖较为严重,其制度环境不利于实体经济发展。例如,根据 2008 年《金融发展报告》,巴西税制复杂,商业环境成本高,劳动力素质与生产不匹配,这使得巴西整体的经济发展受到制约。再者,根据相关研究,巴西的商业银行以政府所有制为主,私有制商业银行及外资银行的灵活自主性不够强,且需被迫实施执行指令性的货币政策,这种商业银行的运行模式尽管有利于金融机构的稳定发展,但也加重了危机的可能性。

墨西哥与巴西的情况类似,1995 年北美自由贸易区建立以来,墨西哥的资本市场就与英美等国家紧密相连。由图 6—6 可知,2008 年金融危机以来,墨西哥 FIRE 产业增加值占 GDP 的比值呈下降趋势。因此,对于开放程度较高的发展中国家而言,更容易受到来自发达国家的牵制与影响,其本身的金融发展水平相对非金融企业而言反而很难高速增长。

---

① 吴仲华. 论巴西金融监管及对我国的启示[D]. 对外经济贸易大学, 2012.

3. 发展中国家之间经济金融化的差异性

发展中国家之间经济金融化水平差距较大，由如图6—6可知，2008年以前，墨西哥和巴西整体高于印度，2008年金融危机以后，墨西哥经济金融化趋于下降，并逐渐低于印度和巴西。根据对发展中国家经济金融化现状的分析比较，可以得到三个国家在金融危机后的经济金融化水平排序从高到低依次为印度、巴西、墨西哥。这分别体现在金融部门产值占GDP比值和金融企业与非金融企业产业增加值的比值这两个指标。这主要是因为巴西、墨西哥属于拉美经济大国，但是这两个国家的经济高度依赖于英美等国。其中，墨西哥是拉美经济中开放度、市场化较高的国家，在金融危机中，其很难维持本国经济的稳定与发展。一方面因为本国金融实力不强，金融监管不到位，另一方面因为其金融市场和贸易进出口对英美国家资金依赖度大，一旦发达国家资金回涌，将对其经济带来致命打击。发达国家的金融市场会对开放的新兴市场经济体和发展中国家产生重要影响。而发展中国家金融市场的恢复能力相对较慢，受国际市场影响明显，最终表现为在金融危机后恢复能力较弱。以墨西哥为例，根据统计数据，在2010年后，墨西哥的金融部门产业增加值占GDP的比值有着非常明显的下降趋势，这主要是因为21世纪以来，墨西哥的金融部门产业增加值的增速一直在缓慢下降，特别是在2008年爆发全球金融危机的背景下，墨西哥经济和金融产业受到严重打击，在2009年的金融部门产业增加值的增速仅为4.15%，到2015年的增加值增速也仅上升到8.5%，但其在2004年的金融部门产业增加值增速达15.2%。[①] 可见墨西哥金融部门的增长正在趋缓，但在2010年以后，经济恢复较快。

---

① 数据来源：联合国数据库（UNdata）。

根据相关数据统计,其 GDP 增长率从 2009 年的 -4.7% 增长到了 2010 年的 5.1%,随后都保持正向增长,[①] 表现在经济金融化上则是金融部门在经济中的占比趋于下降,并维持在低于巴西和印度的水平。

巴西能够在 2008 年金融危机后保持较为稳定的经济金融化水平,主要在于近年来其整体经济基础和金融环境虽然未能非常完善,但在多次金融危机后均有所改善,使得其抗危机的能力有所增强。根据相关研究总结,在 2008 年全球金融危机之后,巴西政府开始扶持中小企业发展,发展金融技术的应用如信贷风险识别系统,推动消费信贷等,这一系列措施使其能够在金融危机中的抗风险能力相对增强。[②]

(二)中国与发展中国家经济金融化比较分析

1. 中国与发展中国家经济金融化水平现状比较分析

首先,单就 FIRE 部门产值在 GDP 比值来看,中国明显低于印度、巴西和墨西哥等三个国家,但是截至 2015 年,中国已逐渐接近。从图 6—8 可以看到,中国 FIRE 部门产业增加值在 GDP 中的占比持续上升,从 2003 年的 8.8% 增长到 2016 年的 14.4%,而在此之前一直维持在较为平稳的水平。

从金融保险部门产业增加值占 GDP 比值来看,中国的水平高于墨西哥,在 2008 年金融危机前呈现出缓慢下降趋势,但是 2008 年金融危机后,中国的水平以非常迅猛的态势赶超印度和巴西。

---

① 数据来源:中华人民共和国驻墨西哥合众国大使馆经济商务参赞处的《近年来墨西哥经济增长情况》,网址为 http://mx.mofcom.gov.cn/article/ddgk/zwjingji/201405/20140500569749.shtml。

② 曹芳.巴西应对金融危机的经验与借鉴[J].西部金融,2012(3):71—72.

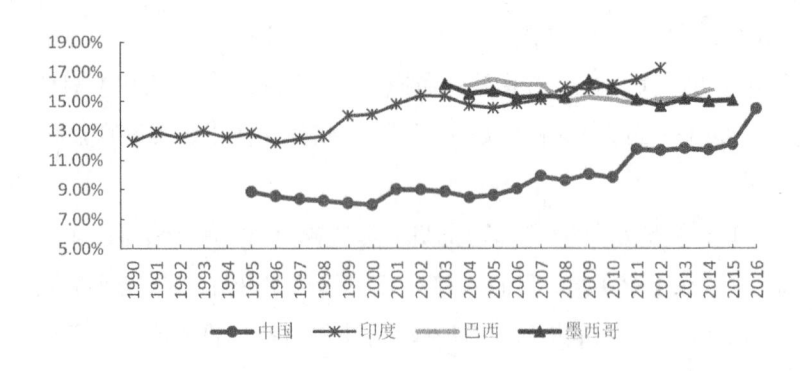

图 6—8　FIRE 产值占 GDP 比值

数据来源：中国数据来自 Wind 数据库，印度数据来自印度统计局。

根据图 6—9 可得，1990 年以来，中国一直处于中等水平，低于巴西与印度的水平。但是在 2008 年以后中国呈快速上升趋势，远远超过其他三个国家，其从 2004 年的 4.3% 上升到 2016 年的 8.3%。以 2008 年美国金融危机为窗口，中国的金融产业相对其他发展中国家持续增长并有赶超趋势。

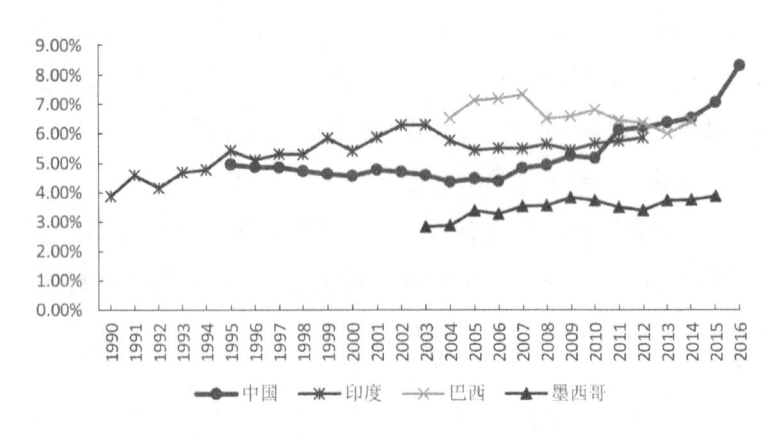

图 6—9　金融保险产业产值占 GDP 比值

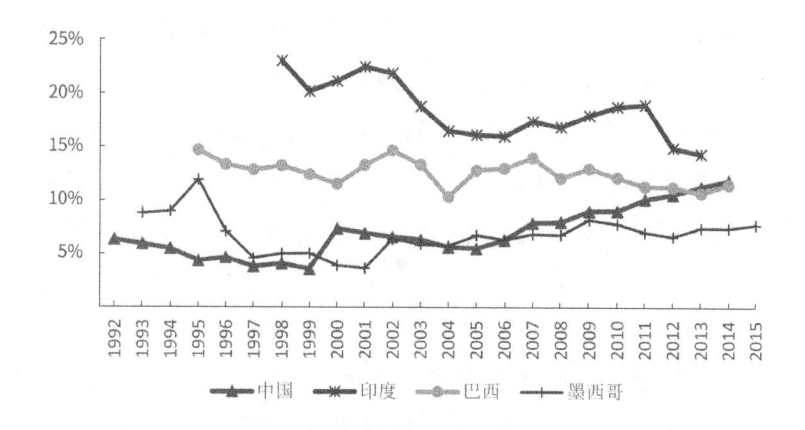

图 6—10　发展中国家金融与非金融企业产业增加值比值

从金融企业与非金融产业增加值比值这一指标来看，中国的增长速度普遍高于其他三个发展中国家。与其他国家下降趋势或者维持稳定的状态不同，中国从 2004 年的 5.6% 增长至 2014 年的 11.89%。而在此之前中国表现出下降的趋势，并且在水平上低于其余三个国家。

2. 中国与发展中国家经济金融化的共同性

21 世纪以前，中国与巴西、墨西哥等发展中国家的经济金融化水平均呈现出下降趋势。中国在这一阶段经济金融化呈现微弱下降的原因在于 1992 年以来，中国金融市场的改革进度较慢，而随着市场化改革的推进，经济增长速度大幅增加。根据统计，1990 年中国 GDP 增速在 3.9%，在 1992 年就实现了 14.2% 的增速，并在此后保持平均 10% 左右的增长速度。表现在经济金融化上就是这一阶段金融的发展相对较慢，经济金融化水平呈现下降趋势。从这也可以看出，中国在这一阶段虽然与发展中国家有共同的趋势，但是引起这一趋势的因素是存在差异的。如墨西哥在 21 世纪以前的大幅下降,主要是因为1994年发生严重的金融危机,这一危机使墨西哥比索汇率暴跌,股票市场崩盘,并且危机扩散到其他国家,造成了很大的经济损失。① 墨西哥的经济危机很快波及巴西、阿根廷和智利等拉美国家,并且巴西在1999年同样发生了经济危机。这一系列国内外危机使得巴西的经济金融化水平也趋于下降。

3. 中国与发展中国家经济金融化的差异性

(1) 21世纪以前,中国经济金融化水平低于巴西与印度。

这一现象的主要原因是在市场化和全球化的驱动下这些发展中国家的整体金融化水平高于中国。具体来说,印度开展金融市场化、全球化的时间比中国早,使得印度的金融市场在宏观经济中的贡献相对高于中国。根据相关资料,印度金融体系同样属于银行主导型,于1992年开始进行经济"自由化、市场化、全球化和私有化"的改革,对于金融市场则是逐步取消对金融市场的计划性政策,例如取消指导性信贷计划,并开始建立证券市场,放开汇率,开始利率市场化。② 整体上印度的金融市场相较中国的更为健全,金融机构更为平衡,印度对投资者等的司法保护也更为完善。③ 20世纪90年代以来,整体上印度的金融体系相较中国更为完善,表现在经济金融化水平上,就是印度的整体水平高于中国。但随着中国金融市场改革的加快和金融监管的日益健全,以及经济发展

---

① 徐世澄. 简析1982—2003年墨西哥的经济改革和发展[J]. 拉丁美洲研究,2003(6):24—34.

② 王博,刘忠瑞. 中印金融体系改革、发展与功能比较研究[J]. 金融监管研究,2017(12):35—51.

③ Allen, F., Chakrabarti, R., De, S., et al. Law, Institutions and Finance in China and India[J]. Journal of Financial Economics, 2005,77:57-116.

的推动,经济金融化的水平日益接近甚至超过印度。20 世纪 80 年代,巴西金融业就在拉美处于一个较为发达状态,不仅金融体系健全,金融业规模大并且在全球具有扩张趋势。例如,其早在 1964 年就成立了国家货币委员会,用来规范银行等金融机构,管理资本市场的运营等,在 1980 年左右,其全国银行数量就达 100 多家,规模最大的巴西银行在国外各发达国家的发达城市拥有 55 所分行,这些城市包括纽约、伦敦、巴黎、汉堡、罗马、东京。① 而对于中国而言,其进入市场化的起始点较晚,且在初期国内金融业发展非常落后。1992 年以来,中国虽然进入市场经济,但是此时金融企业与非金融企业产值比下降。在这一阶段,中国金融活动并不是非常活跃,而此时工业产值出现极大增长,金融企业与非金融企业产值之比呈下降趋势。

(2) 2008 年以来,中国经济金融化水平增长速度快于其余三个国家。

在比较巴西、印度与中国的金融体系时,印度的金融体系整体上要比中国的更为完备,法律体系也较为健全,特别是对投资者的保护,印度金融市场整体的市场化程度、开放程度都高于中国,但是巴西与印度的金融企业与非金融企业产值比却在持续下降。而中国经济金融化水平却保持快速增长,导致中国经济金融化水平快速增长并与其余国家持平,最重要的原因就是中国过去 20 多年实体经济得到大力发展,金融体系较少受到国际的影响,为经济金融化发展提供了良好的环境。因此,从这个角度来看,对于一个发展中国家而言,金融市场的开放以及自由需要一定的限度,过度开

---

① 赵长华. 巴西金融体系简介[J]. 外国经济参考资料,1983(4):38—39.

放与自由有可能受到来自发达国家的挤压,从而无法很好地成长并服务于实体经济。

此外,可以发现墨西哥的 FIRE 部门占 GDP 的比值高于中国,但是在比较 FI 部门占 GDP 的比值时,墨西哥处于 3%—4% 的水平,低于中国的 6%—7%,并且近些年来增长速度非常缓慢。根据相关文献资料,墨西哥在 1994—1995 年遭遇严重金融危机,在北美自由贸易区建立后,墨西哥对美国经济的依赖程度越来越大,其间国外资产大量流入,造成国内资产泡沫。因而,FIRE 占 GDP 比重与 FI 占 GDP 比重两个指标存在较大差异,即说明墨西哥国内金融保险等市场发育较为不完全。

第四节 总结分析及其经验借鉴

一、一国的经济金融化水平应与该国经济发展阶段相匹配

通过比较中国与不同经济发展阶段国家的经济金融化水平,本章发现不同经济发展阶段的国家其经济金融化水平基本都处于各自一定的水平上。具体表现在以下两方面。

一是不同的经济发展阶段具有不同的经济金融化水平,即使经济发展水平接近,其经济金融化水平也受制一国的制度、经济、法律等因素影响。通过比较可得发展中国家的整体水平低于发达国家,这主要是各个国家的经济发展水平差异较大,在不同的经济

发展阶段金融化程度不同。从经济金融化与经济增长的关系看，有学者认为金融发展与经济增长的关系是非线性的，过大规模的金融部门反而会对经济增长有副作用，因为金融发展过度时，过多的资源用于负债，导致高杠杆率，进而不利于经济增长。[1] 通过对印度和巴西的分析可以非常明显地看到，它们的经济发展水平制约了金融市场的快速健康发展。经济发展落后，会导致整体经济环境、制度环境不利于金融市场的发展；而欠发达的金融市场、不完善的监管体制，反而更容易引发经济危机。

二是在同一经济金融化水平但经济发展水平不同的情况下，需要重点关注经济金融化背后的质量。例如，根据上文的统计数据，各发达国家与印度、巴西等在宏观层面的经济金融化水平差异并不是很大。发达国家中，除去美国、英国整体水平较高，其他国家与印度、巴西、中国等均处于相近的水平。尤其是中国经济金融化水平近年来已然超过发达国家。但是巴西、印度、中国的经济水平和金融市场完善程度还与发达国家有一定的差距。根据经济金融化的定义，经济金融化一方面体现在规模增长，另一方面体现在结构变化，结构变化影响金融与实体的关系。从这个角度看，经济金融化是金融体系变化的外在表现，从而金融结构差异必然会导致各国经济金融化水平的差异和表现。由此可以得出，经济金融化水平的合理性应当看一国金融结构的合理性。

因此，本章认为，对于中国而言，要分析中国经济金融化水平的合理性，应当从金融结构以及各经济部门的水平进行分析比较得出，

---

[1] Prochniak, M., Wasiak, K. The Impact of the Financial System on Economic Growth in the Context of the Global Crisis: Empirical Evidence for the EU and OECD Countries[J]. Empirica, 2017, 44(2): 295-337.

并且进一步分析金融化的趋势是否顺应国家制度、政策以及经济的发展,是否在基本经济关系结构之间存在不匹配的地方。同时,在与国外经济金融化水平进行比较时,更应当谨慎,应当仔细分辨各国的历史、制度、法律、经济方面的差异,而不是从整体上一概而论。

二、一国的金融结构应与该国实体经济对金融需求相匹配

根据对各国经济金融化比较分析,以及其在金融危机后受损及恢复情况来看,不同金融结构的国家对金融危机的应对能力不同,而金融结构与实体经济的关系,也使得经济危机对实体经济带来的影响有所差别。如果一国的实体经济能够从金融体系中获得相应的金融供给,则能够拥有更好的发展实力以及抵抗风险的能力。例如,由比较分析可知,金融市场主导型金融体系的英国、美国等,在金融危机后经济能够较快恢复,从某种程度上是因为其金融市场体系较为完善,金融结构较为合理,金融创新产品丰富,从而能够满足实体经济多样化的融资需求。

从法国与德国比较分析来看,其金融在经济的整体规模与力量对比均相对小于其他发达国家,但是在整体制造业的发展上反而能够很好地扶持中小企业。以德国为例,其国内有诸多互助银行,这些银行的实际持有人为各大企业、中小企业,银行与企业的关系非常密切,能够充分地了解实体经济的融资需求,并且提供更为充分的金融服务。然而,随着德国银行的国际化,银行业务更多地国际化,使其非常容易受到国际金融危机的影响,在2008年中经济受损程度较法国更为严重,导致其实体经济整体的恢复时间也相对法国要长。与此同时,由于国内企业随着银行业务的国际

化而将融资更多地转向国外，从某种程度上来说导致金融结构与国内实体经济逐渐偏离，从而其在经济危机中遭受损失较为严重。

由此可见，金融结构能否与实体经济的金融服务需求相匹配，不仅影响实体经济自身的增长，还影响实体经济企业在国际经济环境中的竞争力与抗风险能力。

三、一国的金融监管能力应与该国经济开放程度相匹配

比较发展中国家的经济金融化，可以明显发现巴西、墨西哥、印度等国家在经济金融化发展过程中多次受到他国金融危机的冲击，或者说造成本国金融危机的导火索来源于其他国家。而这些现象之所以会发生，原因在于这些国家的开放程度超过了本国经济环境和金融环境的承受能力。特别是在经济全球化的情况下，不同的金融开放程度更是影响了金融体系对金融危机的应对能力与恢复能力。如墨西哥在1994年发生了严重的经济危机，主要原因一方面在于其高度的市场开放、国外热钱的高投机性、国内经常项目赤字，另一方面伴随着经济开放，金融自由化如银行私有化、信贷规模扩张等，加大了金融经济风险。同时，随着外资的退潮，国家对私有化银行的监管、对金融稳定的忽视等，带来国内金融体系的不稳定，使得经济危机最终爆发。而此后，墨西哥加入北美自由贸易区，使得其经济高度依赖美国等国家，因而在2008年，金融危机中受到较为严重的打击。同样，巴西的监管制度在危机爆发前存在诸多不足，在不完善的金融监管下，财政赤字过度增长，银行体系脆弱，再遇到极不稳定的外部经济影响，在1999年发生了货币危机。

  中国当前正在加速推进国家金融市场的开放,这将使得中国面临更多来自国外金融风险的冲击,这就需要中国能够建立一个与经济开放相匹配的金融监管制度,增强整体经济承受国外风险的能力。特别是需要有稳健的货币政策、合理的汇率制度来应对开放过程中国外资本流动带来的影响。虽然金融市场本身具有不可避免的脆弱性,但是正如监管理论学派所认为的那样,如果制度支持框架能够发挥其规制功能,即使是脆弱的金融化积累形式,也能在长期内保持稳定。[①] 因此,从金融监管制度建设上考虑,能够延长危机到来的时点,虽然无从知晓最终的爆发时刻。

[①] Nölke, A., May, C. Comparative Capitalism Research in Times of the Financialization Crisis: From an Inter-national to an Inter-temporal Study of Economic Institutions [C]. A Great Transformation? Global Perspectives on Contemporary Capitalisms, 2017.

第七章 国际金融霸权形成与更迭的历史考察及其启示

当今垄断资本金融化的特征就是金融垄断资本在全球范围内占据主导地位,并在国际上形成了金融霸权。那么金融霸权是什么?金融霸权及霸权国家形成及更迭的演化进程是怎样的,从中可以得到哪些启示?这是本章要讨论的主要内容。

第一节 金融霸权的内涵与特征

随着全球化金融业的不断发展,金融霸权成为垄断资本主义发展的必然产物,其具有自身内涵和特征,国内外相关学者对此展开了深入的研究。本节将对金融霸权的内涵和特征进行分析。

一、金融霸权的内涵

国内外有关金融霸权的研究大多集中在金融霸权的定义、本质、特征以及影响方面,尽管学术界不同学者从各个角度审视"金融霸权",但对于金融霸权的内涵主要围绕金融机构、主权国家两个层面进行界定。

（一）金融机构层面

金融机构层面对于"金融霸权"内涵的分析强调金融机构控制产业资本及其对产业资本的垄断性，即强调其行为主体具有微观性，可以借助垄断性质，支配资金流向，利用自身信用创造功能以控制市场资金量。金融控制理论认为金融机构可凭借公司股权控制实体产业。希法亭将"金融资本"定义为"由银行支配而由产业家运用的资本"[1]，即银行资本长期束缚于产业之中。同时，他指出如果"金融资本"被大量转化成固定资产，那么也就相当于提高了银行控制、影响产业的能力，使得产业资本越来越依赖于银行资本。

"金融资本"研究随着国家政治稳定、社会经济发展变化而不断变化。在20世纪30年代的全球经济不景气时期，很多国家以立法的形式限制银行持有实体企业股票数量，以弱化两者的利害关系。这一阶段学术界逐渐减少对"金融资本"理论的研究。第二次世界大战后，在全世界范围内出现了银行加强对企业控制的现象。基于该现象，学术界对"金融资本"进行重新研究。有学者提出，早在70年代，美国左派经济学家们，如格拉斯伯格等提出了早期的金融资本理论以及银行霸权理论。[2] 该理论认为银行以改变资本流动的方式对金融的负债比率、利率等金融参数形成了较大的影响，企业管理层也因此受到银行间接影响进行投融资决策。还有学者结合当时刚结束的亚洲金融危机，完善了金融控制理论，提出可用"金融霸权"整合"银行霸权"与"金融资本"。有学者认为，

---

[1] 鲁道夫·希法亭. 金融资本[M]. 福民, 译. 北京:商务印书馆,1994.
[2] 柳永明.论金融霸权[J]. 经济学家,1999,5(5):68—73.

当前金融市场中机构投资者才是资金的主要载体,而非银行。机构投资者操纵资金的流量、存量,与资本家一起分享其利润。①

综上所述,可将"金融霸权"理解为金融领域的霸权利用资金操纵的方式,"要求"实体经济部门"分享"利润的经济关系。国际金融发生波动、动荡最为主要的原因就是"金融霸权"的存在。付争等人在参考了前者关于"金融霸权"的研究后,重新定义了该概念,即金融寡头、政治代表等基于某种经济或政治目的对资本流动、金融市场资金进行操纵,从而极大影响了实体经济部门发展。②

（二）主权国家层面

从国家的层面界定"金融霸权",其强调的是霸权国家。该理论认为一个国家具备金融霸权后,就具有建立全球金融规则、秩序的能力,同时具有稳定全球货币金融体系、要求其他国家遵守相关规则的能力。而那些在国际上代表垄断的金融机构其本质就是霸权国家施展"金融霸权"的工具。国家信用货币由于具有国际货币的职能,往往也被认为是"金融霸权"的又一个重要权力工具。通过这一层面分析,在多元化的霸权体系中,"金融霸权"仅仅是其中的一个分支,但是不可否认的是其作为全球权力分配体系的中心和枢纽,只有当下已是或者未来将是世界霸主的国家才有能力占据"金融霸权"。

莫德尔斯基、吉尔平等人在研究经济霸权方面更加强调制定国际经济规则、秩序的能力。两人均认为能够维持全球经济秩序

---

① 陈观烈. 货币·金融·世界经济[M].上海:复旦大学出版社,2000.
② 付争. 对外负债在美国金融霸权维系中的作用[D].吉林大学,2013.

是成为霸权国所必须具备的基本能力。① 沃勒斯坦与阿瑞吉等人基于"世界体系论"研究经济霸权。② 他们共同指出,经济霸权是一国在世界经济领域中将自身的发展愿望、规则定义于其中,同时具有领导全球经济服务霸权国利益的能力,而被领导的国家普遍认为只有这样才能让本国获益。金德尔伯格在其撰写完成的《1929—1939年世界经济萧条》中提出霸权国家必须具有如下两个特点:首先是具备提供"国际公共产品"的能力,其次是愿意承担"公共成本"。③ 该观点虽未明确说明"金融霸权"的定义,但却从另一个层面说明了霸权国具有稳定国际货币金融体系的能力,同时一旦全球出现经济大萧条,还具有进行逆周期长期借款的能力。苏珊·斯特兰奇指出在维系国际生产关系中"金融霸权"非常重要,并将金融与安全、生产和知识称为四种"结构性权力",尽管对"金融霸权"未进行直接定义,但将其看作可用于交换所有国际货币要素及决定信贷的能力。她认为,如果一国拥有"金融结构权力",那么就具有绝对控制全球信贷、汇率的能力。同时她指出,利润积累并非经济发达国家进行投资的唯一资金来源,可创造的信贷才是进行投资的关键。一国如果拥有发放信贷的权力,即其创造信贷能力获得他国信任,那么也就相当于该国能够对社会主义、

---

① 分别参见:Modelski, G. Long Cycles in World Politics[M]. Seattle:University of Washington Press,1987:40;罗伯特·吉尔平.国际关系政治经济学[M].杨宇光,译.上海:上海人民出版社,2011.

② 分别参见:Wallerstein, I. The Politics of the World Economy[M]. University of Cambridge Press,1984:42; Arrighi, G., Silver, B. J. Chaos and Governance in the Modern World System[M]. Minneapolis:University of Minnesota Press,1999:21.

③ 查尔斯·P.金德尔伯格.1929—1939年世界经济萧条[M].宋承先,洪文达,译.上海:上海译文出版社,1986.

资本主义的经济进行控制。①

李晓等人指出金融霸权主要包含如下三大结构:一是一体化金融市场;二是以美元等霸权货币为核心的结算体系;三是支撑各国货币合作的体系。② 在国际上,金融霸权通过垄断交易计价、国际结算和储备货币的地位进行传导,全球金融市场基于霸权结构形成了更加紧密的依存关系。金融市场具备的开放性、深度和广度是形成金融霸权的基本条件,其作用主要体现在金融霸权国家具有制定资本市场规则、主导国际金融的能力,同时全球机构投资者也能够因此获得安全、便捷的投资场所和投资机会。同时,李晓指出当下的美国并非以发动争霸战争或者武力征服世界的,而是利用高度发达的市场机制,在全球范围内构建了产品贸易与金融市场体系,全球各国基于该市场机制体系不断融合并高度依赖于美国。③

由此可知,从主权国家的层面定义"金融霸权"可具体理解为霸权国家将影响力进一步延展至国际货币体系和金融市场。金融霸权国家具有制定国际货币金融体系规则的能力,同时在国际货币金融体系中可凭借自身的经济金融实力让自身永远处于绝对主导的地位。

综上所述,无论是从主权国家层面还是金融机构层面对"金融霸权"的分析,都体现了金融资本的垄断地位,一国或者某些机构

---

① 苏珊·斯特兰奇.国家与市场(第二版)[M].杨宇光,译.上海:上海人民出版社,2012.

② 李晓,丁一兵.亚洲的超越[M].北京:当代中国出版社,2006.

③ 李晓.美国霸权的文明起源、结构变化与世界格局——评程伟等著《美国单极思维与世界多极化诉求之博弈》[J].国际经济评论,2013(3):145—151.

凭借自身军事霸权、政治霸权和经济金融实力等通过制定资本市场规则、操作国际货币体系、规模化金融资本在全球范围内以投资和控制等方式让自身处于绝对主导地位。这会带来两方面影响：一方面会促使资本在全球范围内流动，为全球提供安全、便捷的投资场所；另一方面可能会产生投机性导致的国际资本流动、产业资本趋向金融领域等问题。

二、金融霸权的一般特征

金融霸权是金融资本垄断的一种表现形式，是一国综合实力的最高体现，它不仅需要强大的军事支撑，还需要雄厚的经济实力支持，其建立在军事霸权和政治霸权的基础上，通过金融资产运作，以获取巨大收益。因此金融霸权从国家的层面分析具有显著的特征，具体表现如下几个方面。

（一）拥有充当国际硬通货的货币

毋庸置疑，货币是金融交易中的核心工具，是实现价值交换不可或缺的媒介。国际硬通货是国际贸易中进行贸易结算的主要媒介，与此同时，债权国或债权人普遍更加信赖利用国际硬通货记账处理债权债务关系；另外，国际硬通货也必然是外汇储备的首选币种。金德尔伯格曾经就国际硬通货展开了深入的分析，在其撰写完成的《西欧金融史》中，他沿着发展轨迹对整个国际硬通货的历史沿革进行了分析。[①] 一国成功成为国际市场的贸易枢纽之后，其必然会带动本国经济发展，继而吸引其地方的金融业务参与其中，

---

① 查尔斯·P.金德尔伯格.西欧金融史（第二版）[M].徐子健等,译.北京：中国金融出版社,2010.

该国的货币被广泛接受为国际硬通货。随着贸易的发展,其经济在发展到一定程度后会逐渐减缓发展速度,加速金融行业发展,同时利用投资利润、对外贷款的利息支付进口。对于任何一个国家而言,如果国际硬通货刚好是本国货币,则更有利于其扩张霸权国金融,同时这也是国家获取霸权利润的利器,是向其他国家征收国际铸币税的工具。

（二）拥有支撑霸权的强大金融实力

具备金融霸权的国家在金融等各个方面往往较其国家更具优势,一般具有较为先进的金融制度、成熟的金融市场且在发展进程中十分重视金融创新。成熟的金融市场是实现优化资产、资源配置的关键之所在,而先进的金融制度则有助于扩大资金来源,提高资金交易的安全性。金融创新的作用主要体现在扩大资源配置的空间与时间。比如,荷兰正是因为创设了全球首家中央银行、证券交易所,进一步巩固了其霸权地位。英国在18—19世纪期间,也正是因为汇集了各大商业银行、保险公司、证券交易所而建成了伦巴第街,从而成为当时世界上最大的金融城。沃尔特·白芝浩指出,伦敦、英国的银行存款远超过当时其他城市、国家。银行存款体量成为当时衡量一国金融实力的重要标准。[1] 美国作为金融霸权国家的典范,其成为金融霸权国家时拥有其他国家所不可比拟的金融实力,同时,其市场中拥有种类多、功能齐全的金融衍生品,进一步延伸了美国金融霸权的广度和深度,可以说强大的金融实力、科学合理的金融制度以及成熟的金融市场从空间、时间等层面

---

[1] 沃尔特·白芝浩.伦巴第街[M].刘璐,韩浩,译.北京:商务印书馆,2017.

为优化投融资环境和资源配置等各个方面奠定了良好的基础，进而推动金融霸权国家的产生和发展。

（三）拥有制定国际货币金融秩序的能力

科学合理的国际货币金融秩序同样是金融霸权的关键要素。1816 年英国正式实施金本位制，1870 年以后国际金本位制确定，英镑由英国的货币发展成为世界货币，成为国际贸易结算最主要的结算支付工具，成为许多国家持有量最大的外汇储备货币，这与英格兰银行对货币金融体系的监管密切相关，可以说，作为当时全球霸权的英国一直积极干预国际金融体系，这对于当时相对稳定并持续发展的金融市场有巨大的贡献。有学者指出，正是英国政府在政治上对金融市场和金融机构进行了有效安排，才使得国际金融在第一次世界大战爆发前保持着相对稳定的秩序。但正如斯特兰奇所说，英国仅以金本位制很难保持金融市场和主要汇率的稳定。[1] 第二次世界大战后，美国成为新的霸权国家，布雷顿森林体系为当时恢复稳定世界金融体系奠定了良好基础。美国在意识到该体系表现出的显著的不适应性以及全球生产力各方面均已经发生重大结构性变化之后，做出主动终结美元黄金本位制的决定，在此基础上构建了美元债务循环机制，进一步稳定了国际货币金融体系。

（四）拥有应对危机的干预处理和最终裁决权力

罗伯特·吉尔平认为，霸权国家一方面可享受国际货币金融体系所带来的各种红利，另外一方面必须承担相应的责任，即应对

---

[1] 苏珊·斯特兰奇.疯狂的金钱[M].杨雪冬，译.北京：中国社会科学出版社，2000.

金融危机。① 在发生金融危机期间，霸权国必须积极采取有效的应对措施降低国际货币金融体系受到的影响。换言之，即在国际货币金融体系发展中唯有霸权国家才能够发挥"起死回生"的功效。其关键的措施之一就是通过金钱以及清偿手段等扶持破产企业，缓解其压力。沃尔特·白芝浩指出，19世纪的英国就发挥了这样的作用。② 现代金融体系是以信贷为基础能够发挥作用的，它能够通过清算手段帮助那些存在较多风险或者受到金融危机威胁的国家。美国与英国采取了诸多不同的措施，比如利用各类国际性组织如世界银行、IMF等，实现规范化、程序化地处理金融危机的机制。

第二节 金融霸权的历史更迭

上一节中提到，政治霸权和经济霸权是实现金融霸权的先决条件和基础。换言之，即先有经济霸权而后才会出现金融霸权。应该说，霸权国家必然是其相应年代的金融中心和国际贸易中心。当然这并非等同于所有具有经济霸权的国家均具有金融霸权。不同学者从不同层面对世界西方各国经济霸权领域国家和相应时间进行分析（见表7—1），说明了世界历史上出现的经济霸权国家及相应时间段。

---

① 罗伯特·吉尔平.国际关系政治经济学[M].杨宇光，译.上海：上海人民出版社，2011.
② 沃尔特·白芝浩.伦巴第街[M].刘璐，韩浩，译.北京：商务印书馆，2017.

表7—1 世界经济霸权领域的国家和相应时间段

学者\国家	哈布斯堡王朝	葡萄牙	比利时	美国	荷兰	英国
沃勒斯坦	1450—1575			1897年至今	1575—1672	1789—1897
阿瑞吉、西尔佛				19世纪末、20世纪初至今	17世纪中叶—18世纪初	18世纪初—19世纪末、20世纪初
金德尔伯格				1945—1971	17世纪	1770—1870
布罗代尔		1500—1590	1929年至今	1610—1790	1815—1929	
莫德尔斯基		1516—1580		1945年至今	1609—1688	1714—1792；1815—1914

资料来源：蔡一鸣.世界经济霸权周期：一个一国模型[J].国际贸易问题 2011(9):170.

由表7—1可知，不同学者从不同角度得到的经济霸权国家和相应时间不一致，但基本上对荷兰、英国、美国三个国家先后拥有过经济霸权地位达成共识，这与霍普金斯等人指出全球范围内自形成资本主义世界体系后，先后形成了荷兰、英国、美国三个霸权国家的结论相一致。[①] 因此，本节结合金融霸权的一般特征和历史发展事实，选取以荷兰、英国、美国三个金融霸权国家分析世界范围内金融霸权的变更历程。

一、荷兰共和国的金融霸权（16世纪末—17世纪）

16世纪末至17世纪，荷兰通过创新金融产品、服务以及金融

---

① Hopkins, T. K., Wallenstein, I. World Systems Analysis: Theory and Methodology [M]. New York: Sage Publication, 1982:118.

机构、金融制度等促进对外贸易和海外投资,成为国际金融中心和国际贸易的核心,在取得对外战争的胜利等各个方面均发挥了巨大的作用。

学术界从各个层面剖析了荷兰共和国发展成功的因素。有学者通过研究指出在安特卫普衰落后阿姆斯特丹涌入大量商人,这些人进一步盘活了荷兰的资本、技术和商业环境。客观上说,阿姆斯特丹也正是在此背景下得以不断壮大发展,并最终成就了其国际霸权地位。[1] 诺斯等制度学派学者则从制度变迁层面开展研究,得出相较于当时其他国家,荷兰的经济金融制度交易成本低、效率更高,所以该国才得以持续发展。荷兰与其他工业立国的国家之间最大的区别在于积极推进商业立国。荷兰的自治联合体的权力较为分散,加之该国不存在较为严重的封建专制力量,所以自由市场经济的发展并未受到行政力量的较大影响,在此背景下形成了一个相对宽松、自由的环境,客观上说,这些对于信用制度、金融、贸易以及商业等各个方面的发展均具有很大的促进作用。[2]

有学者指出,从全球经济金融发展的层面分析,荷兰最大的贡献体现在"股份公司制"方面[3],特别是1609年阿姆斯特丹银行的设立(该行是全球首家中央银行)。阿姆斯特丹银行在实际发展中开展各类银行业务和银行信用工具,客观上很大程度地解决了当时货币发行量过少的问题,奠定了其在全球范围内多边支付体系的核心地位。与此同时,阿姆斯特丹证券交易所的建立(全球首个

---

[1] Israel, J. I. The Dutch Republic: Its Rise, Greatness and Fall, 1477 - 1806[M]. Oxford: Oxford University Press, 1988:307 - 315.

[2] 道格拉斯·诺斯. 经济史上的结构与变迁[M]. 厉以平,译. 北京:商务印书馆,1992.

[3] 余治国. 世界金融五百年[M]. 天津:天津社会科学院出版社,2011:8.

资本市场)也发挥了十分重要的作用。上市证券具有市场价值明确、流动性佳等特点,适宜充分发挥融资担保的作用。所以,从这一方面来说证券市场有助于进一步降低贷款利率,推进金融市场的发展。沃勒斯坦指出:历史上英、德、法等国家也曾据此与荷兰展开竞争,即降低利率。①

17世纪末,荷兰逐渐减缓了对外扩张的速度。但是这一时期法、德等国家保持着较高的发展速度,无论是金融力量,还是工业经济、科学技术、造船航运、对外贸易等各个方面均实现了较好的发展,其发展势头远超荷兰。18世纪以来,工业化国家特别是法、英等国逐步掌握了国际贸易的话语权。与此同时,人口规模、市场规模均不具有优势的荷兰高度依赖对外扩张和发展贸易,加之当时与英国战争失利的影响,荷兰共和国逐渐失去优势,其经济实力受挫。在此背景下,荷兰贸易及殖民体系逐渐走向没落。而法、英等资本国家则顺势而起,日益崛起的伦敦逐渐取代了阿姆斯特丹的地位。

二、英国的国际金融霸权(18世纪—19世纪中叶)

18世纪英国的经济得到飞速发展,英国政府已经不再完全依赖阿姆斯特丹进行融资,这一时期的国际金融中心以伦敦为核心,英国由最初的资本逆差国一下子成为资本输出国。英国政府在尚未设立英格兰银行前,其融资成本高达30%,在设立英格兰银行并

---

① 伊曼纽尔·沃勒斯坦. 现代世界体系[M]. 吕丹,等译. 北京:高等教育出版社,1998:38—39.

充分发挥其作用之后显著降低了融资成本。1752年,英国再次调整国债利率,其调整后的水平约为2.5%。同一时期,法国面临着5%的发行国债的利率。1795年,法国占领了荷兰共和国,英格兰银行成为全球唯一可发行信用货币的中央银行。与此同时,英国形成了相对成熟的资本市场、股份公司制度和银行体系。在此背景下,英国得以快速发展,特别是在对外贸易方面,其发展速度、规模已经远超过当时的法国、荷兰等国家。英国在金融、军事等各方面也远超于其他欧洲各国,主要有两方面原因:一方面是强大的融资实力,另外一方面是远低于其他国家的融资成本。

18世纪中叶,英国发生了工业革命。约翰·希克斯指出:正是随着金融革命的发展,才爆发了工业革命。他认为缺乏资本的支持就很难带动技术革命的发展,很难真正进入产业化发展阶段。[①]这一期间,英国积极扩张殖民地,这对进一步巩固英国霸权奠定了基础。英国借助东印度公司肆无忌惮地从各国争夺财富,为英国进行产业革命奠定了物质基础,在此基础上构建了其世界霸权殖民体系。1844年,《银行法案》中明确规定英格兰银行具有以足额黄金储备为基础发行银行债券的权力,这充分说明了该国正式形成了金本位货币制度。罗伯特·吉尔平指出:当时英国之所以能够操纵世界货币供应,有很大程度上取决于当时伦敦金融市场能够有效衔接各国货币金融系统,换言之即实质上进行了国际货币政策的管理。这一时期,国际金本位体系确定,英国金融霸权走向成熟。[②]

[①] 约翰·希克斯.经济史理论[M].厉以平,译.北京:商务印书馆,2007:128.
[②] 罗伯特·吉尔平.国际关系政治经济学[M].杨宇光,译.北京:经济科学出版社,1989:145.

英镑在金本位制下成就了货币霸权,并维持了英国的金融霸权地位,但同时隐藏了如黄金产量的增长始终无法满足商品流通的需要的问题,后来这一问题直接动摇金本位制的基础。第一次世界大战给英国经济社会各方面带来了沉重的打击。世界经济危机的爆发(1929—1933)更是加剧了英国实力的"退化",其霸权地位受到质疑,国际社会不再相信英镑。尽管英国也尝试通过各种努力恢复英镑和金本位的地位,但是当时美国国力大增,美元开始活跃在国际货币的舞台,并且建立了布雷顿森林体系,占据世界货币霸权地位,国际经济格局已经不可逆转,美国金融霸权已经成为不争的事实。

三、美国的国际金融霸权(20世纪中叶至今)

第一次世界大战(1914—1918年)破坏了当时已经日趋稳定的世界经济及国际货币体系,改变了工业化资本主义的力量对比。美、英两国在经历了第一次世界大战后形成了相互妥协、竞争、合作的复杂共生关系。伦敦证券交易所也在第一次世界大战后闭市,这一期间英国对外贸易发生了严重的逆差。此时,经济各方面遥遥领先的美国在还清了英国的债务之后,成为当时唯一的国际净债权国。

1929—1933年的经济危机全面爆发,华尔街股市崩盘,在此背景下企业、银行面临着倒闭、破产的厄运。居高不下的失业率使得整个金融市场人心惶惶,不断蔓延发展的危机对当时的欧洲经济造成了严重的伤害,资本主义再次陷入前所未有的困顿之中。就在所有国家都惊慌失措不知如何应对这场前所未有的危机之时,美国却形成了日渐成熟的经济金融体系,取代英国掌握了领导世界经济的权力,美元也顺理成章地成为国际储备货币。1931年,英国完全失去了国际金融霸权,金本位制度宣告解体。美国并未因此而受到较大影响,而是在较短的时间之内完成金融秩序整顿,先后出台了《联邦证券法》、《银行业紧急救助法》等系列法律制度,客观上说这对于美国获得国际金融霸权地位具有重要意义。

第二次世界大战后,整个欧洲经济一片狼藉,但是远离主战场的美国不仅没有受到任何不利影响,相反还极大强化了自身综合实力。这一期间,美国工业高速发展,逐渐拉开了与世界其他主要经济主体的差距,并掌握了黄金储备。相关数据显示,1945年美国国内生产总值占全世界GDP比例可达到53%,可以说,在当时的经济格局中处于绝对的主导地位;比较1937年,美国的工业总产值也翻了两倍以上,至少占据全球50%的产值;此外,钢铁产量、汽车产量分别占全球的61%、84%。总之,对于美国而言,第二次世界大战是美国的发展机遇,成就了美国的金融霸权地位。

美国于1944年正式打造了"双挂钩"制度,构建了布雷顿森林体系,正是基于此而得以成立霸权国际货币金融体系。但是频繁发生的美元危机,加之存在固有缺陷,所以很快布雷顿森林体系就失去了竞争优势。虽说早在1973年这一体系就已经彻底瓦解,但是不可否认的是直到今天国际货币金融体系中美元仍处于霸权地位。当前,美元仍在国际上发挥着储备货币、支付结算的职能,美国掌握着全球规模最大的黄金交易中心、外汇交易中心等金融市场,华尔街聚集着各大跨国金融机构,具体包括基金、保险、证券等。国际货币金融体系以美国实际控制为主导,形成了包括世界银行、国际货币基金组织、世界贸易组织三大国际性组织。这些组织通过其"顾问"、"专家"等在金融政策、外汇、贸易以及经济等方面干预发展中国家以及转型中国家的发展。[1]

回顾金融霸权的更迭历史，金融霸权是一国实力最强有力的体现，金融霸权主权国家无一不建立在强大的军事、政治和经济支撑的基础上，金融市场发展迅速，创新性高。以英国和美国为代表的金融霸权国家，其货币拥有无可撼动的话语权，成为充当支付结算的世界货币，在整个世界的金融体系中拥有举足轻重的地位。

第三节 金融霸权的历史更迭给予的启示

通过对金融霸权历史更迭的考察分析，得出五个方面重要启示。

一、强大的经济实力是成就金融霸权的基石

国家经济实力涉及各个领域，属于综合性的概念。自资本主义生产方式得以确立且发生工业革命以来，衡量一国经济实力越来越强调其投资、金融、贸易、工业等要素。国外学者基于该领域提出多个测量国家经济实力的维度，具体包括国际贸易竞争水平、金融市场健康程度、国内经济规模等。如果一国具有更大的经济规模，那么其必然也会有更大的资本投资、贸易体量。同时，此种规模效应有助于提高本币的运用，提高其国际市场的地位，且具有

---

[1] 门洪华.霸权之翼:美国国际制度战略[M].北京:北京大学出版社，2005:192.

引导他国居民部门、非居民部门投资、交易等的作用。此外,国际社会也会因为该国强大的经济实力和巨大的经济规模而更加认可其本币稳定性。假设其他国家认可货币发行国的经济实力,那么在交易、结算方面也会更加愿意使用该国货币。特别是在世界经济体量中该货币发行国的经济体量占据较高的比重时,就会进一步刺激其购买该国货币的需求,简而言之即该国货币会得到更为广泛的应用。

一国经济的稳定与否会直接影响其持有货币的能力。因此,金融霸权国家的经济发展必须具有可预测性、稳定性等特点。对于别国投资者而言,具有较大经济规模和较高经济效率的国家才有安全的投资环境。稳定的币值不仅能够降低持币人的风险,还能够减少国际交易中的成本,这对中心货币发行国的市场开放度、依存度等方面提出较高的要求。因为,一国的开放度越低,则意味着其不能参与国际交易,显然这违背了货币中心地位。但是如果一国对外高度依存,那么又无法保证其币值的稳定性及经济运行的可行性,如此一来就会影响其他国家对该国货币的信心,继而影响该国货币成为本位货币。

在其他国家居民部门、非居民部门持有越来越多的本国货币后,该国必然需要加大对外开放力度,从而进一步提高他国投资该国货币的信心。但是,这对于发行中心货币国家的金融管理体系的灵活性和实力提出较高要求。金融管理体系必须具备如下能力:首先,具备基于中心货币国的角度推行有利于自身利益的金融货币政策,简而言之即具有提高自身在国际市场上货币地位和权力的能力;其次是面对国际金融局势,具有较强的应对能力,只有这样才能提高他国对该国货币币种的信心,才能形成稳定性预期。

这些都是由一国的军事实力和经济实力决定的。

主要资本主义国家在经历了第二次世界大战之后,经济大多严重挫败。当然这不包括美国,应该说美国是当时为数不多不受战争影响,反而得到更好发展的国家。这一时期美国保持着稳定的经济发展态势,其生产能力要远优于世界上其他国家,其国内生产总值占全球GDP比重大,且注重科学技术的研究与发展,产业发展合理,各国高度信赖于美国提供的商品、服务,经济规模体量大,经济发展质量高。基于此,第二次世界大战之后,美国凭借安稳的国内环境和强大的经济实力有能力援助其国家,继而又控制其他国家的政治利益。虽说第二次世界大战后英国并不愿意接受这样的事实,反对以美国为中心建立国际货币金融体系,但是当时的英国已经没有抗衡、制约美国的实力,换言之即美国正是依托自身强大的经济实力,而拥有绝对话语权。总之,任何一个金融霸权力量形成的前提条件是该国具有稳定的政治社会环境以及强大的军事力量。雄厚的经济实力以及庞大的经济规模是国家得以形成巨大的资金循环系统的关键之所在,是全面提高金融资源吞吐量、带动影响其他经济主体发展的根本之所在。如果缺乏这些条件那么也就不可能形成金融霸权。

二、主权货币的强势地位是金融霸权得以维系的基础

一国货币的国际影响力是衡量其国际金融力量的关键要素。本质上说,一国的金融地位主要取决于一国货币地位。毋庸置疑,所有国际货币地位的奠定都并非偶然的,而是有着极其深刻的背景。从某种层面上说,国际货币体系的发展史,更像是各国经济金

第七章 国际金融霸权形成与更迭的历史考察及其启示

融的较量,对于各国而言这就是维护、发展自身利益的关键之所在,是各国争夺国际金融地位的斗争史。深刻研究国际货币体系的发展,重点研究其中更迭演变规律,有利于我国正确把握国际金融形势格局,合理制定具有战略性指导意义的国际金融发展政策。

全球化进程显著提升了世界各国的经济融合度,在此基础上需要充分发挥"世界货币"的媒介作用,为国际市场进行收支计价、贸易结算奠定基础。各国针对该问题明确原则,积极商议并达成共识,签订协议、机制,构建了国际货币体系。具体而言,国际金融格局包括国际货币、国际金融机构和国际金融市场三个部分,国际货币问题是国际金融格局中的核心问题。在国际金融市场以及机构的发展中始终存在国际货币,通过组建国际金融格局使之形成一个复杂的、庞大的、有机的系统。任何主权货币实现金融霸权的前提条件是实现国际化。

纵览历史,曾经拥有金融霸权地位的国家都有一个共同的特点,即将本国货币打造成为国际本位货币,如英国和美国分别将英镑、美元打造成世界货币并得到国际社会的一致认可,同时其对外金融战略目标均以契合本国利益,构建国际货币金融秩序为基本切入点。换言之,即对于一国而言,掌握了国际货币的制高点就相当于获得优先配置国际金融资源、制定国际金融规则的资格。一国只有具备稳定国际市场的能力才能成为中心货币发行国,简而言之,即必须能够有效地将国内经济发展与震荡的国际经济隔绝开来,能够保持国内经济发展的稳定性。此外,国际市场要求其货币必须具有高流通性,而这就对其经济实力提出很高要求,只有这样他国货币当局在结算清偿时才会信任该货币。

此外,国际货币关系是基于国际实体经济的发展而形成的,国际货币体系体现了世界经济的发展特点,充分体现了国际各方的经济较量情况。在全球经济金融发展史上,形成了国际金本位的货币体系,在当时适应于各国普遍应用的经济制度。实物黄金直接与本国货币挂钩,实现自由兑换。金本位的货币制度基于市场机制得以不断延伸至世界各个范围之中,并构建了金本位制国际货币体系。虽说其运行与解体均是市场自发运行的结果,但是不可否认的是,其体系内也存在诸多矛盾与缺陷,这也是导致英国没有保持金融霸权国家的原因。一方面是货币体系本身的不稳定性,另外一方面是资本主义世界发展的不平衡性,使得第一次世界大战后英国国际货币体系逐渐走向衰落,并最终解体。正如上文所述国际金本位货币体系自第一次世界大战结束后就逐渐失去了竞争优势,由如下两种制度的国际金汇兑本位货币体系(虚金本位)取而代之;其一是金块本位制;其二是金汇兑本位制。黄金铸币成为金币本位制下的法定本位币,银行券与黄金可实现自由兑换,黄金可被铸造成为金币或金块;虽说银行券在金块本位制下可兑换黄金,但是其中存在诸多限制,不可实现自由兑换;虽说金汇兑货币制中其本位货币仍为黄金,然而仅允许纸币进行流通。另外,在各国黄金及其黄金挂钩中,其仍为储备货币,纸币不可直接被兑换成黄金,而是必须经过兑换成黄金挂钩的货币后才可进行兑换。由于未能全面解决国际金本位货币体系存在的诸多问题,所以该货币体系存续不满十年就逐渐走向解体。

两次世界大战后,整个世界的政治、经济格局等各个方面均发生了翻天覆地的变化。这一期间德、英、法等国家逐渐失去以往的优势,不再具有昔日实力。美国趁机迎头赶上,全面提升本国实力,并逐渐掌握了国际金融格局的主导权;基于本国利益构建了新国际金融秩序,并顺势推出了布雷顿森林体系。这一体系从本质上表现出如下特点:美元联系黄金,他国货币间接与美元挂钩。但是布雷顿森林体系并未维持很长时间,随着日本等国家不断提升自我贸易顺差和货币地位,美元的国际地位逐步降低,布雷顿森林体系逐渐走向瓦解。1971年,美国正式宣布彻底关闭黄金兑换窗口。此后,整个国际货币金融体系直接进入了"后布雷顿森林体系",但是不可否认的是,无论从哪一方面来说国际货币体系均深刻地反映了世界经济金融格局的变革。

三、金融市场发达程度与金融霸权兴衰变化密切关联

通过分析整个国际金融格局的发展及货币体系的演变,不难发现:金融霸权国家还必须形成完善的、发达的金融体系,同时不断进行金融创新以保持自身在国际经济金融活动中的主导地位。一国在实现金融霸权的过程中,金融创新和金融市场始终发挥着十分重要的作用。从某种层面分析,金融霸权形成的前提条件是创新金融工具、金融体制、金融组织、金融服务及金融产品以及形成良好的金融市场等。

荷兰是一个国土小,人口少的国家,但是却成为世界上为数不多的强国。其在海外投资发展、对外贸易以及世界战争等各方面出色的表现,促使其有机会成为国际经济金融领域的霸权国。究其原因,人口、国土均不具有优势的荷兰正是因为敢于创新金融产品、金融机构以及金融制度才获得良好的发展机会。从历史发展的角度分析,荷兰的贡献主要体现在如下层面:首创"股份公司制",开创了世界经济制度的先河,建立的阿姆斯特丹银行和阿姆

斯特丹证券交易所分别是全球首个中央银行和资本市场。此外，荷兰还非常重视创新金融交易技术，其中阿姆斯特丹交易所创造了系列技术，这其中就包括期权、期货、对敲、买空、卖空，等等，极大地活跃了交易市场。

17世纪，英法战争爆发，政府不断扩大融资规模，这一期间英国的皇家交易所、股票市场等均得到较好的发展，金融有效地支撑了此次战争。18世纪中期，阿姆斯特丹曾经的优势被伦敦所取代，伦敦成为整个欧洲市场的中心。之后的英国更是积极创新、改革金融，不断提升自我融资能力，构建了稳健的公共金融体系，全面提升该国政府信用。客观上说这些均符合财政支出的需要，为英国发展金融市场、争夺世界霸权国地位奠定了基础。之后，1781—1790年间，北美银行、费城证券交易所相继成立（分别为北美首家银行、证券交易所）。1792年，20多家经纪公司共同签署了《梧桐树协议》，该协议中形成了统一的交易规则，为后来成立纽约证券交易所奠定了基础。1800年美国初步形成了金融体系，该体系得以正常运行、信用良好地规范运作。这一期间，纽约、费城等地的股票交易市场十分活跃。

通过分析各个金融霸权的发展历程，不难发现：在其崛起的过程中不断进行金融创新无不创造性地推进了全球经济、金融的发展。上述霸权国基于市场需求研究创新金融工具，构建了更具活力、效率的国内市场。与此同时，借助国际资本流动、国际贸易，进一步扩大并传导其影响。荷兰、英国的发展历史可充分说明一个问题：虽说在形成经济体系方面人口规模、国土面积占据很大的优势，但深化市场发展、提高运行效率对整个国际经济的运行产生了更为深刻的影响。毋庸置疑，任何国家都不可能随便成为金融霸权,其形成必须依托强大的金融市场体系。以美国金融霸权为例进行简单分析,具体可通过主权国家、金融机构两个层面充分体现其金融霸权的地位。从金融机构的层面分析,该国的金融市场体系发展势头良好,其具备整合资源、创新金融以及调配资金等各方面的实力优势,特别是在整个国际金融市场中处于较高的地位,具有金融垄断性;在主权层面,美国具有绝对的控制国际货币金融秩序的权利。

通过全面分析美、英两国金融霸权的发展过程可得出如下结论:构建现代化的中央银行体系是构建金融霸权的首要原则,合理制定、执行货币政策,全面稳定金融;在此基础上通过各类金融机构,如商业银行、保险、证券、评级等金融机构,构成一个功能齐全、严密性的金融机构网络体系;与此同时,构建由外汇市场、资本市场以及货币市场、大宗商品交易市场等组成的稳健的金融市场体系,最终形成相对完善、日臻成熟的金融系统,客观上说这些对于国家的经济运行及实现金融霸权均具有重要意义。

四、国际金融制度安排是金融霸权运行的保障

美国确立金融霸权的过程可充分说明:单边主义是国际货币金融领域制定"游戏规则"的主要依据。在多极化世界经济以及全球化经济的背景下,全球经济金融形成了日愈紧密的联系,在此背景下只有创新制度、多边合作、联合行动才能彻底解决国际金融问题。而其中最为重要的是确定规范化、制度化的"游戏规则"。对比分析美元与英镑这两个曾经获得货币霸权地位的货币可得出如下启示:英镑霸权下自发形成了较为松散的国际货币体系;而美元

霸权则是通过人为确立制度安排而实现的。相较而言,此种制度下的货币霸权更持久,运行成本更加低。从某种层面上说,虽然战后美国经济高速发展客观提高了美元在国际货币市场的地位,但是显然这一过程中美国的制度安排也是非常重要的,否则美元很难如此快速成为金融霸权并持续下去的。

英国在工业革命后逐渐成为世界经济霸主,同时在广泛推行自由贸易政策的背景下,英国的货币制度得到了多国的认可,能够较为便利地进行贸易结算。但是在形成国际金本位制的过程中,仅以自发遵守的规则为依据,未形成专业的、统一的组织监管。第一次世界大战后此种平衡被打破了,特别是不平衡的黄金储备分配以及逐渐下降的英国实力,进一步加大了重建金本位制的压力。第二次世界大战期间,英国处于主战场,严重削弱了其自身实力,显然在此背景下已经无力保持英镑霸权地位了。美国正是在此背景下提出了"怀特计划",即重建国际货币体系。该计划的起始点即维护美国利益,提议设立国际货币稳定基金,各国结合黄金储备、国际收入等要素缴纳基金,其缴纳基金的形式主要包括本国货币、黄金、政府债券等等,结合缴纳的基金份额获得相应的表决权、分配投票的权力。这充分说明了美国通过控制国际货币基金组织,凭借战后最大债权国的利益控制着金融领域、国际货币。显然英国并不甘心于美国这样的设想,因此"怀特计划"最终没有付诸行动,为此双方经协商制定了国际货币基金组织和关贸总协定,为此美国从制度层面为美元成为中心地位奠定了良好的基础。

首先是建立国际货币基金组织。该组织以资金支持成员国,同时制定议事、协调、行为准则,其具有有效管理国际货币金融秩序的作用。其次,由于在国际货币基金组织的整个创建过程中美国充分发挥了领导作用,加之其强大的实力,所以在制定并实施国际货币基金组织规则方面存在较为严重的美国色彩。因此,只有不断跟踪监控国际资本、汇率波动的资金流动,才能够稳定推进双挂钩机制运行。另外,美国在其中占据了较高的表决权,其表决权约可达16.77%,结合生效决议必须通过85%的规定,美国具有绝对控制国际货币基金组织的权力。美国可基于国际货币基金组织要求其他国家解除外汇限制,这样一来进一步提高了美元的主导地位。

事实上,美国除了利用国际货币基金组织保障其美元霸权的地位之外,还积极从其他领域入手,比如,签署并实施了关贸总协定。强大的工业能力也使美国在开展相关工作方面加分不少,特别是该项协定中包含发展外贸、取消贸易壁垒、降低关税等政策主张,均有助于美国进一步抢占全球市场。此外,当时全球仅有美元一种可自由兑换的货币,所以进一步扩大国际贸易量一定程度上强化了各国对美元的需求及其信心。综上分析,正是基于关贸总协定以及布雷顿森林体系,美国得以从各个方面(如制度、经济)保障美元霸权地位。

五、金融霸权国家的更迭变化存在周期性规律

纵览国际金融霸权演变史,整个世界体系中霸权国家是不断更迭的,由上文可知,强大的军事实力、经济实力则是成为金融霸权的基础条件,客观上说一国获得金融霸权后也有助于进一步延伸并提高该国军事、经济的地位,巩固霸权地位。但世界体系结构本身处于不断变化中,霸权国家也在不断轮换。过去几百年里,各

国一直在进行着综合国力的竞争,金融领域则是其中关键。更为确切地说,每个周期都是特定国家在其强大的综合国力的基础上,首先采取物质资本的扩张,然后逐渐发展和完善本国资本或金融市场,进行金融资本的扩张。如荷兰阿姆斯特丹银行在国际金融中心的地位、英国的金本位制和美国的布雷顿森林体系,都是资本扩张向金融扩张的实例。因此,所有霸权国家的兴与衰都由商业贸易、工农业领域以及金融等领域的优劣与否决定。如果一国同时具备上述优势,那么其获得霸权地位的机会就更大,且该地位可以保持很长一段时间。因此,从某种层面说霸权国家的兴衰更替更决定着国际金融力量的发展,同时这也是影响霸权国家兴衰更替的主要因素。

分析近500多年来世界金融的发展史,一定时期内主权国家因为自身经济金融资源的优势而获得国际竞争的优势,所以在国际货币金融体系中充分发挥作用。一个时期的国际金融格局则主要由各国的金融力量、实际经济力量对比格局及各国的金融关系所构成。另外,从国际货币金融体系的层面来分析,其呈现出显著的历史性周期霸权更迭,且其总体上均可细分为四个阶段,即上升、胜利、成熟、衰退。金融霸权国家由盛转衰既有自身国家发展因素,又有来自国际及其他国家的影响作用,金融霸权国家经历上升、胜利、成熟、衰退四个阶段,这四个阶段在不同国家可以交叉重叠,这是历史发展进程的必然,其中衰落不仅成为调整国际格局的重要契机,还是一个新的周期蓄势待发的机遇,一国霸权起落很大程度取决于其经济金融力量,其军事力量则是其中最为重要的维护优势的手段。世界上荷兰、英国、美国三个霸权国家无不经历了上述历史周期,如在英镑霸权下,英国位于世界各国等级的最高级,是全球经济的操纵者,英国经济社会发展达到鼎盛,在全球范围内从拉美地区到非洲大陆,无一不留有英帝国殖民者的脚印。英镑作为世界货币随着英国的没落走下神坛,以美元为主的国际货币体系开始崛起,同时是英国金融霸权的衰退时期和美国金融霸权的上升时期。

此外,金融霸权更替需要历史赋予的重大机遇。如英国最早开始工业革命,这很大程度决定了其可取代荷兰成为国际金融霸权。英国经工业革命后,经济各方面均发生了翻天覆地的变化,激发出前所未有的经济活力。这一期间的技术革命、发明创造同时改变了英国产业结构,大规模机器生产取代了传统的手工业生产,大幅度提高了英国工业生产能力,这些客观上对英国日后争夺国际霸权具有重要的促进意义。同样,美国能够打破英国货币霸权地位成为新的金融霸权也是基于各种历史机遇才能实现的,特别是与两次世界大战有很大的关系。两次世界大战极大地改变了国际政治经济格局。第一次世界大战后国际社会发生了翻天覆地的变化,极大地冲击着国际金融格局,国际社会开始质疑英镑。第二次世界大战后,整个欧洲经济一片狼藉,但是远离主战场的美国不仅没有受到任何不利影响,相反进一步强化了自身综合实力。这一期间美国工业高速发展,逐渐加大了与世界其他主要经济主体的差距,并掌握了黄金储备。相关数据显示,1945年美国在全球经济格局中处于主导地位。总之,对于美国而言,第二次世界大战就是发展的机遇,成就了美国新的金融霸权地位。

综上所述,一国能成为金融霸权国家包括多方面的因素,如需要强大的经济实力,具有霸权地位的货币,拥有制定国际货币体系规则的能力,以及经济自由化和不断创新的金融市场,等等。尽管霸权体系本身具有诸多不公平、不公正的特征，但在一定程度上促进了全球经济社会的发展。目前，以美国为核心的国际经济金融体系将在相当长的时期内存续。而对于我国来说，目的并不是要成为国际金融霸权国家，而是在一些具体事务上提升中国在全球金融领域的话语权，不断完善国内金融市场，以期充分发挥金融支撑经济社会发展的功能。具体来说，一方面，我国可以进一步推进跨境支付、结算及储备货币等，扩大人民币境外流通，如推进以人民币计价的金融市场的规模不断扩大、推进国际贸易中以人民币结算的交易比重的不断增加，不断创新以人民币计算的金融产品等；另一方面，加强区域合作，不断丰富"资金融通"和"政策沟通"等内涵，打好亚洲基础设施投资银行这张牌，增加相关国家国际直接投资，最终提高我国在国际金融体系的话语权。

第五部分

实证分析

第八章 经济金融化对中国经济增长影响的实证分析

本章主要是从总体经济层面,在总量分析和结构定性分析的基础上,采用时间序列模型,实证分析经济金融化对中国经济增长的影响,并根据研究结论提出相应的对策和建议。

第一节 经济金融化与经济增长研究述评

国外学者对于国别层面的经济金融化研究开始得较早,尤其是针对发达国家的分析积累了丰富学术成果。比如,众多经济学家从不同角度衡量了美国经济金融化以及与实体经济的关系问题。一是直接研究金融化对国家经济增长和实体产业的影响。如以戈德史密斯、麦金农、福斯特、奥汗格兹、帕利等为代表以美国为研究对象,分析金融化衡量指标和对经济增长、实体经济的贡献程度,得出20世纪中后期和21世纪初美国金融部门对GDP的贡献率逐渐上升,制造业同期趋势相反,金融资产的增速远超实体经济,同时,非金融企业的金融活动对实体投资产生挤出效应。[①] 爱

---

① 分别参见:Goldsmith, R. Financial Structure and Development [M]. New Haven: Yale University Press, 1969:17 – 33; Mckinnon, R.I. Money and Capital in Economic Development[M].Washington D.C.:Brookings Institution, 1973:8 – 21; Foster, J.

泼斯坦以 OECD 国家为研究对象,发现多数 OECD 国家 20 世纪 80、90 年代的国民收入中金融资产收益高于 20 世纪 70 年代,且 OECD 国家食利阶层收入占总 GDP 的比重持续增加。[①] 德米尔以发展中国家实体企业金融化为研究对象,指出国家经济脆弱性、不确定性、波动性的加剧,导致实体经济部门的金融化程度加深,而过度金融化事实上并不利于经济增长。二是研究金融化对经济增长的影响机制和作用机理。[②] 比如,克瑞普纳在对美国 20 世纪 70 年代以来的经济数据进行分析的基础上,指出国家主权受到经济全球化的深刻影响,并提出"以积累为中心"的研究视角,即关注产业、公司利润来源与分配,主张替代"以活动为中心"的研究视角,即替换以往关注行业就业人员比重、行业所占比重等指标来分析经济结构。[③] 米尔伯格通过研究美国跨国公司金融化,发现跨国公司通过在全世界范围内控制全球产业链,能使资金积累速度大于生产投资速度。这导致利润更多地投向金融领域,企业会购买更多的各种金融工具、金融衍生品,产生企业金融化现象。[④] 此外,一

B. The Financialization of Capitalism [J]. Monthly Review, 2007, 58(11):1-12; Orhangazi, O. Financialization and Capital Accumulation in the Non-financial Corporate Sector[J].Cambridge Journal of Economics, 2008, 32(6):32-34; Palley, T. I. Financialization:What It Is and Why It Matters[J]. Levy Economics Institute Working Papers, 2007;托马斯·I.帕利.金融化:涵义和影响[J].房广顺,等译.国外理论动态,2010 (8):8—20.

① Epstein, G. The Financialization and the World Economy [M]. Cheltenham: Edward Elgar Publishing, 2005:11-74.

② Demir, F. The Rise of Rentier Capitalism and the Financialization of Real Sectors in Developing Countries [J].Review of Radical Political Economics, 2007(39):36-37.

③ Krippner, G.The Financialization of the American Economy [J].Socio-Economic Review, 2005, 3(2):173-208.

④ Milberg, W. Shifting Sources and Uses of Profits:Sustaining US Financialization with Global Value Chains [J].Economy and Society, 2008(3):37-45.

些经济学家如海因从各国金融化影响效应角度出发,发现金融主导下的资本主义宏观经济在投资、消费、收入分配方面都发生了巨大变化。①

国内学者关于我国经济金融化及其与实体经济关系问题的研究,从20世纪90年代开始日益增多,主要集中在三个方面。一是从金融化的基础和先导——货币化角度出发研究金融化问题。一些学者研究发现,我国货币化水平不断提高,而金融化是货币化纵深发展的必然结果。② 二是关于经济金融化对经济增长的效应研究。众多学者构建经济金融化与金融发展的衡量指标,测度与评价其与经济增长的互动关系。③ 还有学者从结构层面实证研究我国经济金融化的成因与效应,研究指出我国金融部门尽管在总量规模与地位上不断提升,但金融服务实体经济的能力却很低,且我国存在非金融企业利润积累的金融化问题,并提出应以均衡金融杠杆率作为评判经济金融化对经济发展是否有利弊的依据。④ 易

---

① Hein, E. The Macroeconomics of Finance-Dominated Capitalism and Its Crisis [M]. Cheltenham: Edward Elgar Publishing, 2012:31-40.

② 分别参见:王广谦.经济发展中的金融化趋势[J].经济研究,1996(9):32—37;张杰.中国金融制度的结构与变迁[M].太原:山西经济出版社,1998:7—34;易纲.中国的货币化进程[M].北京:商务印书馆,2003:16—49;李健.中国金融发展中的结构问题[M].北京:中国人民大学出版社,2004:31—72.

③ 分别参见:谈儒勇.中国金融发展和经济增长关系的实证研究[J].经济研究,1999(10):53—61;韩廷春.金融发展与经济增长的内生机制[J].产业经济评论,2002(1):163—173;王毅.用金融存量指标对中国金融深化进程的衡量[J].金融研究,2002(1):82—92;沈坤荣.金融发展与中国经济增长——基于跨地区动态数据的实证研究[J].管理世界,2004(7):15—21;白钦先,张志文.金融发展与经济增长:中国的经验研究[J].南方经济,2008(9):17—32.

④ 分别参见:张成思,张步昙.再论金融与实体经济:经济金融化视角[J].经济学动态,2015(6):56—66;张慕濒,诸葛恒中.全球化背景下中国经济的金融化:涵义与实证检验[J].世界经济与政治论坛,2013(1):122—138.

纲、宋旺从金融部门、非金融企业部门、居民部门等维度分析我国金融资产结构状况,并重新测度解释金融结构改善是否适应实体经济发展需要。① 赵峰基于1999年以来我国经济数据,侧重居民部门金融化程度和原因进行了分析,发现我国居民部门金融化趋势并不明显,但金融部门和非金融企业部门融资结构中债务规模相当于GDP的比值持续上升,金融化程度不断上升。同时,通过与美国进行对比分析,发现金融危机之前我国金融化程度相对低,而金融危机后我国金融化提速,且金融化不断累积所带来的风险日益凸显,反而不利于经济稳定发展。②

综合国内外文献来看,国外针对经济金融化以及与实体经济的关系研究,主要集中在美国。20世纪70年代为一个明显的分水岭,之前货币经济为世界经济的主导态势,而之后发达国家金融自由化演进加速,金融脱媒下的金融衍生工具创新层出不穷,金融结构也率先发生了重大转变,这直接导致了以美国为代表的发达国家金融化向复杂信用经济转型,在提升经济增长贡献效率的同时,也伴随着对实体经济影响的加深,更容易积累并爆发链条断裂的一轮又一轮债务危机。反观国内的相关研究,由于20世纪90年代初社会主义市场经济体制的确立,以及随之加快的金融体制改革,经济金融化或者说金融业的发展对我国经济发展的影响与作用受到学界关注,研究成果也不断丰富。从20世纪90年代到

---

① 易纲,宋旺.中国金融资产结构演进:1991—2007[J].经济研究,2008(8):4—15.

② 赵峰,田佳禾.当前中国经济金融化的水平和趋势——一个结构的和比较的分析[J].政治经济学评论,2015(3):120—142.

2008年全球金融危机,大量研究都认同我国经济金融化的总量扩张对经济增长具有正向的促进效用,而危机后我国金融化程度仍然迅猛膨胀,但结构层面已经表现出不合理的失衡态势,因此金融化结构失衡造成的重大金融风险集聚成为关乎国民经济健康稳定发展的关键问题,学界也更加关注金融业的结构与风险状况,拓展了经济金融化的研究视域。

第二节 中国经济金融化的演变分析

一、中国经济金融化演进趋势的总量分析

近年来,随着我国经济体制改革的不断深化和对外开放程度的持续加深,金融部门在我国国民经济体系中的地位不断提高,金融业发展成为国民经济支柱产业的趋势愈加明显。本章在借鉴前人文献的基础上,从金融业产值、金融行业就业人员、金融行业工资水平等总量视角出发,研究中国经济金融化演进趋势,具体发现如下:金融业增加值占GDP的比重稳步提高、金融行业就业人员占总就业人员的比重持续上升、金融业平均工资水平远高于总体平均工资水平等。

（一）金融业在国民经济中的地位提高

金融是现代经济的核心,其对经济发展有着举足轻重的地位。近年来,我国金融行业日益发展,金融结构日益丰富,金融部门相

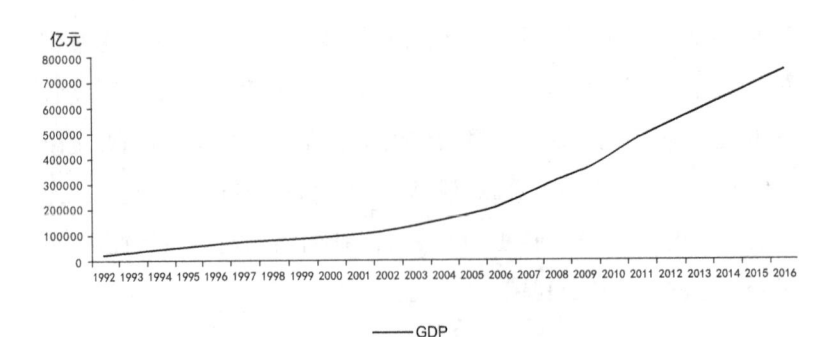

图 8—1 中国历年 GDP 变动情况

注：根据国家统计局相关数据计算整理而得。

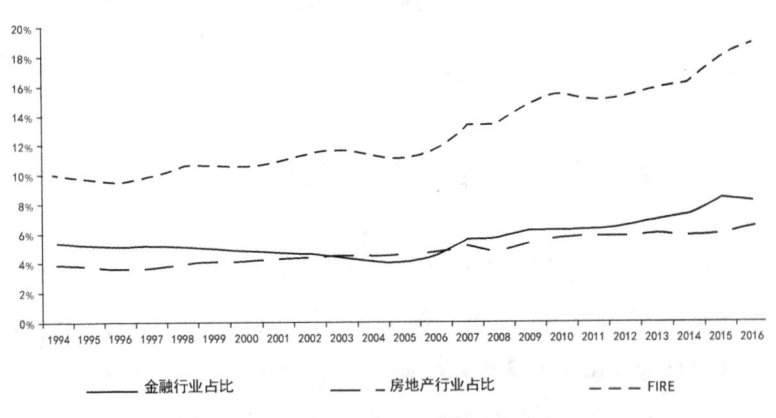

图 8—2 我国 GDP 各行业相对份额

注：根据历年《中国统计年鉴》相关数据计算整理而得，图 8—3 同。

对于实体经济部门的重要性逐渐提升，金融行业产值占 GDP 的比重持续上升。由图 8—2 可知，金融行业占 GDP 的比重大致呈上升趋势，从 1994 年的 5.26% 上升到 2016 年的 8.20%，超过英、美等发达国家的水平。同一时期，我国 FIRE（FIRE 是金融、保险、房地产业总称）占 GDP 的比重从 9.18% 上升到 17.92%，反映出金融行业的主导地位越来越明显。国家统计局官方指标口径，以及 FIRE 广义口径所呈现的变化趋势,均发现金融部门地位的持续提升,且这一现象在2008年金融危机之后更加明显,三项指标均呈现稳步上升态势。

(二)金融部门就业人员比重提升

随着金融行业的不断发展,中国金融业混业经营趋势明显,金融机构数量增加,金融行业从业人员数量不断增加。由图8—3可知,2003—2016年,金融业从业人员、房地产行业从业人员及FIRE行业从业人员占总就业人员比重均呈上升趋势。其中,金融业就业人员所占比重由2003年0.48%增加至2016年0.86%,同一时期,FIRE就业人员所占比重由0.64%增加至1.41%,金融部门不断扩大吸收着大量的就业人员。

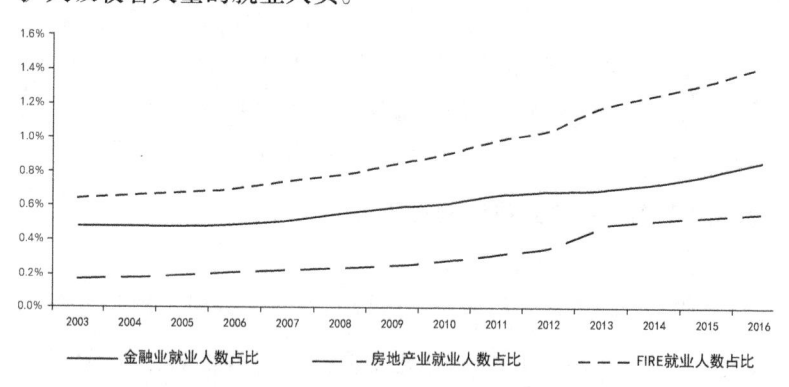

图8—3 金融行业就业相对份额

(三)收入分配不平等加剧

根据国家统计局公布的数据,近年来,金融行业的平均薪资一直排在前列,远高于国民经济总体就业人员薪资水平。由图8—4可看出金融行业就业人员平均薪资与国民经济总体就业人员薪资水平的比率变化情况。2003—2015年,不论是国家统计局官方统计数据计算结果,还是按 FIRE 广义口径计算结果,均表现出金融部门的平均薪资水平要高于国民经济部门平均薪资水平,这一差异在 2011 年最为明显,金融业、FIRE 平均薪资水平分别是国民经济部门平均薪资水平的 1.94 倍和 1.48 倍。

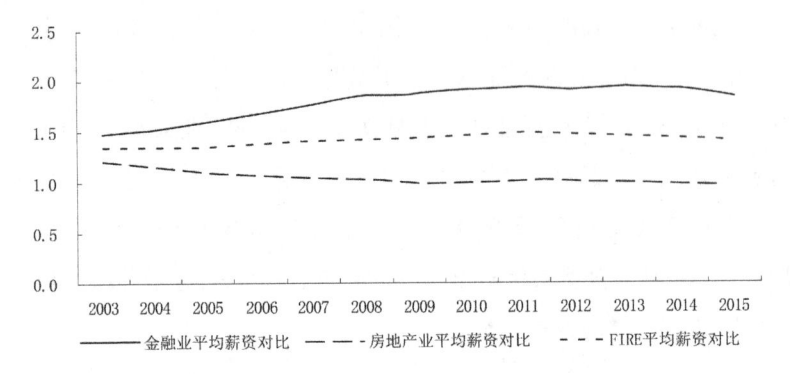

图 8—4　金融行业就业人员平均工资对比

注:根据中经网统计数据库相关数据计算整理而得,图 8—5 同。

二、中国经济金融化演进趋势的结构分析

本节从金融资产结构与融资结构两方面来分析中国经济金融化结构演进趋势。其中,金融结构主要涉及货币化率、证券化率以及货币类与非货币类金融资产结构三方面。分析的度量指标借鉴前文戈德史密斯、麦金农、王广谦等有关研究的金融资产结构指标,研究发现我国金融结构呈现高货币化率与相对低的证券化率并行,金融相关率持续升高,货币类与非货币类金融资产结构失衡。融资结构主要涉及实体经济部门社会融资规模的债权融资与股权融资的构成。

（一）金融资产结构分析

1. 货币化率

金融资产是一种无形的权利，可以用来索取实物资产，可在金融市场交易。货币作为重要的金融资产，一直是进行商品与服务交换的重要手段。货币化率指标一般用 M2/GDP 表示，具体是指在一定经济范围内通过货币进行商品和服务交易的价值相当于 GDP 的比例，反映社会的货币化程度。由图 8—5 可知，1992—2016 年我国货币化率总体呈上升趋势，且在 2015 年高达 2.10。没有出现西方发达国家 20 世纪 40—50 年代普遍经历的货币化率达到最高值 0.9（折点）后再下降整体呈现"倒 U 形"的现象。

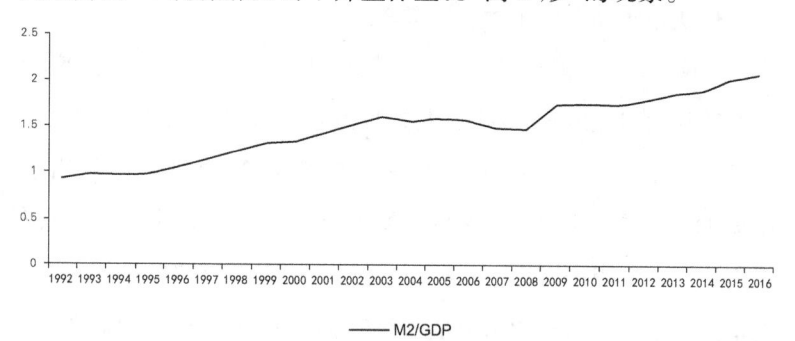

图 8—5　货币化率变动

2. 证券化率

近年来，以股票和债券为代表的证券越来越受欢迎。证券化率等于证券类资产市值与 GDP 比值，其中，证券类资产等于股票流通市值与各类债券余额总和。由图 8—6 可知，1993—2016 年，我国证券化率总体稳步上升，由 1993 年的 0.09 上升至 2016 年的 1.38，尽管在 2003—2014 年有小幅度波动，但从 2014 年开始我国证券化资产市值总额大于当年的 GDP 值,表明证券市场在国民经济的地位越来越高,呈现了非货币类金融资产的扩张趋势。

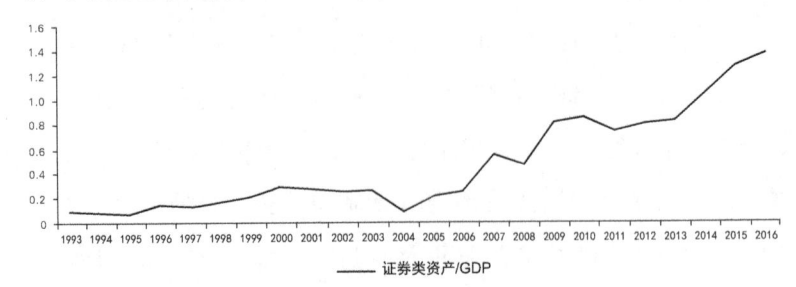

图 8—6 证券化率变动

注:股票流通市值数据来自中经网统计数据库,债券余额根据中国债券信息网、历年《中国金融年鉴》整理而得。

3. 货币类与非货币类金融资产结构失衡

当前,众多学者采用戈德史密斯构建的金融相关率来测度金融发展程度与金融资产状况,其计算方式为金融资产/GDP。由表8—1可知:(1)总体来说,1993—2016年,我国金融资产相当于GDP 的比值持续上升,由 1993 年的 1.07 上升到 2016 年的 3.47,反映出我国金融资产规模不断扩大。(2)从金融资产内部结构来看,货币类金融资产与非货币类金融资产(主要指证券类金融资产)占金融资产比重的变化趋势有所不同,其中,同期货币类金融资产占金融资产的比重从 91.6% 下降至 60.1%,非货币类金融资产占金融资产的比重由 8.4% 上升至 39.9%。由此看出,尽管宏观层面上,我国金融部门总量规模不断扩张,但金融部门内部资产结构发生变化,随着证券市场不断发展完善,提供了多样化的金融工具,使交易更为便利,直接推动了资本社会化,这表明金融渗透向纵深发展。(3)从货币 M2 与证券类资产相当于 GDP 的比值来看,两者整体呈现持续上升趋势,其中,M2与证券类资产相当于GDP的比值分别从1993年的97.8%、9.0%上升至2016年的208.3%、138.5%,反映当前货币类金融资产在我国仍然占据着绝对主导,特别是近年来货币超发严重,金融资产结构存在很大程度的失衡。

表8—1 我国金融资产结构及变动状况(%)

年份	M2/金融资产	M2/GDP	证券类资产/金融资产	证券类资产/GDP	金融资产/金融资产	金融资产/GDP
1993	91.6	97.8	8.4	9.0	100.0	106.8
1994	92.3	96.5	7.7	8.1	100.0	104.6
1995	92.6	99.0	7.4	8.0	100.0	107.0
1996	88.2	106.0	11.8	14.2	100.0	120.1
1997	89.0	114.2	11.0	14.1	100.0	128.2
1998	88.0	122.7	12.0	16.7	100.0	139.3
1999	86.0	132.4	14.0	21.6	100.0	154.0
2000	81.8	134.0	18.2	29.9	100.0	164.1
2001	84.0	142.8	16.0	27.1	100.0	169.9
2002	85.3	152.0	14.7	26.1	100.0	178.1
2003	86.1	161.0	13.9	26.0	100.0	187.0
2004	94.7	157.0	5.3	8.8	100.0	165.8
2005	88.3	159.5	11.7	21.0	100.0	180.5
2006	86.0	157.5	14.0	25.7	100.0	183.2
2007	72.9	149.3	27.1	55.5	100.0	204.8
2008	75.9	148.7	24.1	47.1	100.0	195.9
2009	68.1	174.8	31.9	81.7	100.0	256.5
2010	67.0	175.7	33.0	86.6	100.0	262.4
2011	70.0	174.0	30.0	74.6	100.0	248.6
2012	69.2	180.3	30.8	80.2	100.0	260.5
2013	68.9	185.9	31.1	83.8	100.0	269.7
2014	64.8	190.7	35.2	103.8	100.0	294.6

续表

| 2015 | 61.2 | 202.1 | 38.8 | 128.0 | 100.0 | 330.0 |
| 2016 | 60.1 | 208.3 | 39.9 | 138.5 | 100.0 | 346.8 |

数据来源：根据历年《中国金融年鉴》《中国证券期货统计年鉴》计算而得。

（二）融资结构分析

1.债权融资

债权融资是指实体经济部门通过举债的方式进行融资的方式，融资双方是债权债务的关系，资金提供者作为债权人享有到期收回本金、获得利息收入的权利，资金需求方作为债务人肩负到期偿还本金和支付利息的义务。实体经济部门进行债权融资的渠道包括向金融机构获取信贷、向公众发行公司债券以及通过影子银行体系向非金融部门投放的信用规模等，金融活动的中介主要是商业银行。由图8—7可知，2002—2016年，在社会融资规模中，我国实体经济部门（非金融企业和居民）通过债权融资方式获得金融体系资金支持整体上呈上升趋势[①]，由信贷融资、债券融资、影子银行融资加总得到的债权融资规模呈小幅波动上升趋势，且具有阶段性特征。2008年全球金融危机前，实体经济部门债权融资规模平缓增长，2008年达6.50万亿元。金融危机之后，"四万亿计划"的实施，实体经济部门债权融资规模迅速飙升，到2009年约13.33万亿元，是2008年的2.05倍，之后，实体经济部门债权融资规模基本处于高位运行状态，在2013年达到峰值。2014年、2015年连续

[①] 社会融资规模中历年债权融资增量统计口径包括三类主体：一是实体经济部门通过传统贷款渠道获得的资金支持；二是实体经济部门利用债务类金融工具直接从金融市场募集的资金，如公司债、企业债、短期融资券、中期票据等；三是实体经济部门通过银行部门以外信用中介活动获得的资金，也被称为类影子银行渠道，主要是委托贷款、信托贷款与银行承兑汇票等形式。

两年有小幅回落,2016年全年实现债权融资规模增量为 15.74 万亿元。

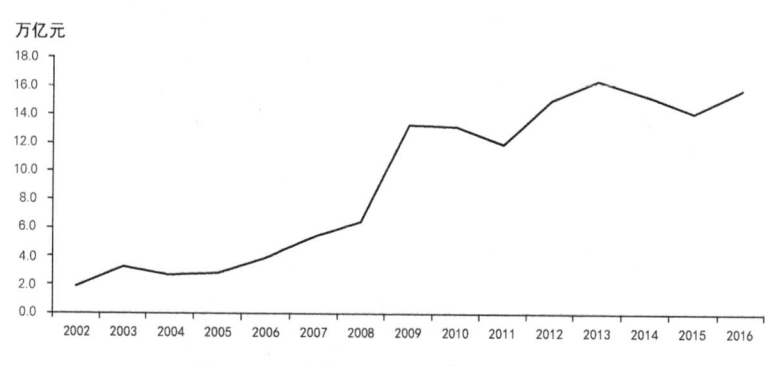

图 8—7 实体经济部门债权融资规模

注:根据历年《中国金融年鉴》、中国人民银行官方网站统计数据整理计算而得。图 8—8 同。

2. 股权融资

股权融资是指实体经济部门通过股权交易、增资发行新股等进行融资的方式,属于直接融资,不通过金融中介实现资金从相对盈余的部门流向相对短缺的部门。资金供给者拥有实体经济企业的控制权,资金需求方无需归还股权融资获得的资金,具有不可逆性与长期性。由图 8—8 所示,2002—2016 年,我国社会融资规模中实体经济部门(非金融企业)通过股权融资的规模呈现波动上升趋势。2005 年股权分置改革前,非金融企业境内股票融资规模处于较低水平;2005 年分置改革后,股票融资规模呈现明显幅度的波动性攀升,且容易受市场和政策影响。2013 年增量融资仅为 0.22 万亿元,为 2007 年后最低值;2013 年之后股票融资规模大幅增加,2016 年达 1.24 万亿元,约为 2013 年的 5.64 倍。这与近年来我国大力发展股权融资、积极推进各经济部门降低杠杆率的政策密切相关。

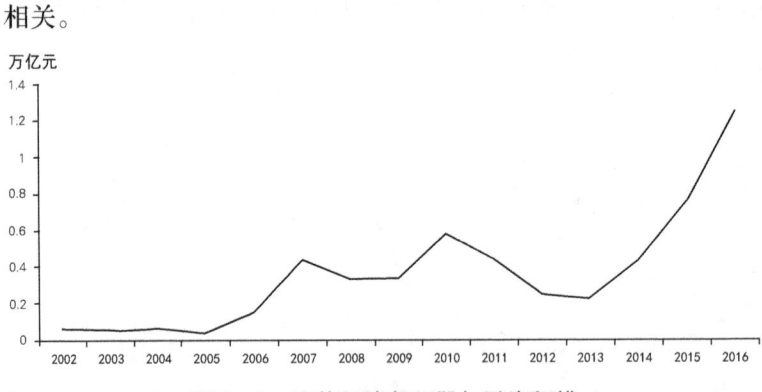

图 8—8 实体经济部门股权融资规模

3. 债权融资与股权融资结构失衡

长期以来,我国融资结构主要是以大型商业银行为主要中介的债权融资方式,而充分发挥资本市场功能、进行股权融资一直处于落后阶段,但存在较大的发展空间。虽然党的十八届三中全会决定中明确提出要多渠道推动股权融资,此后国家领导人及相关政策也先后强调要大力发展股权融资,近年来我国股权融资总量规模也呈上升趋势,但与债权融资相比,其相对规模与服务实体经济的地位存在着巨大差距。由表 8—2 可知:(1)2002—2016 年,我国社会融资规模增量中,债权融资占比始终接近甚至高于 90%,而股权融资占比则从未超过 10%;(2)2016 年债权融资中银行信贷融资占比达 93.42%,其他债权融资仅占 6.58%,反映当前我国以银行为主体的信贷融资长期处于主导地位,实体经济部门长期存在融资困难、融资成本高昂、融资效率低下、融资渠道单一等问题,2008 年金融危机后影子银行体系的兴起则是这些问题的客观反映。经济金融化融资结构的失衡直接导致各个实体经济部门的高杠杆率,由于融资方式单一,非金融企业部门长期缺乏资本性资金,难以以股权融资方式获得金融资源,迫使非金融企业不得不依赖债务性资金扩张,造成实体企业的高杠杆率,加剧了经济金融系统的脆弱性、投机性与风险性,蕴藏着债务危机的巨大隐患。

表 8—2　我国债权融资与股权融资结构变动

年份	债权融资（万亿）	股权融资（万亿）	债权融资与股权融资规模差额(万亿)	社会融资规模（万亿）	债权融资规模占社会融资(%)	股权融资规模占社会融资(%)
2002	1.91	0.06	1.84	2.01	94.7	3.1
2003	3.30	0.06	3.25	3.41	96.9	1.6
2004	2.73	0.07	2.67	2.86	95.5	2.4
2005	2.90	0.03	2.86	3.00	96.5	1.1
2006	4.03	0.15	3.88	4.27	94.4	3.6
2007	5.42	0.43	4.99	5.97	90.9	7.3
2008	6.50	0.33	6.17	6.98	93.1	4.8
2009	13.33	0.34	13.00	13.91	95.8	2.4
2010	13.13	0.58	12.55	14.02	93.7	4.1
2011	11.94	0.44	11.50	12.83	93.0	3.4
2012	14.99	0.25	14.74	15.76	95.1	1.6
2013	16.45	0.22	16.23	17.32	95.0	1.3
2014	15.41	0.44	14.98	16.41	93.9	2.7
2015	14.14	0.76	13.38	15.41	91.8	4.9
2016	15.74	1.24	14.50	17.82	88.4	7.0

数据来源:根据历年《中国金融年鉴》数据测算而得。

第三节 研究假设与研究设计

一、研究假设

现有研究基本得出一致结论,即从宏观层面来看,金融发展与经济增长之间存在一定的因果关系,不断发展的金融体系通过促进资本积累、要素流动、技术创新、风险披露等途径将资本配置到生产效率高的项目,进而提高资本边际生产效率,最终推动经济的长期增长。20世纪90年代以来,金融发展理论取得重大飞跃,许多经济金融学家在研究金融促进经济增长的过程中,在经典的经济增长模型中并入内生金融中介与金融市场,通过不断完善发展,在解释经济金融化对经济增长的作用机理方面涌现了大量的模型方法和理论。

国外学者具有代表性的有关研究包括:帕加诺发现金融发展是通过对储蓄率、储蓄转化投资、资本配置效率产生影响等方式来促进经济增长。[1] 本茨维格等研究指出金融中介有助于改变储蓄构成情况,对非流动性资产与风险资产两者进行优化配置,以提升资本生产率,进而推动经济增长。[2] 金和莱文基于金融功能观总结了金融体系对经济增长的影响途径;同时莱文和热沃斯在此基础

---

[1] Pagano, M. Financial Markets and Growth: An Overview [J]. European Economic Review, 1993(37):613-622.

[2] Bencivenga, V. R., Smith, B. D. Financial Intermediation and Endogenous Growth[J]. The Review of Economic Studies, 1991, 58(2): 195-209.

上进一步从股票市场的规模、功能、波动性,以及国际一体化程度等视角探讨金融市场对经济增长的影响。① 加佩里和帕加诺指出流动性约束能提高储蓄率,并推动经济增长。② 波什和科森分析贷款合同对经济增长的作用,指出金融对经济增长产生正效应的前提是金融发展到一定发达程度。③ 格林伍德和史密斯发现金融市场和金融中介是随经济发展内生形成的,金融市场与经济发展存在"门槛效应",即由于金融市场运行存在固定运行成本和参与成本,只有当经济发展到一定水平,金融市场才得以形成,金融市场与经济发展互为影响。同时指出,金融系统能够在一定程度上降低或消除流动性风险,避免投资者提前变现,进而提高储蓄转为投资的效率。④ 格林伍德和约万诺维奇则在内生增长框架下,构建考虑金融中介因素的金融中介发展模型,指出金融系统的重要功能包括风险分散和获取信息,金融中介能够有效解决信息不对称问题。⑤ 艾伦和盖尔认为金融机构投资不同到期期限的金融产品,通过金融资产组合对风险进行跨期分散,以期其在面临宏观经济波

---

① 分别参见:King, R.G., Levine, R. Finance and Growth: Schumpeter Might Be Right [J]. Quarterly Journal of Economics,1993(108):717-738; Levine, R., Zervos, S. Stock Markets, Banks and Economic Growth[J]. American Economic Review, 1998, 88 (3):537-558.

② Jappeli, T., Pagano, M. Saving, Growth, and Liquidity Constraints [J]. Quarterly Journal of Economics, 1994,109 (1):83-109.

③ Bose, N., Cothren, R. Equilibrium Loan Contracts and Endogenous Growth in the Presence of Asymmetric Information[J]. Journal of Monetary Economics, 1996(38): 363-376.

④ Greenwood, J., Smith, B. Financial Markets in Development and the Development of Financial Markets[J]. Journal of Economic Dynamics and Control, 1997, 21(1):145-181.

⑤ Greenwood, J., Jovanovic, B. Financial Development, Growth and the Distribution of Income[J]. Journal of Political Economy,1990(98):1076-1107.

动或冲击时,仍有合适的长期项目投资,最终有利于经济的平稳增长。① 巴罗和马丁指出通过不断完善和优化资本市场和金融结构,能提升资本配置效率,有利于经济的长期增长。② 阿吉翁和霍依特指出储蓄对长期经济增长有很大的作用,金融体系的不断发展有利于其吸收社会闲散资金,促进资金积累加速。③ 里奥佳和瓦莱夫研究发现发达国家与发展中国家经济增长存在不一样的作用机制,发达国家主要通过影响生产率来促进经济增长,而发展中国家主要是依靠资本积累促进经济增长。④

国内学者的研究大多认同金融发展对我国经济增长产生了积极的贡献作用。白钦先、张志文通过 GMM 估计表明,我国金融发展主要通过加速储蓄投资转化渠道与资本形成机制从而推动经济增长。⑤ 马颖、陈波验证发现,改革开放以来,我国金融体制的改革与发展对经济增长有显著的促进作用。⑥ 马轶群、史安娜通过我国 32 年样本序列数据的实证分析发现,随着时间推移,金融发展对经济增长的质量与经济增长持续性的正向贡献越来越大。⑦ 邵宜航、

---

① Allen, F., Gale, D. Financial Markets, Intermediaries, and Inter-temporal Smoothing[J]. Journal of Political Economy,1997, 105(3):523-546.

② Barro, R., Martin, X. Economic Growth[M]. New York: McGraw-Hill Inc., 1995:13-56.

③ Aghion, P., Howitt, P. A Model of Growth through Creative Destruction[J]. Econometrica, 1992, 60 (2): 325-351.

④ Rioja, F., Valev, N. Finance and the Sources of Growth at Various Stages of Economic Development[J]. Economic Inquiry, 2004, 42 (1): 127-140.

⑤ 白钦先,张志文.金融发展与经济增长:中国的经验研究[J].南方经济,2008(9):17—32.

⑥ 马颖,陈波.改革开放以来中国经济体制改革、金融发展与经济增长[J].经济评论,2009(1):12—18.

⑦ 马轶群,史安娜.金融发展对中国经济增长质量的影响研究——基于 VAR 模型的实证分析[J].国际金融研究,2012(11):30—39.

刘仕保、张朝阳认为在经济发展不同阶段,金融宽化与金融深化对经济增长的促进作用亦具表现出阶段性。① 刘金全、龙威进一步研究表明我国金融发展与经济增长存在明显的门限效应,当收入增长高于门限值时,金融发展对经济增长产生正向作用,这意味着注重提升居民部门的收入水平是高效发挥金融功能的重要前提。然而,也有一些学者指出受制于外部制度环境、市场机制等因素,我国存在较为明显的金融抑制,从而在一定程度上阻碍了经济增长。② 谢家智、王文涛的分析表明,我国金融发展对经济增长作用仍然处于数量扩张和要素堆积的阶段,金融创新不足严重影响了金融贡献效率。③ 孔繁彬实证检验发现,我国金融发展并未推动非金融企业部门经济增长,阻碍了居民部门经济增长,事实上表现出金融发展与经济增长的关系错位。④ 李成、张琦基于两部门划分法的理论模型验证发现,2008年危机后我国金融部门规模扩张对经济增长产生了抑制效应。⑤ 王军、王昆运用我国样本数据的 ARDL 模型实证检验发现,我国金融结构不合理、金融发展效率低下产生了严重的金融抑制,由此削弱了金融化对经济增长的正向效应,应该通过加速金

---

① 邵宜航,刘仕保,张朝阳.创新差异下的金融发展模式与经济增长:理论与实证[J].管理世界,2015(11):29—39.
② 刘金全,龙威.我国金融发展对经济增长的非线性影响机制研究[J].当代经济研究,2016(3):71—80.
③ 谢家智,王文涛.金融发展的经济增长效率:影响因素与传递机理[J].财贸经济,2013(7):59—67.
④ 孔繁彬.中国经济增长与金融发展关系的错位研究——基于机构部门视角[J].财经问题研究,2013(11):55—60.
⑤ 李成,张琦.金融发展对经济增长边际效应递减内在机理研究——基于"两部门划分法"的理论框架[J].经济科学,2015(5):5—16.

融市场化与金融体制改革进程来逐步降低金融抑制。[①]

尽管金融发展经历着这样的变化趋势,即金融规模积累由少到多、金融结构发展由简单到复杂、金融功能演进由浅到深,但学者从不同角度研究我国金融化水平以及金融化对经济增长的影响效应和作用机制,所得出的结论有所不同,但总体来说都认同金融作为现代经济核心的功能与影响力,金融发展的变迁促进了经济增长,经济金融化对经济增长具有如下传导机制,具体如图8—9。基于以上理论,提出如下假设:

H:中国经济金融化水平的提升推动了经济增长。

二、研究设计

(一) 模型设定

为验证相关假设,建立以下时间序列模型:

$$\ln GDP_t = a + b FIN_t + \sum_{i=1}^{5} CON_{it} + e_t \qquad (8\text{-}1)$$

模型(8-1)检验假设 H,即中国经济金融化水平的提升促进了中国经济的增长。其中,t 表示时间,ε_t 为误差项,服从白噪声过程。FIN_t 为金融化变量,用金融业产值与 GDP 之比衡量;$\sum_{i=1}^{5} CON_{it}$ 为一组控制变量,i 表示控制变量的个数,t 表示时间。本公式共设置五个控制变量,包括固定资产投资(CAP_{it})、对外开放度(TRA_{it})、人力资本(HUM_{it})、城镇化水平(URB_{it})、国有经济

[①] 王军,王昆.我国金融发展与经济增长的非对称效应研究[J].统计与决策,2018(9):150—154.

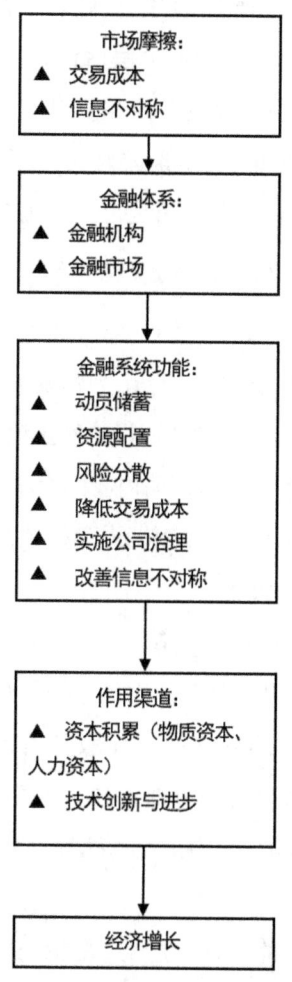

第八章 经济金融化对中国经济增长影响的实证分析

```
┌─────────────────┐
│ 市场摩擦：       │
│ ▲ 交易成本       │
│ ▲ 信息不对称     │
└────────┬────────┘
         │
┌────────▼────────┐
│ 金融体系：       │
│ ▲ 金融机构       │
│ ▲ 金融市场       │
└────────┬────────┘
         │
┌────────▼────────┐
│ 金融系统功能：   │
│ ▲ 动员储蓄       │
│ ▲ 资源配置       │
│ ▲ 风险分散       │
│ ▲ 降低交易成本   │
│ ▲ 实施公司治理   │
│ ▲ 改善信息不对称 │
└────────┬────────┘
         │
┌────────▼────────────────┐
│ 作用渠道：               │
│ ▲ 资本积累（物质资本、   │
│   人力资本）             │
│ ▲ 技术创新与进步         │
└────────┬────────────────┘
         │
┌────────▼────────┐
│ 经济增长         │
└─────────────────┘
```

图 8—9 金融发展对经济增长的传导机制与作用机理

比重（STA_{it}）。

（二）检验方法

首先，为避免"伪回归"现象，针对所有变量进行单位根检验，判别其稳定性。其次，如果各变量为同阶单整，则采用 Johansen 检验法来进行协整检验，如果检验通过，则表示各变量之间存在长期均衡稳定关系，可以用 OLS 回归方法估计长期均衡方程。再次，运用 TSLS 工具变量法，探讨金融化水平提升对于经济增长的贡献效应。最后，为检验假设 H，利用误差修正模型（ECM）来考察中国经济金融化与经济增长两者之间是否存在短期均衡关系：

$$\Delta \ln GDP_t = \alpha + \beta \Delta FIN_{t-1} + \gamma \sum_{i=1}^{5} \Delta CON_{i,\,t-1} + \rho ECM_{t-1} + \varepsilon_t$$

(8-2)

其中，Δ 为一阶差分，$ECM_{(i,t-1)}$ 为均衡误差，表明短期波动中各变量偏离长期均衡关系的程度，误差修正项系数 ρ 反映了对偏离长期均衡的调整力度，β 表示短期内我国金融化水平对经济增长的贡献度，若 β 拒绝零假设，则在短期内均衡关系也成立。

（三）变量选取与描述

1. 中国经济增长变量

国内生产总值（GDP）是指一个国家（或地区）所有常住单位在一定时期内生产的全部最终产品和服务价值的总和，GDP 也是 2003 年之后国家统计局官方宣布的国民经济核算的核心指标，因此本章将采用该指标衡量中国的经济增长，用 $\ln GDP_t$ 标示。

2. 金融化变量

经济金融化是一种过程与趋势，是指一国国民经济中货币及非货币性金融工具总值与国民财富总值之间比值不断提高的过程及发展趋势，可反映一国不同经济发展阶段不同的金融发展水平，一般体现了金融化程度。科学选取或构建衡量经济金融化程度的指标体系，有助于准确判定一国金融发展阶段、制定科学合理的金融发展战略①。本章基于数据的可获得性及一致性,采用金融业产值与 GDP 之比衡量金融化水平,以 FIN_t 表示,力求客观反映金融化的历史演进过程。②

3. 控制变量

经济增长受多方面因素的影响,因此本章将具有代表性的控制变量纳入公式。本章以固定资产投资额/GDP(CAP_t)反映物质资本投入与形成状况,进出口额/GDP(TRA_t)表明对外开放宏观环境,普通高等学校在校学生人数/总人口数(HUM_t)表示受教育程度的人力资本,城镇人口数/总人口数(URB_t)度量城镇化水平,国有企业职工数/职工总数(STA_t)反映国有经济比重,同时该指标代表国有化水平。

4. 变量描述

表 8—3 显示了主要标量描述性统计特征。其中 FIN_t 的均值为 0.063,均值较低,最大值为 0.084,最小值为 0.040,极差仅为 0.044,说明我国的金融化水平普遍较低,固定资产投资仍占据我国投资主导地位,均值达到 0.649,最大值超过 0.8;人力资本的受教育水平同样令人堪忧,均值只有 0.016;但城市化水平普及情况相对较好。

---

① 蔡则祥,王家华,杨凤春. 中国经济金融化指标体系研究[J]. 审计与经济研究, 2004, 1(1):49—54.

② 从宏观层面来看,经济金融化测度的核心在于客观反映金融体系或者金融业在整个国民经济中的比重,国内外已有研究成果在早期一般以金融相关率(FIR)作为衡量指标,随着金融创新尤其是衍生金融产品层出不穷,单纯的金融相关率指标难以清晰反映出各国金融发展的演变趋势。同时,由于我国 20 世纪 90 年代加快金融体制改革,金融业的体量与结构都发生了较大变化,因此采用金融业产值/GDP 作为衡量总体层面金融化的替代以符合发展实情。

表8—3　变量描述性统计

变量	均值	最大值	最小值	标准差	样本量
$\ln GDP_t$	12.938	13.519	12.141	0.461	120
FIN_t	0.063	0.084	0.040	0.013	120
CAP_t	0.649	0.816	0.474	0.126	120
TRA_t	0.486	0.642	0.327	0.105	120
HUM_t	0.016	0.019	0.012	0.002	120
URB_t	0.504	0.573	0.430	0.047	120
STA_t	0.085	0.089	0.080	0.003	120

（四）数据来源

本章以中国的全国数据为研究对象，采用2005—2016年数据，选取12年时序考虑我国经济发展实情。其中，国民生产总值、国有企业职工数、职工总数、进出口额、城镇人口数、总人口数、固定资产投资额均根据国家统计局官方网站相关资料整理得到，金融业产值来自历年《中国金融年鉴》，由此得到完整的时间序列样本数据。

第四节　实证结果分析

一、单位根检验

对于时间序列分析，首先要对序列的平稳性进行检验，本章采用 ADF 检验方法检验序列单位根,如表 8—4 所示。单位根检验中所有变量特征根位于单位圆之外,因此是非平稳时间序列,经过一阶差分后,其结果表明在 10%的显著性水平下通过了稳定性检验,即所有变量均符合一阶单整条件。

表 8—4　变量单位根检验结果

变量	原假设	ADF 检验法 t统计量	ADF 检验法 P*统计量	平稳性结论
$\ln GDP_t$	有一个单位根	0.653	0.997	非平稳
$\Delta \ln GDP_t$	有一个单位根	−2.263	0.031	平稳
FIN_t	有一个单位根	−2.015	0.518	非平稳
ΔFIN_t	有一个单位根	−3.500	0.032	平稳
CAP_t	有一个单位根	−0.552	0.844	非平稳
ΔCAP_t	有一个单位根	−2.174	0.034	平稳
TRA_t	有一个单位根	−0.520	0.852	非平稳
ΔTRA_t	有一个单位根	−3.617	0.027	平稳
HUM_t	有一个单位根	−0.126	0.659	非平稳
ΔHUM_t	有一个单位根	−4.361	0.000	平稳
URB_t	有一个单位根	−1.364	0.560	非平稳
ΔURB_t	有一个单位根	−2.794	0.093	平稳
STA_t	有一个单位根	−0.748	0.793	非平稳
ΔSTA_t	有一个单位根	−2.784	0.011	平稳

注:Δ 表示经济变量一阶差分,滞后期选择以 Schwarz 为标准;表格数据根据回归结果整理,表 8—5 和表 8—6 同。

二、协整检验

由于所有变量满足一阶单整,进一步分析协整关系,表 8—5 显示 Johansen 检验结果通过 10%的显著性水平,即变量存在长期稳定的均衡关系,可对原序列数据直接进行回归分析。

表 8—5　变量协整检验结果

原假设	ADF 检验法		平稳性结论
	t 统计量	P* 统计量	
不存在协整关系	−2.653	0.093*	平稳

注:*、**、*** 表示变量统计值通过 10%、5%、1% 的显著性水平,滞后阶数根据 AIC 信息准则确定。

三、时间序列数据回归结果分析

蒙特卡洛研究方法中,TSLS 小样本性质稳定,且优于其他估计量,同时为解决内生性问题,选取解释变量滞后一期作为其自身工具变量,例如将 FIN_{t-1} 作为 FIN_t 的工具变量,其他变量选择亦同。根据时间序列数据(1)验证假设。

表 8—6　时间序列数据回归结果

解释变量	被解释变量:经济增长($\ln GDP_{t-1}$)					
	FIN_{t-1}	CAP_{t-1}	TRA_{t-1}	HUM_{t-1}	URB_{t-1}	STA_{t-1}
模型(8-1)	0.022** (2.327)	2.881* (1.880)	0.090 (0.218)	0.063** (3.255)	0.015 (1.653)	−1.942** (3.739)
α	8.015*** (4.585)	0.691*** (5.617)	3.051*** (3.997)	3.905*** (6.583)	4.533** (2.191)	2.538** (2.053)
R^2	0.879	0.758	0.990	0.921	0.741	0.652
样本	120	120	120	120	120	120
组数	12	12	12	12	12	12

注:*、**、*** 分别表示变量统计值通过 10%、5%、1% 的显著性水平,括号内数值为 t 统计量。

表8—6显示了中国经济增长与我国金融化水平、固定资产投资占比、进出口占比、受教育水平、城镇化水平及国有经济比重之间的关系,模型(8-1)在控制住其他变量的基础上,依然可以得出我国的金融化水平对于经济增长具有显著的正向影响效应,假设H成立。

四、误差修正模型检验

回归结果表明中国金融化水平与经济增长存在长期均衡稳定关系,而短期效应的动态关系是否显著,则需通过面板数据的误差修正模型(ECM)检验。由模型(8-2)回归形成面板数据残差项$ECM_{i,t}$,由于解释变量中存在滞后内生变量FIN_{t-1},为避免内生性问题,继续采用TSLS工具变量法。以ΔFIN_{t-3}和$\Delta FIN_{t-4}\Delta FIN_{t-4}$作为模型中$\Delta FIN_{t-1} FIN_{t-1}$和$\Delta FIN_{t-2}$的工具变量,其他变量的工具变量选取方法相同。估计结果如下表所示。

表8—7 误差修正模型检验结果

变量	回归系数	t统计量	P统计量
$\Delta \ln GDP_{t-1}$	0.205	0.408	0.470
$\Delta \ln GDP_{t-2}$	-0.379	-0.038	0.894
ΔFIN_{t-1}	0.019	1.763	0.380
ΔFIN_{t-2}	0.006	0.924	0.261
ΔCAP_{t-1}	-0.280	-0.116	0.902
ΔCAP_{t-2}	-0.654	-1.650	0.482
ΔTRA_{t-1}	0.043	0.284	0.590

续表

ΔTRA_{t-2}	0.019	0.054	0.309
ΔHUM_{t-1}	0.031	0.081	0.056
ΔHUM_{t-2}	0.014	0.056	0.067
ΔURB_{t-1}	0.062	1.091	0.420
ΔURB_{t-2}	0.043	1.765	0.032
ΔSTA_{t-1}	-0.450	1.982	0.063
ΔSTA_{t-2}	-0.521	-2.309	0.768
$ECM_{i,t-3}$	-0.208	-1.398	0.083

表8—7显示，误差修正项（$ECM_{i,t-3}$）显著为负，符合反向修正机制原理。然而金融化指标系数未通过显著性检验，相应的短期贡献效应不存在，说明金融化的作用机制在短期内难以迅速发挥。从现实来看，金融系统的功能体现与传导效应需要与财政体系、市场环境、产业体系等相互协同配合，而这一进程是一个长期的动态变迁过程。

第五节　主要结论与政策建议

一、主要结论

本章研究得出如下结论：

（1）我国经济金融化水平对经济增长具有显著的正向效应，

2005—2016年经济金融化水平促进了经济增长。

（2）控制变量资本投资情况、对外开放宏观环境、受教育水平、城镇化水平对我国经济增长具有正向促进作用，但显著性在不同指标间存在差异，其中资本投资情况、受教育水平显著为正，对外开放宏观环境、城镇化水平系数并不显著，反映出物质资本投入、人力资本水平越高，越能促进经济增长。

（3）控制变量国有化水平对我国经济增长作用显著为负，即我国国有化水平越高，市场化程度越低。因此，说明市场化程度越高的地方，经济金融化对经济增长促进作用越大。

二、政策建议

（一）提升金融机构体系抗风险能力

长期以来，我国金融机构体系形成了以国有大型商业银行为主体，城市商业银行、其他商业银行以及非银行金融机构共存共生的局面。其中，国有大型商业银行长期占据主导地位，其他类银行机构和非银行金融机构等数量少，缺乏有效竞争。而国有大型商业银行主要服务大型国有企业、上市公司等，其他商业银行由于其自身发展规模、风险承受能力等因素，难以为小微企业、三农企业等信贷需求服务。当前，我国资本市场直接融资体系薄弱，一方面，我国小微企业由于难以得到债权融资和股权融资，出现融资贵、融资难的问题；另一方面，国有大型商业银行由于债权融资比重高，出现风险集聚的困境，且在经济下行期不良贷款比重上升，银行体系资产负债表加剧恶化，加剧了金融脆弱性，特别是金融体系的脆弱性。因此，当前环境下，构建科学、合理、多层级的间接融资体系,发挥民营银行、非银行金融机构的功能,适当降低民营银行准入门槛、民营银行注册资本要求等,以增强民营银行的竞争性。充分发挥利率管制基本放开的机遇,在利率市场化条件下,优化资源配置,杜绝"僵尸贷款",引导资金流向传统产业改造升级、新兴产业的培育与发展等领域。

(二)深化金融监管体系改革

随着金融业不断朝向综合经营发展,金融业面临着越来越多的风险。众所周知,债权融资和股权融资由于融资方式不同导致融资双方的权利和义务不一样,所带来的风险也不同。其中,债权融资主要面临着信用与流动性的风险,而股权融资面临的是估值风险。多层级资本市场与银行体系逐渐建立和完善,加剧了两种融资风险的危害程度,其扩散与传导速度和影响力将更为迅猛,这迫切需要构建全面、系统、高效的债权与股权风险监管体系。而金融业混业经营的发展趋势也迫使我国现有分业监管、相互分割的监管体制进行改革和发展,2018年4月中国银监会与保监会正式合并为中国银行保险监督管理委员会,即"银保监会",则是继2013年建立部际联席会议制度的进一步深化。因此,围绕金融监管体系的两大核心即维护金融稳定和保护金融消费者权益,持续深化金融机制体制改革,补齐监管制度短板,借鉴"双峰"监管理念,形成审慎监管(宏观审慎监管、微观审慎监管)与行为监管两大监管支柱,兼顾监管资源、监管成本,通过立法对金融经济领域进行全面监管,解决现行体系监管职责条块分割造成的监管越位与失位等问题。

(三)推进国有企业混合所有制改革

由于中央政府长期对国有企业借款提供"隐性担保",国有企业在债权融资规模、融资数量、融资期限、融资成本等方面要优于民营企业,这也同时导致了国有企业长期负债经营,且其在非金融企业的债务规模占比最高,导致实体经济部门的杠杆率不断攀升。现行情况下,要实现国有企业"去杠杆",其核心突破口即为推进国有企业混合所有制改革,具体包括:(1)促进国有企业转型升级,一方面,加快国有企业有序退出竞争性领域,在垄断性行业持续推进"深水区"改革。(2)加大兼并重组力度,分类细分,推进国有企业混合所有制改革,积极引导民企、外企等各类所有制企业参与国有企业改革重组,特别是在债转股过程中,支持与鼓励社会资本进入。同时,鼓励国有资本参与非国有企业股权融资。(3)深化政府与市场的合作,借助PPP项目,通过组建国企、民企、外资共同参与的项目公司,充分发挥不同所有制企业的比较优势,使资金项目运行更具有市场化。(4)逐渐减少或取消政府隐性担保、刚性兑付,促进国有企业预算软约束转变为硬约束,加快建立产权清晰、权责分明、激励约束机制市场化的现代企业制度,激发国有企业创新活力。

(四)拓展股权融资渠道

我国企业长期依靠债权进行间接融资,而依靠股权的直接融资相对薄弱,目前迫切需要大力拓宽各类股权融资渠道,提高股权融资比重。维持合理的融资结构,核心在于建设高效、规范、透明的多层次资本市场体系。实体企业的多层次,融资条件、资金需求的多样性等直接决定我国资本市场应满足多层次融资需求。构建场内与场外市场联动机制,场内市场是金融衍生品交易的核心战场,但场外市场更能满足投资者的多元化需求,是服务数量最为庞大的中小企业融资需求的载体,只有壮大场内市场规模、规范场外市场秩序,促使场内与场外市场有机结合,有效发挥场内市场与场外市场的作用,才能更好地服务实体经济发展。特别是加快建立制度完善的区域性股权交易市场(四板市场),切实为区域性实体经济部门融资服务,为弥补资本市场区域发展失衡提供支持。同时,积极引导基金、私募、社保资金、保险资金等中长期资金参与股权投资,丰富股权投资方式。

第九章 经济金融化对中国区域产业发展影响的实证分析

本章从区域经济层面,采用面板数据模型,实证分析经济金融化对中国东、中、西、东北部四大区域经济发展的影响效应,并根据研究结论提出相应的对策建议。

第一节 经济金融化与区域产业发展研究述评

在涉及金融化与区域产业发展关系时,国外文献更多集中在宏观的国别比较层面,因此大量国内研究成果主要是基于我国区域发展实情,探讨金融化与区域产业发展问题。一方面是关于金融化与产业总量的研究。杨龙、胡晓珍的研究表明我国金融发展对经济增长的影响具有区域层面的门槛效应,在东部与中部有显著的正向促进作用,在西部欠发达地区作用效应不明显,同时金融发展的空间差异会加剧金融资源流向发达地区,进一步扩大区域经济发展差距。[1] 闫丽瑞、田祥宇对我国三大经济区域面板数据的实证分析表明,金融发展与东部、中部、西部经济增长均具有长期

---

[1] 胡晓珍,杨龙.中国区域绿色全要素生产率增长差异及收敛分析[J].财经研究,2011(4):123—134.

均衡关系,然而金融贡献度从中部、东部、西部依次递减。① 唐松实证分析表明,我国金融资源配置对区域经济增长的影响存在不同程度的空间溢出效应,其中东部地区金融发展对属地经济增长促进作用在下降,而中西部地区则逐渐增大。② 苏建军、徐璋勇对我国四大经济区域数据的实证分析表明,金融发展对区域经济增长的贡献效应从中部、东部、西部逐次递减,而在东北地区贡献度不显著。③ 张旭、刘晓星、姚登宝通过考虑空间溢出效应的 Durbin 模型检验发现,金融发展对本区域经济增长具有正向效应,而对周边地区经济增长具有负的空间溢出效应;因此提出为削弱金融发展的负面空间溢出效应,应该加快缩小我国区域间金融发展差距。④ 李强、李书舒运用动态面板数据的实证研究表明,我国经济相对发达的沿海地区受益于较高的市场化水平,金融发展对经济增长具有较强的促进作用;而经济相对落后的内陆地区,金融发展对经济增长存在抑制效应,不得不较多依靠政府财政投入推动区域经济增长。⑤

另一方面是关于金融化与区域产业结构升级的研究。张小蒂、王永齐通过我国省级面板数据经验研究表明,地区金融市场效

---

① 闫丽瑞,田祥宇.金融发展与经济增长的区域差异研究——基于我国省际面板数据的实证检验[J].宏观经济研究,2012(3):99—105.

② 唐松.中国金融资源配置与区域经济增长差异——基于东、中、西部空间溢出效应的实证研究[J].中国软科学,2014(8):100—110.

③ 苏建军,徐璋勇.金融发展、分工与经济增长——理论与实证研究[J].工业技术经济,2015(6):106—119.

④ 张旭,刘晓星,姚登宝.金融发展与经济增长——一个考虑空间溢出效应的再检验[J].东南大学学报,2016(3):106—114.

⑤ 李强,李书舒.财政支出和金融发展对经济增长的影响:非线性效应与关联机制[J].财贸研究,2017(2):21—29.

率越高则企业家密度相对较高,因此产业集聚与产业结构优化的效果更加明显,这也是解释区域发展差距的重要因素之一。① 邓向荣、刘文强运用空间计量方法分析表明,金融结构影响产业结构升级效应在我国东中西部存在梯度差异,在东部效应明显,而在西部效应微弱;同时银行业对地区产业结构升级与经济增长作用显著,但金融市场辐射作用有限。② 刘飞实证分析发现,我国省域融资结构中间接融资比重上升与制造业中重工业发展紧密关联,尽管银行信贷在各地区融资规模中仍占据主导地位,然而对于支持制造业结构升级的力度却非常有限。③ 杜萌、曲直、杨措等通过面板数据实证检验表明,银行信贷对产业结构的影响有区域差异性,东部地区对资本密集型产业的正效应更为显著,而中西部地区对劳动力密集型影响更大,这也印证了我国地区之间金融化阶段差异的事实。④ 肖文、薛天航、潘家栋认为我国各经济区域银行与金融市场在资源配置、风险管理等功能方面的比较优势,决定了各地区产业结构升级的不同金融结构需求;从促进效应来看,中部优于西部,而东部金融结构对产业结构影响不显著。在此基础上文章提出了要强化有侧重点的差异性政策措施。⑤ 司海平、刘小鸽、范玉

---

① 张小蒂,王永齐.企业家显现与产业集聚:金融市场的联结效应[J].中国工业经济,2010(5):59—67.

② 邓向荣,刘文强.金融集聚对产业结构升级作用的实证分析[J].南京社会科学,2013(10):5—12.

③ 刘飞.省域金融结构调整与制造业结构升级[J].金融论坛,2015(4):72—80.

④ 杜萌,曲值,杨措,等.金融发展对我国区域产业发展的影响——基于不同要素密集度工业行业的研究[J].金融评论,2015(4):69—77.

⑤ 肖文,薛天航,潘家栋.金融结构对产业升级的影响效应分析——基于东中西部地区差异的比较研究[J].浙江学刊,2016(3):174—180.

波基于我国地方城投债发行对产业结构升级的效应进行研究,指出东部地区债券市场融资的产业升级效应更为显著,而中西部不明显。① 徐鹏杰实证分析发现,我国金融结构与产业结构调整的长期演进趋于平衡,但无"倒 U 形"关系,西部促进作用最强并优于东部与中部地区。②

第二节 区域金融化演变分析

区域中观层面金融化演变,反映了一些不同于宏观层面金融化变迁的特征,地方政府干预导致的市场分割、地域分割带来的空间分布问题,蕴含于区域金融化演变进程中,应该充分考虑并将其

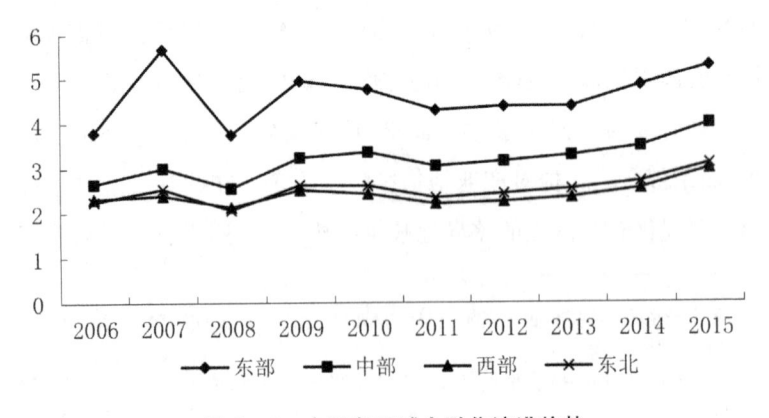

图 9—1 中国各区域金融化演进趋势

---

① 司海平,刘小鸽,范玉波.地方债务发行与产业结构效应[J].经济评论,2017(1):15—27.

② 徐鹏杰.金融结构调整与产业结构优化关系的实证分析[J].统计与决策,2018(1):171—173.

纳入整体分析框架中。从现实来看,近年来我国各地区在金融总量不断扩张的同时,金融资产结构日益多样化,融资结构逐渐多元化。因此,本章通过经济金融化程度和地方政府财政收支压力两个指标来分析,其中,经济金融化程度用(存贷款余额+股票市价总值+保费收入)/地区生产总值这一指标来衡量,地方政府财政收支压力用地方财政支出/财政收入这一指标来反映。

图9—1与图9—2分别反映了区域金融化演进与地方政府财政收支压力变动的趋势。图9—1显示,2006—2015年,各区域金融化呈缓慢上升趋势,体现了区域金融化演进中总量由少到多,结构由简单到复杂的过程。金融化程度从东部、中部、东北、西部逐次递减,东部金融化水平一枝独秀,西部与东北相近,金融发展较为滞后。图9—2显示,各区域地方政府财政收支压力从西部、

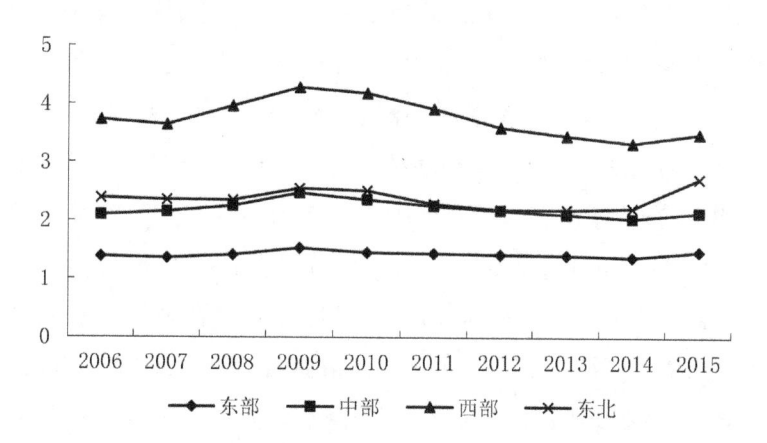

图9—2 中国各区域地方政府财政收支压力变动趋势

东北、中部、东部依次递减,2009年后在西部虽有小幅下降,但仍处于最高位;东北与中部较为接近,而东部财政收支压力最小,表明其攫取属地金融资源的动力较小,地方政府对区域金融化演进干

预较弱。

第三节 研究假设与研究设计

一、理论分析与研究假设

（一）区域金融化与产业发展

金融化对产业结构升级的作用关系以金融业为切入点，是金融业总量由少到多积累过程的具体表现，体现了金融结构的传导机制与金融深层次本质功能。如图9—3所示，区域金融化水平的提升反映了区域内银行业、证券业、保险业的成长与发展，信贷市场、资本市场、保险市场等的金融资源由少向多的累积过程，金融业资金的流量结构改变了金融结构，区域金融化演进包含了内部结构由简单到复杂的隐性变化；同时，资金流量结构影响着资本要素分配结构，并通过资本形成、资本导向与信用催化三个层面的传导机制作用于产业资本，推动产业结构升级。具体来看：一是资本形成机制，即通过金融体系的动员储蓄功能，使国民储蓄向产业投资转化，随着产业资金增加，产业规模不断扩大，产业资本才得以形成并促使独立产业的发展，提高产业结构转换能力。二是资本导向机制，即市场竞争机制下通过金融体系资源配置功能的发挥，资金以投资回报率为导向，从低效率部门、区域向高效率部门、区域流动，带动生产要素的转移与优化配置，推动产业结构调整与升级。三是信用催化机制,即金融体系的信用创造功能,突破了资本形成机制集聚的闲散资金数量限制,加速产业资本形成,促进生产效率提高,扩大投资项目选择范围,产业资本主动渗透到产业结构转换过程中并推动产业升级。

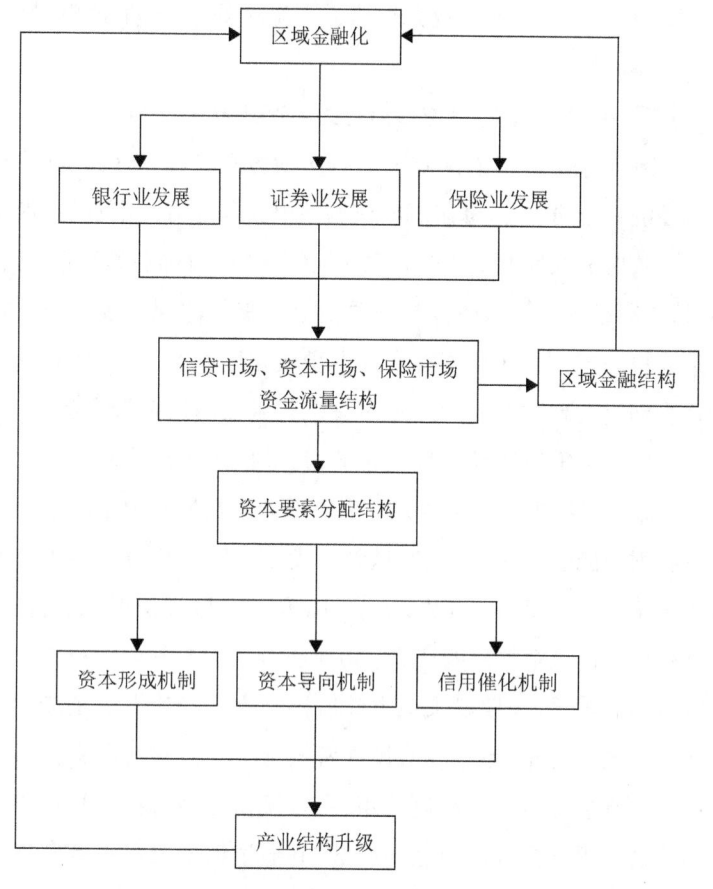

图9—3 区域金融化与产业结构升级作用关系

近年来,我国金融体制改革步伐加快,金融市场竞争机制更加健全。同时,地区金融业态多样化的格局逐步形成,区域性证券业、保险业成长壮大并获得一系列政策支持与监管放权,区域金融化内涵更加丰富,演进更趋复杂。总体上看,随着区域金融化程度的深入,能够通过金融传导机制充分发挥其本质功能,促进产业结构升级。基于以上分析,提出如下研究假设:

H1:区域金融化水平提升推动了产业发展,在不同经济区域其表现存在显著差异。

(二)区域金融化、地方政府行为与产业发展

我国自财政分权改革以来,明确了地方政府权责,强化其追求区域经济利益的动力,却未能相应调整中央与地方支出责任,加重了地方政府财政负担,使各地方政府产生强烈的财政竞争激励。同时,我国经济上的财政分权与政治上的集权体制构成了中国式财政分权的核心。这种政治集权也表现在地方政府官员的考核、升迁受到中央政府控制。面对中央政府激励与政治晋升压力,各地方政府官员争相加入了追求 GDP 增长的"晋升锦标赛"。

财政收支压力与官员晋升压力倒逼地方政府利用金融业资源来弥补财政能力不足,促进区域经济发展。地方政府的行为主要表现为干预资金投向与规模,给予利率优惠与隐性担保,从而控制金融资源流向政策扶持的产业。由于我国实行的是以银行中介为主导的金融体系,长期以来地方政府控制银行贷款规模是最主要的干预形式。为此,地方政府设立考核与奖励措施对国有银行分支机构领导层施行一定程度约束,主导城商行、农商行、村镇银行等地方法人银行机构的设立与发展,并通过地方融资平台套取银行资金,干预信贷投向。然而,区域金融业态多元化和地方政府事权扩大与支出责任增加,使直接融资比重上升,地方政府干预属地证券业手段也日益多样化,如有选择性扶持属地企业上市,给予上

市公司财政补贴与税收减免等倾斜性政策资源,干预其投资与经营活动,以及积极参与区域性股权交易市场建设。同时,区域保险行业发展迅猛,保险资金规模不断扩大,特别是2014年保险业新"国十条"等一系列政策出台,地方性保险公司陆续成立,给予地方政府直接干预地方法人保险机构的便利与动力。近年来地方政府积极推动"政保"合作,通过债权与股权投资计划参与地方PPP项目,干预保险资金投向产业政策支持的项目与领域,如重大基础设施项目、城镇化建设、棚户区改造等民生工程,缓解地方财政压力。

然而,地方政府干预金融业行为会导致资金市场机制扭曲和效率损失,金融功能受到严重抑制,使过多金融资源配置到投机性强、效益低下的部门与区域。由于政治关联、市场分割、产权垄断与同构性,国有金融部门主导的资金主要流向国有企业,而国企资金运用与投资效率相对低下,反而加剧了金融脆弱性,且金融干预程度深的区域效率损失越严重。长期来看,地方政府为保证高增长率,凡是有利于迅速拉动经济增长的投资项目均争先恐后上马,较少关心政策落实效果、资金回报、环境破坏等问题,容易形成地方政府投资冲动、市场人为分割与地方保护主义,出现产业低层次同质化与体制性产能过剩,滞缓了产业结构升级。

图9—4直观展现出地方政府干预下的区域金融化与产业结构升级的作用关系。总体上看,由于财政收支压力与官员晋升压力,地方政府强化了干预属地金融业行为并以此获取金融资源,扭曲了区域金融化演进路径,导致金融功能弱化与市场机制效率损失;而干预程度越严重,产业结构升级的金融贡献效应越受到抑制。

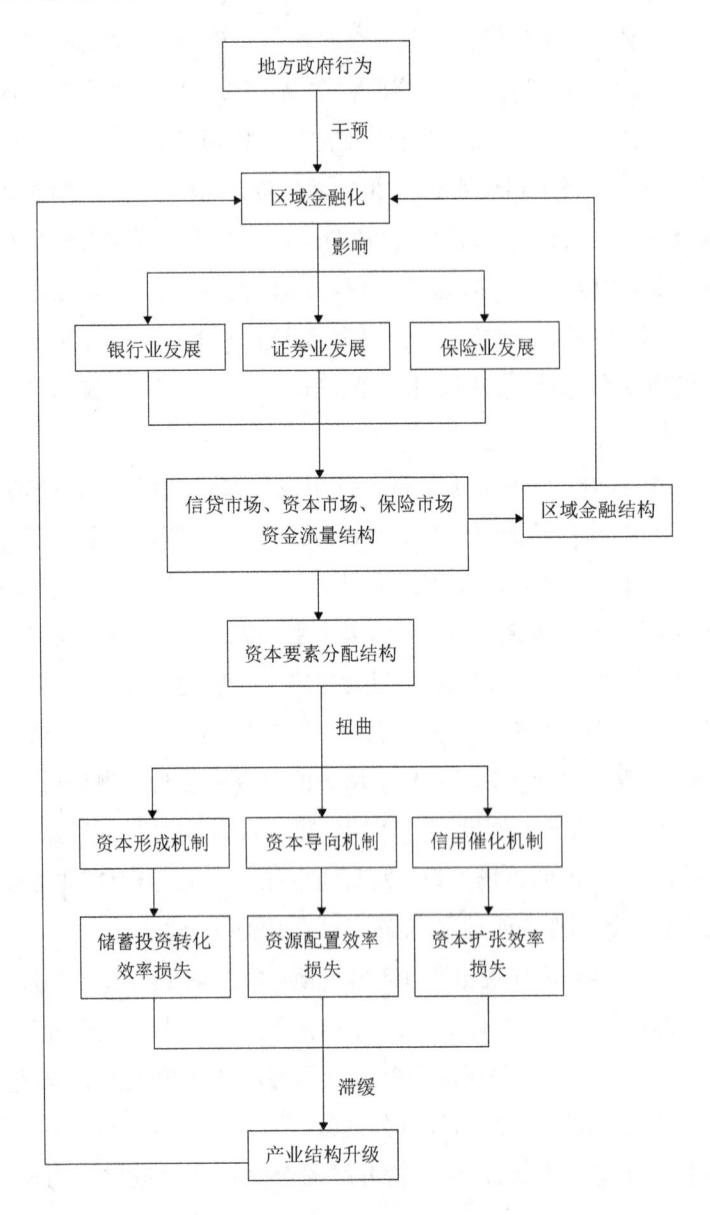

图9—4 地方政府干预下区域金融化与产业结构升级作用关系

基于以上分析,提出如下研究假设:

H2:地方政府干预金融业程度越严重,促进作用越受到削弱,在不同经济区域其表现存在显著差异。

二、研究设计

(一)模型设定

根据本章前文的论述与分析,结合已有的丰富研究成果,建立静态面板数据模型检验两个假说:

$$IND_{it} = \beta_0 + \beta_1 FIN_{it} + \varepsilon_{it} \tag{9-1}$$

$$IND_{it} = \beta_0 + \beta_1 FIN_{it} + \gamma_1 CAP_{it} + \gamma_2 TRA_{it} + \gamma_3 HUM_{it} + \gamma_4 URB_{it} + \varepsilon_{it} \tag{9-2}$$

$$IND_{it} = \beta_0 + \beta_1 FIN_{it} + \beta_2 GOV_{it} + \beta_3 FINGOV_{it} + \varepsilon_{it} \tag{9-3}$$

$$IND_{it} = \beta_0 + \beta_1 FIN_{it} + \beta_2 GOV_{it} + \beta_3 FINGOV_{it} + \gamma_1 CAP_{it} + \gamma_2 TRA_{it} + \gamma_3 HUM_{it} + \gamma_4 URB_{it} + \varepsilon_{it} \tag{9-4}$$

其中,i 表示省份,t 表示时间,ε 为误差项,服从白噪声过程。IND_{it} 为产业结构升级变量,FIN_{it} 为区域金融化变量,GOV_{it} 衡量地方政府干预行为,$FINGOV_{it}$ 为地方政府干预行为与区域金融化的交叉乘积项;控制变量包括固定资产投资(CAP_{it})、对外开放度(TRA_{it})、人力资本(HUM_{it})、城镇化水平(URB_{it})。

模型(9-1)、(9-2)用于检验假设 H1,即当不存在地方政府干预行为时,四大经济区域金融化水平提升对产业结构升级的差异化影响效应。模型(9-3)、(9-4)用于检验假设 H2,即当存在地方政府干预行为时,各地区金融化水平提升对产业结构升级作用是否有显著差异;若假设成立,则待估系数 β_3 的符号应该显著为负,意味着地方政府对金融业干预程度越强,金融资源配置越偏离效率最大化目标,从而弱化了区域金融化对产业结构升级的促进作用。

(二) 变量选取

1. 产业结构升级指标。根据三次产业发展的演变规律,现代产业结构的发展趋势是 GDP 中第三产业比重逐步上升,而第一、第二产业所占比重不断下降。我国当前推动供给侧结构性改革一个重要方面就是推动产业升级转型,一方面化解工业过剩产能,另一方面大力发展现代服务业。因此,为更清晰地体现产业结构由低形态向高形态转变,本章借鉴干春晖等人的方法,以反映产业部门比重相对变动的第三产业增加值/第二产业增加值来衡量产业结构升级,该指标上升则表明经济服务化倾向加快,用 IND_{it} 表示。①

2. 金融化指标。国内外文献中从不同视角有众多关于金融化的度量指标。金和莱文以(M3-M1)/GDP 指标度量一国经济货币化水平;②莱文和热沃斯进一步以股票总市值/GDP 指标反映证券化程度;③爱泼斯坦以国民财富中金融资产收益占比衡量金融化程度;④帕利运用金融、保险、房地产(FIRE)部门产值占 GDP 的比重

---

① 干春晖,郑若谷,余典范.中国产业结构变迁对经济增长和波动的影响[J].经济研究,2011(5):4—16.

② King, R.G., Levine, R. Finance and Growth: Schumpeter Might Be Right [J]. Quarterly Journal of Economics, 1993,108(3):717-737.

③ Levine, R., Zervos, S. Stock Markets, Banks and Economic Growth [J]. American Economic Review, 1998, 88(3):537-558.

④ Epstein, G. The Financialization and the World Economy [M]. Cheltenham: Edward Elgar Publishing, 2005:11-74.

测度了美国金融化水平。[1] 国内学者徐浩、冯涛、张蕾以银行信贷/GDP作为替代指标反映我国金融化程度;[2]张成思、张步昙则分别以金融部门、FIRE行业的GDP贡献率度量了我国金融化演进状况。[3] 由于我国统计口径中区域层面流动性负债信息不完整,因此流动性负债/GDP指标难以准确度量;同时贷款/GDP与存贷款/GDP作为替代性指标忽略了各地区金融结构变迁中直接融资比重上升的实情。特别是近年来,我国各地区证券业、保险业迅速发展,金融市场层次不断丰富,金融资产日益复杂化。基于此,本章以(存贷款余额+股票市价总值+保费收入)/GDP这一拓展指标作为金融化代理变量,力求客观反映区域层面金融化演进过程中由低级到高级、由简单到复杂、由浅化到深化的动态趋势,以FIN_{it}标示。[4]

3. 地方政府行为指标。已有研究文献较多采用地区政府财政支出/地区生产总值、政府消费/地区生产总值以及地方财政支出/

---

[1] Palley, T. I. Financialization: What It Is and Why It Matters[J]. Levy Economic Institute Working Papers, 2007, 26(9):9-15;也可参见:托马斯·I. 帕利. 金融化:涵义和影响[J]. 房广顺,等译. 国外理论动态,2010(8):8—20.

[2] 徐浩,冯涛,张蕾. 金融发展、政府干预与资本配置效率——基于中国 1978—2013 年的经验分析[J]. 上海经济研究,2015(10):40—48.

[3] 张成思,张步昙. 再论金融与实体经济:经济金融化视角[J]. 经济学动态,2015(6):56—66.

[4] 从区域层面来看,尽管同样可以沿袭宏观层面对经济金融化的度量指标,以金融业产值/GDP为替代变量。然而,当视角深入区域层面,一方面在全国 31 个省份中金融业产值的统计口径会有细微差异;另一方面一些欠发达地区基金业、信托业、期货业等发展滞后,甚至几乎没有市场业务,相反将金融业划分为银行业、证券业、保险业不仅便于搜集统一一致的数据,而且更能清晰直观地展示各地区近年来证券业、保险业的发展状况,也为引入地方政府干预变量、反映地方政府的金融干预行为提供了基础条件。因此本章以(存贷款余额+股票市价总值+保费收入)/GDP作为区域金融化的替代指标。

财政收入衡量地方政府干预行为,而构建财政收支压力指标相对于衡量官员晋升压力更准确直接、易于量化统计。因此,本章以地方财政支出/财政收入指标反映地方政府财政收支压力,其相对比值越高,获取区域金融资源的动力越强烈,以 GOV_{it} 标示。同时,构建乘积交互项 $FINGOV_{it}$ 检验地方政府干预金融业状况下,地区金融化水平提升对产业结构升级是否有显著影响及差异;若干预行为强,金融资源配置低效,将极大地削弱对产业结构升级的推动力。

4. 控制变量。产业结构升级受诸多因素制约与影响,为此本章研究中加入了有代表性、有较强解释力的控制变量。采用固定资产投资额/地区生产总值(CAP_{it})指标衡量实物投资与资本形成状况,反映固定投资对经济增长的贡献度;采用进出口总额/地区生产总值(TRA_{it})指标来衡量地区宏观环境的对外开放程度;采用普通高等学校在校学生数/总人口数(HUM_{it})指标来衡量地区人力资本水平的受教育程度,以城镇人口数/总人口数(URB_{it})指标反映各地区城镇化水平。

(三) 数据来源

本章以我国东部、中部、西部、东北为研究对象[①],样本为2006—2015年面板数据,选取十年时间序列除了考虑上文分析的区域发展实情,更主要是保证四大区域涵盖的31个省份数据来源的一致性。各省份存贷款余额、股票市价总值和保费收入来自历年《中国金融年鉴》,各省份生产总值、地方政府财政收支、固定资

---

① 按照国家统计局的划分方法,根据《中共中央国务院关于促进中部地区崛起的若干意见》《国务院发布关于西部大开发若干政策措施的实施意见》以及党的十六大报告精神,将我国经济区域划分为东部、中部、西部和东北四大地区;其中,东部包括10省市,中部6省,西部12省区市,东北3省。

产投资、进出口总额、第三产业增加值、第二产业增加值、普通高等学校在校学生数、城镇人口数来自历年《中国区域经济统计年鉴》及各省统计年鉴（发展年鉴），年底总人口数来自历年《中国人口和就业统计年鉴》。进出口额按当年美元兑人民币平均汇率调整为人民币计价数值，平均汇率来自央行官方网站。

第四节 实证结果分析

一、单位根检验

传统时间序列分析要求采用序列应该平稳，无确定性趋势与随机趋势，同时避免可能出现的"伪回归"现象。首先，应对面板数据中各变量稳定性进行检验。针对模型所有解释变量与被解释变量，本章选取常用的同质单位根 LLC 检验与异质单位根 IPS 检验，并根据各变量序列图形选择含时间趋势或截距的模型，检验结果如表 9—1 所示。

从表 9—1 可直观看出，各变量原序列存在单位根，经过一阶差分后，其结果表明在 10% 的显著性水平下均通过了稳定性检验，说明所有变量都是一阶单整的。

二、协整检验

由于所有变量满足一阶单整，进一步分析协整关系。表 9—2 显示，Kao 检验结果均通过 10% 的显著性水平，即各变量之间存在长期稳定的均衡关系，可对原序列数据直接进行回归分析。

表 9—1 变量单位根检验结果

区域	变量	检验方法				平稳性结论
		LLC 检验 t 值	P 统计量	IPS 检验 W 值	P 统计量	
东部	IND_{it}	6.929	1.000	6.576	1.000	非平稳
	ΔIND_{it}	-8.802	0	-2.266	0.012	平稳
	FIN_{it}	2.513	0.9940	0.592	0.723	非平稳
	ΔFIN_{it}	-7.902	0	-1.726	0.042	平稳
	GOV_{it}	1.868	0.969	-0.558	0.288	非平稳
	ΔGOV_{it}	-5.785	0	-2.827	0.002	平稳
	$FINGOV_{it}$	2.111	0.982	-0.366	0.357	非平稳
	$\Delta FINGOV_{it}$	-9.856	0	-7.197	0	平稳
	CAP_{it}	1.383	0.916	3.697	0.999	非平稳
	ΔCAP_{it}	-30.102	0	-3.622	0.001	平稳
	TRA_{it}	-1.052	0.146	0.097	0.538	非平稳
	ΔTRA_{it}	-11.529	0	-5.044	0	平稳
	HUM_{it}	2.070	0.980	-0.659	0.254	非平稳
	ΔHUM_{it}	-4.768	0	59.551	0	平稳
	URB_{it}	0.143	0.557	1.576	0.942	非平稳
	ΔURB_{it}	-23.651	0	-3.329	0.004	平稳
中部	IND_{it}	4.372	1.000	2.936	0.998	非平稳
	ΔIND_{it}	-2.703	0.003	24.382	0.018	平稳
	FIN_{it}	-0.102	0.459	0.165	0.565	非平稳
	ΔFIN_{it}	-11.506	0	-5.443	0	平稳
	GOV_{it}	-0.125	0.450	-0.481	0.315	非平稳
	ΔGOV_{it}	-5.578	0	-2.013	0.022	平稳
	$FINGOV_{it}$	1.266	0.897	0.501	0.692	非平稳
	$\Delta FINGOV_{it}$	-9.298	0	-4.223	0	平稳
	CAP_{it}	0.920	0.821	2.911	0.998	非平稳
	ΔCAP_{it}	-6.452	0	-2.107	0.017	平稳
	TRA_{it}	-0.557	0.288	-0.153	0.438	非平稳
	ΔTRA_{it}	-7.111	0	-3.085	0.010	平稳
	HUM_{it}	5.140	1.000	1.023	1.000	非平稳
	ΔHUM_{it}	-3.916	0	-3.016	0.013	平稳
	URB_{it}	-1.189	0.117	1.687	0.954	非平稳
	ΔURB_{it}	-15.196	0	-2.759	0.002	平稳

续表

西部	IND_{it}	0.641	0.739	2.334	0.990	非平稳
	ΔIND_{it}	-5.782	0	-2.102	0.017	平稳
	FIN_{it}	3.436	0.997	1.523	0.936	非平稳
	ΔFIN_{it}	-12.186	0	-5.524	0	平稳
	GOV_{it}	-0.398	0.345	-0.998	0.159	非平稳
	ΔGOV_{it}	-10.426	0	-4.490	0	平稳
	$FINGOV_{it}$	-0.460	0.322	-0.387	0.349	非平稳
	$\Delta FINGOV_{it}$	-8.641	0.001	-3.756	0.001	平稳
	CAP_{it}	4.014	1.000	5.309	1.000	非平稳
	ΔCAP_{it}	-7.402	0	-2.915	0.018	平稳
	TRA_{it}	-0.971	0.165	0.405	0.657	非平稳
	ΔTRA_{it}	-6.956	0	-2.853	0.002	平稳
	HUM_{it}	2.519	0.994	0.660	0.745	非平稳
	ΔHUM_{it}	-4.178	0	-1.423	0.077	平稳
	URB_{it}	5.884	1.000	0.504	0.693	非平稳
	ΔURB_{it}	-9.321	0	-4.123	0	平稳
东北	IND_{it}	3.257	0.998	2.179	0.985	非平稳
	ΔIND_{it}	-3.298	0.005	-1.623	0.052	平稳
	FIN_{it}	1.072	0.858	1.074	0.858	非平稳
	ΔFIN_{it}	-2.943	0.016	-1.328	0.092	平稳
	GOV_{it}	-0.935	0.174	0.487	0.687	非平稳
	ΔGOV_{it}	-3.239	0.006	-1.722	0.042	平稳
	$FINGOV_{it}$	4.309	1.000	1.066	0.856	非平稳
	$\Delta FINGOV_{it}$	-2.551	0.005	-1.703	0.044	平稳
	CAP_{it}	0.291	0.614	1.089	0.862	非平稳
	ΔCAP_{it}	-13.448	0	-2.725	0.003	平稳
	TRA_{it}	-0.519	0.301	0.779	0.782	非平稳
	ΔTRA_{it}	-4.061	0	-1.614	0.052	平稳
	HUM_{it}	1.258	0.896	-0.975	0.164	非平稳
	ΔHUM_{it}	-3.702	0.001	-2.965	0.015	平稳
	URB_{it}	1.926	0.973	3.085	0.990	非平稳
	ΔURB_{it}	-3.976	0	-1.793	0.036	平稳

注:Δ 表示经济变量序列一阶差分,滞后期选择以 Schwarz 为标准,窗宽根据 Newey-West 方法自动选择,表格数据根据回归结果整理。

表9—2 变量协整检验结果

区域	原假设	Kao 检验 T统计量	Kao 检验 P统计量	平稳性结论
东部	不存在协整关系	−2.823	0.012**	平稳
中部	不存在协整关系	−2.569	0.041**	平稳
西部	不存在协整关系	−1.885	0.074*	平稳
东北	不存在协整关系	−2.971	0.001***	平稳

注：*、**、***分别表示变量统计值通过10%、5%、1%的显著性水平，滞后阶数根据SIC信息准则确定。

三、面板数据回归分析

在面板数据模型检验方法上，本章采用TSLS工具变量法。在蒙特卡洛研究方法中，TSLS的小样本性质较稳定，且优于其估计量；同时，为确保工具变量数多于方程系数，选取各解释变量滞后一期和滞后二期为其自身工具变量，如 FIN_{it-1}、FIN_{it-2} 作为 FIN_{it} 工具变量，其他变量亦同。根据面板数据模型(9-1)、模型(9-2)检验假设H1，回归结果如表9—3所示；根据模型(9-3)、模型(9-4)检验假设H2，实证结果如表9—4所示。

表9—3 区域金融化与产业结构升级的实证结果

自变量	东部 模型(8-1)	东部 模型(8-2)	中部 模型(8-1)	中部 模型(8-2)	西部 模型(8-1)	西部 模型(8-2)	东北 模型(8-1)	东北 模型(8-2)
FIN_{it}	0.210** (2.413)	0.162** (2.075)	0.296 (0.857)	0.198* (2.429)	0.337** (1.962)	0.306* (1.882)	0.315 (0.749)	0.232** (2.178)
CAP_{it}		0.369* (1.851)		0.402 (0.973)		−0.857 (−0.496)		−0.089 (−1.051)

续表

TRA_{it}		1.272** (2.601)		0.833 (1.241)		0.695** (2.017)		-1.401 (-1.255)
HUM_{it}		1.532*** (5.985)		-2.914 (-1.331)		-2.922 (-1.004)		-4.834 (-0.672)
URB_{it}		1.572 (0.891)		1.813* (1.922)		-0.667 (-1.130)		-0.723** (-2.591)
常数项	0.793* (2.194)	1.916** (3.002)	0.598** (2.441)	1.835** (2.092)	1.164** (1.970)	1.748** (2.559)	0.570* (1.803)	1.964* (2.075)
R^2	0.655	0.601	0.597	0.624	0.760	0.636	0.690	0.527
观测个数	100	100	60	60	120	120	30	30
省份数量	10	10	6	6	12	12	3	3

注：*、**、*** 分别表示变量统计值通过10%、5%、1%的显著性水平，括号内数值为t统计量；表格数据根据回归结果整理，表9—4同。

表9—4　区域金融化、地方政府干预与产业结构升级的实证结果

自变量	东部 模型(8-3)	东部 模型(8-4)	中部 模型(8-3)	中部 模型(8-4)	西部 模型(8-3)	西部 模型(8-4)	东北 模型(8-3)	东北 模型(8-4)
FIN_{it}	0.238** (2.104)	0.103* (1.867)	0.185* (1.892)	0.089** (2.531)	-0.137 (-0.541)	0.062* (1.933)	0.089* (1.910)	-0.140 (-1.526)
GOV_{it}	0.601 (0.972)	0.495 (1.226)	-0.116* (-1.824)	0.370 (1.068)	-0.206** (-2.152)	-0.194 (-1.088)	0.351 (0.790)	-0.153** (-2.542)
$FINGOV$	-0.172* (-1.895)	-0.093 (-0.462)	0.190 (0.735)	-0.284** (-2.217)	-0.315** (-1.992)	-0.387** (2.405)	-0.429 (-1.285)	-0.471* (2.120)
CAP_{it}		0.146* (1.924)		0.422 (1.005)		-0.691 (-0.748)		0.068 (0.992)
TRA_{it}		1.226** (2.401)		0.915 (1.207)		0.592* (1.818)		-0.422 (-1.590)
HUM_{it}		1.426* (1.931)		1.015 (0.974)		0.262 (1.098)		-0.755 (-0.823)
URB_{it}		1.264 (0.882)		0.963* (1.825)		-0.607 (-0.833)		-1.015 (-1.462)

续表

常数项	2.088* (1.926)	1.725* (2.004)	2.351** (2.260)	1.633* (1.891)	1.295** (2.218)	1.472*** (3.894)	1.990* (1.856)	0.972** (2.251)
R^2	0.690	0.642	0.677	0.605	0.611	0.584	0.689	0.635
观测个数	100	100	60	60	120	120	30	30
省份数量	10	10	6	6	12	12	3	3

模型(9-1)、模型(9-2)的回归结果表明,四大区域金融化水平提升对产业结构升级存在正向贡献效应,均通过10%显著性水平检验,金融化贡献度呈西部、东北、中部、东部贡献度递减,假设H1成立。相对于金融资源丰富的东部发达地区,欠发达地区金融发展整体水平较为滞后,然而在边际报酬导向的市场化金融资源配置过程中,产业升级的金融边际贡献效应却比东部更大。模型(9-3)、模型(9-4)将地方政府干预变量纳入分析框架,回归结果显示,通过检验的交叉项系数显著为负,地方政府干预金融业对产业结构升级产生了负面效应,其抑制程度从东部、中部、西部、东北逐次递增,假设H2成立。

综合模型(9-1)、模型(9-2)无干预变量回归与模型(9-3)、模型(9-4)加入干预变量回归的比较结果来看,首先,考虑与未考虑地方政府干预变量对金融贡献度产生了明显的非对称作用。地方政府干预属地金融业运行,将会在很大程度上扭曲市场化资源配置机制,抑制金融功能发挥,影响金融化路径,不利于生产要素流向高效率的部门和区域,滞缓了产业结构升级。其次,地方财政收支压力越大,金融干预负面效应严重。历年来,四大区域中地方财政收支压力从东部、中部、东北、西部依次增大,而地方政府控制属地金融业运行的效率损失从东部、中部、西部、东北逐次递增，这基本印证了理论分析得出的观点。西部较大的财政收支压力使得地方政府长期以来控制银行信贷资源流向，近年来更是扩展到地方证券业与保险业。一方面，大力推动区域股权交易中心建设，从参与管理到市场行政管制现象愈发明显，损害了投资者利益；通过政府补助补贴或通过金融办等机构直接指导，积极推动属地企业特别是国有企业上市融资，对非国有企业产生较严重的挤出效应。另一方面，地方政府通过PPP项目、股权与债券投资计划等方式吸纳保险资金，大力倡导"政保"合作，而过多的行政审批与管理条款扭曲了险资市场化配置机制，直接与间接控制金融资源流向地方政府偏好产业中，不利于产业结构的升级。东北干预负面效应最大，结果可能与数据序列、回归方式有关；从现实来看，近年来东北经济增速持续下滑，不仅财政收支面临巨大压力，传统产业转型也存在困难，国有企业高比重导致产权结构单一，创新型中小企业、民营企业成长受限，加重了金融干预的抑制效应。相较而言，财政收支压力最小的东部发达地区，干预金融业的负面作用最小，使得信息与市场机制传导效率更高，这一结论进一步支持了弱化效应在不同经济区域存在显著差异的假设。

综合模型(9-2)、模型(9-4)控制变量中通过检验的回归系数，可以看出，固定资产投资(CAP_{it})系数仅在东部显著，这主要是由于中西部长期形成了以大规模固定资产投资、加速资本积累推动经济增长的模式，服务业相对落后。进出口总额(TRA_{it})系数在东部、西部显著为正，说明近年来借助"一带一路"中丝绸之路经济带推进向西开放，西部地区与欧亚国家在资源与产业优势等方面逐步形成互补，在技术合作和现代物流、金融等服务业方面开展区域合作，促进了产业升级。人力资本(HUM_{it})系数只有东部显著为正，改革开放后沿海地区一直是专业技术人才聚集地,"孔雀东南飞"现象由来已久,人力资本虹吸效应明显。城镇化水平（URB_{it}）系数在中部显著为正,这与中部加快城市群建设,提升新型城镇化水平有密切关系；而在东北显著为负,东三省近年来城镇化水平位居全国前列,但其城镇化长期建立在国有重化工业基础上,多为资源型和传统工业型城市,产业层次低下,面临转型困境。

四、稳健性检验

（一）替代变量选取

本章选取(第二产业增加值+第三产业增加值)/地区生产总值指标作为产业结构升级替代变量进行稳健性检验,这主要是基于以下两个因素考虑,一是产业结构升级度量的指标体系涉及多个维度,需要从不同角度进行印证；二是上述替代变量在大量文献中被普遍采用,具有通用性。回归结果显示,除了固定资产投资（CAP_{it}）系数大部分显著为正,其余与表9—3、表9—4的结果较为接近。固定资产投资（CAP_{it}）这一变量的系数之所以为正,可能是因为将第二产业增加值纳入替代变量,而第二产业中包含大量的固定资产投资,从而带来正相关效应。

然而,在衡量产业升级优化时更应注重效率指标,因为单纯地从三次产业间总量规模与结构变化并不能完全衡量产业结构升级的动态过程,特别是对于不同的国家与地区而言这种变化更不能一概而论。例如,从产业由低级向高级演进趋势来看,主要遵循了库兹涅茨产业劳动生产率变动规律,在亚洲、拉美一些国家,虽然第三产业表现出扩张态势,但主要集中在传统服务业,劳动生产率低于第二产业,反而导致经济增速停滞;而在发达国家,第三产业的扩张主要在现代服务业,其劳动生产率高于第二产业,劳动要素配置更多地集中在第三产业,从而能够推动产业升级。根据上述分析,本章以四大经济区域第三产业劳动生产率为产业结构升级替代变量,根据模型(9-2)与模型(9-4)估计发现,当不存在地方政府干预变量时,金融边际贡献效率在东北地区不显著,呈东部、中部、西部依次递增;当考虑地方政府干预行为时,交叉项系数在东部地区不显著,其区域显著为负,并呈中部、东北、西部逐次递增。除去不显著变量,该稳定性检验符合理论分析与研究假设。从原因来看,由于金融业发展的区域横向差异与金融化演进的纵向阶段差异,金融资本引导生产要素在区域产业间的集聚有显著的异质性,尽管欠发达地区高度统一的资源配置机制产生了较高的金融边际效应,地方政府干预管制行为却使市场治理机制被人为割裂,抑制了该地区第三产业劳动生产率提升。

从制度逻辑的研究发现,金融化演进在很大程度上要符合要素禀赋结构决定的产业结构需要与赶超经济发展战略。然而,从宏观层面看,我国金融部门改革滞后于实体企业,金融要素市场改革滞后于实体产品市场,金融制度变迁滞后于经济制度变迁;在区域中观层面,中央政府与地方政府进行金融资源控制的效用权衡,地区银行业、证券业、保险业机构的设立与发展是国有金融产权为消除风险外部性与地方政府经济发展目标诉求相互博弈的客观体现,或者说是用其金融产权来打破金融要素市场垄断、改善金融市场结构、降低交易成本、增进金融市场效率渐进式改革的努力,尽管伴随着地方政府力图获取最大化垄断租金的强烈金融约束冲动,即金融抑制在经济发展落后、财政能力低下的地区更为严重,金融制度创新活力相对不足。因此,无论是在宏观层面还是中观层面,我国长期以来形成了需求追随型的金融化路径,并未真正构建起金融化与产业结构升级的良性循环与互动机制。

(二)动态面板数据分析

尽管模型(9-1)至模型(9-4)采用了 TSLS 工具变量法以克服可能存在的变量内生性问题,考虑到静态面板估计可能产生的检验偏误,尤其是金融化本身是一个演进过程,产业结构升级受到当期与过去因素影响,即经济变量具有滞后效应,因此本章进一步采用动态面板估计方法进行实证检验。模型(9-5)、模型(9-6)分别在模型(9-2)、模型(9-4)基础上引入滞后一期被解释变量。

$$IND_{it} = \delta IND_{it-1} + \beta_0 + \beta_1 FIN_{it} + \gamma_1 CAP_{it} + \gamma_2 TRA_{it} + \gamma_3 HUM_{it} + \gamma_4 URB_{it} + \varepsilon_{it} \tag{9-5}$$

$$IND_{it} = \delta IND_{it-1} + \beta_0 + \beta_1 FIN_{it} + \beta_2 GOV_{it} + \beta_3 FINGOV_{it} + \gamma_1 CAP_{it} \\ + \gamma_2 TRA_{it} + \gamma_3 HUM_{it} + \gamma_4 URB_{it} + \varepsilon_{it} \tag{9-6}$$

本章借鉴布兰德尔和邦德系统广义矩估计方法(SYS-GMM),其作用在于使用工具变量得到一致估计,解决动态面板模型包括被解释变量滞后项而导致的内生性问题。① SYS-GMM 二步法,其相对于一步法更能避免异方差影响。在此基础上,选取解释变量滞后一期、控制变量滞后一期、被解释变量滞后二期为工具变量,以 Sargan 过度识别约束检验判断工具变量有效性,若不能拒绝原假设则表明工具变量选取恰当;同时以自回归(AR)检验残差项是否存在二阶序列相关,若各式 P 检验值不能拒绝原假设,则表明模型设置合理,可以使用 SYS-GMM 进行估计。检验结果如表 9—5 所示,各模型 Sargan 检

---

① Blundell, R., Bond, S. Initial Conditions and Moment Restrictions in Dynamic Panel Data Models[J]. Journal of Econometrcis, 1998, 87(1):115 – 143.

验值与AR(2)检验值均大于0.1,不能拒绝原假设,说明工具变量选择是有效的,且不存在残差项二阶序列相关,模型设定合理,SYS-GMM二步法估计可用于解释模型。

模型(9-5)回归显示,当不存在政府干预变量时,金融边际贡献从东部、中部、东北、西部逐次递增,市场化金融资源配置功能得以有效发挥,与静态面板回归结果相同。模型(9-6)回归显示,当纳入地方政府干预变量时,交叉项系数显著为负,其负面效应从东部、中部、东北、西部逐次递增,更清晰地表现出地方财政压力越大的区域地方政府控制属地金融业运行的动力就越强,进而扭曲了金融化演进路径,导致要素资源配置低效。动态面板数据的稳定性检验进一步验证了假设的正确性。

表9—5 基于SYS-GMM方法的动态面板检验结果

自变量	东部 模型(8-5)	东部 模型(8-6)	中部 模型(8-5)	中部 模型(8-6)	西部 模型(8-5)	西部 模型(8-6)	东北 模型(8-5)	东北 模型(8-6)
IND_{it-1}	0.302 (1.154)	0.145** (2.339)	0.220* (1.891)	-0.167 (-0.263)	0.081 (0.975)	0.148* (1.760)	0.116 (1.042)	0.093** (2.522)
FIN_{it}	0.098*** (3.513)	0.135* (2.102)	0.149* (2.075)	0.114 (1.523)	0.251* (1.940)	0.042** (2.311)	0.207** (2.655)	0.096* (1.850)
GOV_{it}		-0.205 (-1.316)		0.165 (0.892)		-0.170* (-1.894)		-0.057** (-2.513)
$FINBOV_{it}$		-0.061* (-1.857)		-0.158** (-2.801)		-0.219** (-2.622)		-0.183* (-1.799)
CAP_{it}	0.048** (2.551)	0.192 (0.857)	1.154 (1.260)	0.661 (0.972)	-0.058 (-0.994)	-0.214 (-1.105)	0.096 (1.288)	-0.302 (-1.445)
TRA_{it}	0.872 (0.641)	1.042 (1.363)	-0.348 (-1.074)	0.925 (1.336)	0.196** (2.481)	0.203 (0.682)	0.337 (1.245)	-0.844 (-1.253)
HUM_{it}	0.958* (1.874)	1.605 (0.778)	1.856 (1.042)	-0.755 (-1.162)	1.634 (0.951)	-0.094* (-1.882)	-1.277 (-0.961)	0.517 (1.440)

续表

URB_{it}	0.869 (0.477)	0.451 (1.204)	1.366 (0.598)	0.690*** (3.847)	0.945 (1.002)	−0.816 (−0.754)	1.255 (0.830)	−0.361* (−1.905)
常数项	0.847** (2.701)	0.422** (2.649)	1.014* (1.988)	0.638** (2.750)	0.926* (1.841)	0.391*** (5.442)	1.205** (2.673)	0.580* (2.014)
Sargan 检验值	0.359	0.281	0.426	0.419	0.283	0.205	0.466	0.390
AR(2) 检验值	0.902	0.829	0.751	0.782	0.889	0.814	0.735	0.853
观测 个数	100	100	60	60	120	120	30	30
省份 数量	10	10	6	6	12	12	3	3

注：*、**、***分别表示变量统计值通过10%、5%、1%的显著性水平，括号内数值为t统计量。Sargan、AR(2)检验值为对应的P统计量。

第五节 主要结论与政策建议

一、主要结论

本章研究得出如下结论。

（1）我国四大区域金融化水平提升对产业结构升级存在正向贡献效应，且不同经济区域存在显著差异，其金融化贡献度由强到弱排序是西部、东北部、中部、东部。相对于金融资源丰富的东部发达地区，欠发达地区金融发展整体水平较为滞后，然而在边际报酬导向的市场化金融资源配置过程中，产业升级的金融边际贡献效应却比东部更大。

（2）将地方政府干预变量纳入分析框架，发现地方政府干预金融业对区域产业结构升级产生了负面效应，地方政府干预金融业程度越严重，促进作用越受到削弱，在不同经济区域其表现存在显著差异，其抑制程度由弱到强排序是东部、中部、西部、东北部。

（3）固定资产投资水平、对外开放水平、人力资本水平、城市化水平等在我国四大经济区域的影响作用差异显著。其中，固定资产投资水平影响作用仅在东部显著，这与中部、西部和东北部地区长期以来形成的以大规模固定资产投资、加速资本积累推动经济增长模式有关，服务业相对落后。对外开放环境水平影响作用在东部、西部显著为正，这与近年来西部地区借助"一带一路"中丝绸之路经济带推进向西开放，与欧亚国家在资源与产业优势等方面逐步形成互补，在技术合作和现代物流、金融等服务业方面开展区域合作，促进了产业升级等密切相关。人力资本水平影响效应只有东部显著为正，反映出改革开放之后沿海地区一直是专业技术人才聚集地，人力资本虹吸效应明显。城镇化水平影响效应在中部显著为正，但在东北部显著为负。

二、政策建议

（一）将财政体制改革纳入区域金融化分析框架

我国金融体制改革受到来自财政与政府体制改革的影响，这表明金融化演进不能脱离一系列宏观经济制度环境的制约，要准确从区域中观层面探讨金融化对产业结构升级的作用机制就必须将财政分权这一因素纳入整体分析框架。一方面，应进一步完善中央政府对地方政府转移支付制度，合理划分中央事权、中央地方共同事权，提高地方政府支出责任和收入权限的匹配程度，缓解像西部这样的欠发达地区的财政收支压力，调整中央与地方纵向不平衡、不协调的现状。另一方面，应进一步简政放权，改革地方政府绩效考核体系，加快从全能权威型向公共服务型、经济建设型、经济治理型地方政府转变，引入民众满意度评价机制，形成自上而下与自下而上的政府绩效双向考核制度。

（二）优化欠发达地区金融结构

欠发达地区应积极拓宽直接融资渠道，逐步改变金融中介主导的失衡融资结构，加快以场外交易市场为主体的区域资本市场建设，尤其完善区域股权交易市场，发挥其增量资金支持与存量资金再配置功能，促进产业成长与产业转型升级。针对欠发达地区金融所有制结构失衡的状况，关键是要加快由单一金融垄断产权转变为国有金融产权、地方金融产权和私人金融产权的动态均衡组合。推动欠发达地区国有银行经营方式转变与业务创新，现阶段更应着力于支持地方性中小银行、民营银行设立与发展壮大，完善治理结构，降低政治关联，提高运作独立性，构建多层次的金融机构体系，打破长期垄断金融产权形式导致的资源配置低效障碍。

（三）建立健全区域金融调控体系

宏观层面的统一金融调控政策在施行过程中，由于市场环境、政府干预程度、经济金融周期、传导机制途径、市场主体敏感度、金融行为意识等方面的区域差异，造成金融效率时滞不同。在大多数情况下，以发达地区为参照系的政策措施产生的政策效果，容易出现统一调控下区域经济发展的"冷热病"，同时会引致欠发达地区金融资源通过各种渠道向发达地区流动，加剧了区域金融规模差距。因此，由于转轨时期区域经济二元性特征，金融调控政策也应该与区域发展客观状况相适应,即在宏观层面保持整体性、统一性的基础上,更加凸显中观层面差异化实情,处理好全局与局部、中央与地方的关系,构建统一性与差异性相协调的金融调控政策体系。针对东部发达地区,市场化进程领先,传导机制较为畅通,应该以间接调控为主、直接调控为辅;针对欠发达地区,由于金融体系发育缓慢,市场主体反应时滞明显,应该加大直接调控力度。

(四)加强多层次区域金融合作

随着东部率先发展、西部大开发、中部崛起、振兴东北四大经济区域联动格局的基本确立,区域协调发展重大国家战略实施面对的有利条件与不利因素更为复杂多样。区域金融合作作为新时代区域协调发展战略的重要突破口,应通过在以往区域金融合作实践的基础上,深化"一带一路"倡议、京津冀协同发展、长江经济带发展,引领经济区域联动发展新格局,构建区域金融合作新态势、新方略、新体系。通过区域之间的联动,逐步打破行政、地理、历史等原因造成的空间分割,不断创新服务于更高层次区域经济一体化的金融一体化模式,以推动产业结构升级,带动区域经济转向高质量发展阶段。

第十章 经济金融化对中国产业结构优化影响的实证分析

本章是从产业经济层面,采用时间序列模型,实证分析经济金融化对促进产业结构合理化、高级化和均衡化的影响效应,并根据研究结论提出相应的对策建议。

第一节 经济金融化对产业结构影响研究述评

目前,不少学者以国家为样本,从理论或实证角度研究经济金融化对产业结构影响,已经形成较为丰富的研究成果,主要集中在两个方面。一是国内外学者对金融化内涵的界定与分析。现有研究在政治学的视角下,认为资本的金融化过程就是资本的虚拟化过程。虚拟资本以有价证券形式存在,为其持有者带来一定收入。除了从政治学视角研究,现有研究还主要从宏观、中观、微观三个角度来探讨金融化:宏观层面上,经济金融化表现为银行金融部门总量在经济总量中占比不断提升;中观层面上,经济金融化表现为非金融部门或非金融企业的产品和资产金融化,公司金融资产占总资产的份额不断增长;微观层面上,公司主要以分红、股份回购甚至并购的方式,而非投资实体经济的方式将盈利用于增加股东回报,具体表现为股东财富中金融资产份额的增长。有学者以美国为研究对象,认为经济发展金融化是20世纪80年代以来美国最重要的经济现象之一,在宏观经济层面表现为金融发展速度快于经济增长速度,在产业经济层面表现为泛金融部门对GDP的贡献不断上升,在微观经济层面表现为非金融企业的金融活动大幅增加[①]。曹剑飞和齐兰认为经济金融化会带来经济关系日益金融关系化,表现为融资非中介化、证券化以及金融倾斜逆转的趋势[②]。齐兰和陈晓雨从非金融部门与金融市场转变关系角度来分析,对经济金融化进行如下定义,即金融市场、金融交易和金融结构在规模和地位上的提高,并将金融化量化为金融相关率,即金融资产总产值占经济总产出的比例[③]。

二是经济金融化对产业结构的作用效应,主要包括积极效应和消极效应。一方面,部分学者认为经济金融化促进了产业结构的优化升级。不少学者基于金融促进美国新经济发展的事实,在研究中重点关注经济金融化对经济发展的正向促进作用,认为金融化的证券化和虚拟化发展特性为资本主义国家快速积累利润提供了路径。科斯塔斯·拉帕维查斯从马克思主义政治经济学的角度分析,认为金融危机之后,虽然金融化和一蹶不振的经济生产并存,但这不能说明经济衰退的主导因素是金融化。在经济生产整个过程中,金融化现象是成熟资本主义的一种转变,具体表现为企

---

① 宋湘燕,何志强.美国金融与实体经济关系[J].中国金融,2018(3):84—86.
② 曹剑飞,齐兰.经济金融化对我国产业转型升级的影响及其对策[J].学术论坛,2016,39(1):66—69+130.
③ 齐兰,陈晓雨.中国经济金融化对产业结构优化影响机制的实证研究[J].当代经济管理,2015,37(5):75—80.

业、银行、居民金融活动的增加[1]。帕尼奇等反对金融挤出实业投资的观点,认为资本在金融领域的过度集中正是资本主义本质属性的表现,金融化带来的利润增长为生产企业提供了更多资金用以投入生产。同时,多样化的金融投资行为实际上分散了资金风险,优化了资源配置,促使高新技术在不同生产部门之间扩散、资金从低回报部门流向高回报部门。避免产业空心化的核心在于合理配置产业结构,加大制造业生产投入,充分利用金融利润,而非一味降低金融化率[2]。国内学者通过实证分析证明了这一结论[3]。杨琳、李建伟在理论探讨中国金融结构升级与实体经济结构升级两者的关联机制的基础上,实证研究指出中国正处在金融结构转型的攻坚阶段,实体经济结构升级需要良好的金融结构相配套,促进金融化合理发展是促进产业结构优化升级的重要环节[4]。

另一方面,部分学者研究得出经济金融化抑制了产业结构优化升级的结论。基于过度金融化是引发2008年美国次贷危机重要原因的基本判断,多数国外学者认为经济金融化虽然在短期内实现了利润快速积累,却最终会抑制经济发展,对产业结构升级造

---

[1] Lapavitsas, C. Theorizing Financialization [J]. Work, Employment & Society, 2011, 25(4), 611-626.

[2] Panitch, L., Gindin, S. The Current Crisis: A Socialist Perspective[J]. Studies in Political Economy, 2009, 83(83):7-31.

[3] 分别参见:王芳.经济金融化与经济结构优化[J].金融研究,2004(8):120—128;陈峰.论产业结构调整中金融的作用[J].金融研究,1996(11):5;范方志,张立军.中国地区金融结构转变与产业结构升级研究[J].金融研究,2003(11):36—48;惠晓峰,沈静.东北三省金融发展与产业结构升级关系的实证研究与比较[J].哈尔滨工业大学学报(社会科学版),2006(3):87—91.

[4] 杨琳,李建伟.金融结构转变与实体经济结构升级(上)[J].财贸经济,2002(2):9—13.

成负面影响,形成产业空心化。虚拟领域的无限膨胀和实体领域资金的缺乏,将最终引发金融危机。国外学者以发达国家美国为例,分别以非金融企业、对外贸易企业等研究对象,分析经济金融化对制造企业、制造活动以及实体经济的生产活动的影响,并指出金融化现象普遍存在于美国非金融企业中,企业的利润更多投放在金融投资领域,导致产品部门投资占比不断下降,制造业发展受到抑制,从整体上阻碍了非生产制造活动,实体经济投资被挤出,发展空间受到挤压,产业结构升级被迫减缓①。与此同时,有学者将美国经济过度金融化发展的原因总结为,在丧失制造业优势的同时过分依赖金融业,对金融业实施的大规模去规则化政策,促使金融机构经营范围逐步拓宽,银行、证券和保险之间的"防火墙"被打通,拓展了结构化金融产品业务,使金融衍生品成为金融机构的重要收入来源,这在一定程度上进一步削弱了美国制造业的实力②。

此外,不同学者以不同国家为对象进行研究,代表性的有: Cagla Ozgur 研究了土耳其经济金融化现象,发现受市场化政策影响,早在 20 世纪 80 年代就出现了金融化现象,过度的金融化最终造成了较高的财政赤字、高通货膨胀率和高利率,经济发展和产业

---

① 分别参见:Orhangazi, O. Financialization of the U.S. Economy and Its Effect on Capital Accumulation: A theoretical and Empirical Investigation[D]. School of Economics, University of Massachusetts, 2006; Lazonic, W. From Innovation to Financialization: How Shareholder Value Ideology is Destroying the US Economy. The Political Economy of Financial Crises[M]. Oxford:Oxford Universtiy Press,2011; Milberg, W., Winkler, D. Outsourcing Economics: Financialization and the Dynamics of Offshoring[M]. Cambridge University Press, 2013.

② 韩凤荣.美国经济过度金融化发展的原因、问题及借鉴[J].征信,2010,28(3):76—80.

升级出现停滞。[①] Hee Young Shin 以韩国为例,结合亚洲金融危机,从宏观和微观两个层面进行实证研究,认为在韩国,金融化确实降低了其以制造业为代表的非金融企业的固定资产投资量。[②] 近年来,我国金融业体量迅速扩大,金融已深入生产生活的各方面,有学者观测到这一现象并研究了我国金融化趋势。赵玉敏指出世界经济金融化的趋势不仅加深了中国制造业对外部市场的依赖程度,而且增加了全球经济的系统性风险[③]。张慕濒等进一步研究了这种现象对产业结构的危害。他认为产业资本转化为金融资本,挤占了实体经济的发展空间,加大了产业调整的难度[④]。陈享光、郭祎认为,我国金融化确实存在过度发展的倾向,长此以往,将会对金融和经济稳定发展带来严重危害,应避免脱离经济发展的过度金融化[⑤]。

综上所述,当金融结构的变化趋势和产业结构转型升级要求相适应的时候,就能促进经济增长方式的转变,实现可持续的包容性发展[⑥]。从现有研究观点来看,对于金融化与产业结构关系的不

[①] Ozgur, C. Economic Decision-Making in Turkey: Financialization and the Experts [D]. UMI Press, 2008.

[②] Shin, H. Y. Essays on the Causes and Consequences of the Asian Financial Crisis—Financialization, Stagnant Corporate Investment, and Alternative Measures of the Asian Labor Markets[J]. Dissertations & Theses-Gradworks, 2012.

[③] 赵玉敏.世界经济金融化对中国制造业的影响[J].国际贸易,2008(11):49—53.

[④] 张慕濒,诸葛恒中.全球化背景下中国经济的金融化:涵义与实证检验[J].世界经济与政治论坛,2013(1):122—138.

[⑤] 陈享光,郭祎.论金融化及其对经济发展的影响[J].学习论坛,2017,33(2):32—35.

[⑥] 曹剑飞,齐兰.经济金融化对我国产业转型升级的影响及其对策[J].学术论坛,2016,39(1):66—69+130.

同论述,归根结底是因研究对象不同、选取时段不同、分析视角不同。大部分美国学者对金融化持否定态度,这部分研究主要发表于金融危机之后,核心观点是金融业过快发展挤占了实体经济,造成产业空心化,危及国家产业安全。但也有学者持辩证的观点,认为不能一叶障目,美国产业空心化现象更多源于"去工业化"政策,如果合理引导,金融化也能助力产业发展。近30年来,中国金融业从规模上实现跨越式发展,跃居世界前列,创造了举世瞩目的金融利润,极大改善了企业生产、居民生活条件,聚集了优质的人力、物力资源。然而,前事不忘,后事之师,我国学者借鉴美国金融业发展经验,及时考察金融化对我国实体经济的影响,取得了丰富的成果。部分学者认同金融化恶化了国际市场环境的判断,承认金融化导致的金融危机使中国制造业损失惨重,但是他们更加强调金融化对我国产业升级的正面影响,即金融化迫使产业结构升级,通过提高产品附加值,提升我国在全球价值链中的位置。根据现有研究成果,金融化这一全球性的趋势,为我国带来了不同的影响,这是由我国金融业、制造业发展的特殊阶段决定的。

对比国内外文献,现代金融业在发达国家发展的发展时间更长,因此国外文献关于金融化的理论探讨也更加深入和全面。但是,国外的研究几乎都以美国为主的发达国家为研究对象,即使有少量研究发展中国家金融化现象的文章,也只关注金融自由化国家,如有学者深入研究了巴西金融化现象[1]。国内专门研究金融化影响产业结构升级的文献较少,深入剖析影响机制的文献更是凤

---

[1] Nassif, A., Feijó, C., Araujo, E. What Determined Labour Productivity In The Brazilian Manufacturing Industries In The 2000s? [C]. Anais Do XLII Encontro Nacional De Economia. ANPEC,2016.

毛麟角，许多重要环节一笔略过，研究深度存在不足。与此同时，现有文献大部分从金融化与经济发展的角度分析金融化与产业结构升级的关系。经济发展的论题固然重要，但是产业结构升级是经济发展中最核心的要素，有必要进行针对性的研究。当前，金融如何支持实体经济发展成为国内外学者探讨的焦点，对经济金融化与产业结构升级的关系进行系统研究，也就是从经济学理论高度系统探讨金融业如何促进产业发展的合理化、高级化、均衡化，具有极强的现实性和指导性。

第二节 理论分析与研究设计

一、理论分析

一般来说，经济金融化从不同角度去理解，其含义会有所不同，但大致可理解为金融化描述了非金融部门与金融市场之间关系的转变。该转变首要表现为金融行业增加值占 GDP 比重的增加，其次表现为金融利润取代生产利润成为企业主要利润来源，还表现为资本市场的快速发展，金融投资链条拉长，产品层层嵌套，金融杠杆不断攀升，资金始终在金融领域空转，难以进入生产领域。经济金融化最直接的衡量指标是金融相关率，即一国金融资产总产值占经济总产出比例的增加。

产业结构指国民经济中各产业所占比重及其相互间的联系，

一般是指三次产业即第一产业、第二产业、第三产业之间的联系和所占比例的关系。三次产业中,第一产业由农业和畜牧业组成,第二产业主要指制造业为主的工业,第三产业主要指服务业。所谓产业结构优化是指三次产业所占比重的调整,是第一产业占比下降,第二产业内部由低端制造业向高端制造业升级,第三产业占比增加的过程。通过动态的产业调整,实现产业结构的合理化、高级化,并最终实现产业结构均衡化的动态过程。经济金融化主要是通过三方面作用对产业结构进行优化,具体如下。

(一)经济金融化对产业结构合理化的作用机制

产业结构合理化主要是指国民经济总体上三次产业间所占比重、空间布局的合理化,以及产业结构与国民经济结构之间相适应的状态。产业结构合理化是一个动态调整过程,在经济发展的一定阶段,综合考虑现有资源和消费需求,将初始不合理的产业结构通过相关措施,实现资源在各产业的空间布局和所占比重的合理配置和有效利用。金融化对产业结构合理化调整是一个动态过程,且是循序渐进、逐渐优化的过程。首先,现存传统产业往往会存在产能过剩、产业低端的问题,亟待通过改革去产能、筛选合理可持续产业,而金融在一定程度上能改善这种状态。由于金融存在集聚闲散资金、配置金融资源的功能,金融资源会倾向于投资回报率高、可持续发展的项目,而回报率低的产业会逐渐因无法获得资金支持而被淘汰,或被迫升级为优质产业;其次,部分投资回报率高、优质产业由于产业资源配置的不合理导致产业发展不完善,必须发挥金融资源的二次优化分配,使金融资源能分配给真正适合发展的优质产业。因此,经济金融化所带来金融交易增加、金融市场发展、金融结构调整,则可以优化产业类型和产业结构比重,实现产业结构合理化。

（二）经济金融化对产业结构高级化的作用机制

产业结构高级化是指国民经济的产业结构由低水平向高水平逐渐调整转化的动态过程，建立在产业结构合理化基础之上。一般来说，一国（地区）产业结构通过不断适应市场发展变化的需要，使得产业的整体产值由低水平向高水平、由低收益向高收益动态演进，促进产业高附加值化、高技术化、集约化，提升产业价值链实现总体产业和产业内部由低端产业向高端产业的转化，其动力是科技创新，其表现是高新技术产业的快速发展。金融发展支持产业结构高级化的过程主要包括直接和间接金融支持两方面。直接金融支持是指以资本市场为主导，通过资本市场为企业提供创新发展所需资金。间接金融支持是指银行信贷为主导，通过政策性与补贴性信贷机制和市场性间接金融中的商业性信贷机制为企业创新发展提供充足资金。随着金融化程度的加深，直接融资相对于间接融资逐渐增加，以 VC、PE 为代表的直接融资能更加精准对接高新技术产业融资需求，在企业成长阶段给予支持。

（三）经济金融化对产业结构均衡化的作用机制

产业结构均衡化是建立在是实现产业结构合理化与高级化的基础上，是指国民经济结构系统中各产业之间、产业结构与一国（地区）经济发展水平、产业结构与一国（地区）资源禀赋相互协调的和谐状态，其核心是资源的优化配置，化解产能过剩、使产业结构达到协调稳定、经济发展和谐。金融化通过三方面促进产业结构均衡化：一是金融化过程中创造的良好市场竞争机制，能促进金融资源配置合理、促使金融资源流向高附加值、高技术、高集约性的优质产业。二是政府对市场性金融活动的有效干预，调控金融资源在不同产业之间的合理最优配置,以实现金融资源使用的帕累托最优。三是在微观层面,企业的金融化行为,有助于分散风险,建立现代企业制度,实现企业生产均衡化。经济金融化支持产业结构优化的作用机制具体如下图10—1。

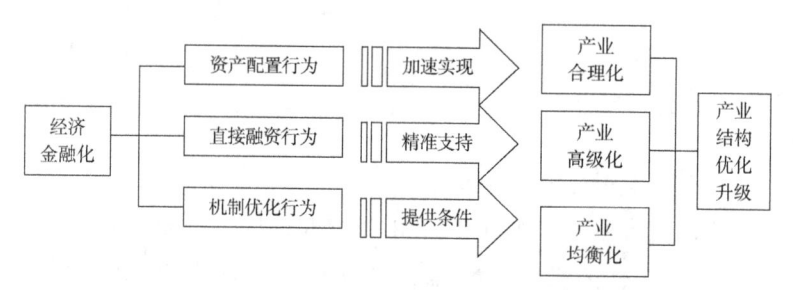

图10—1 经济金融化支持产业结构优化机制

二、研究设计

根据上述理论分析,经济金融化通过产业结构合理化、高级化、均衡化三个渠道作用于产业结构,最终带来产业结构的优化升级。因此,本章拟构建经济金融化和产业结构合理化、高级化、均衡化间的数量模型,运用协整分析,判断经济金融化与产业结构优化升级的三个方面是否具有长期均衡关系。依据最小二乘法,估计变量间的影响系数和作用方向。基于格兰杰因果检验,研究变量间的因果关系。根据脉冲响应分析,进一步研究经济金融化与产业结构合理化、高级化、均衡化等变量间的因果关系在长期是否依然存在。

第三节　指标选取与计量模型

一、指标选取

1. 经济金融化的衡量指标

由前文可知,金融相关率(FIR)是衡量一国金融发展水平最常用、最为代表性的指标,等于金融活动总量与经济活动总量的比率,最先由戈德史密斯提出。除了提出 FIR 的计算方式,戈德史密斯还归纳指出金融相关率可以由货币比率、非金融相关比率、资本形成比率、外部融资比率、金融机构、新发行比率、金融资产价格波动和乘数七个因素刻画,这七个因素与 FIR 具有正相关关系。[①]由于他所考虑的诸多因素在实际计算过程中非常复杂,计算难度大,因此国内外大部分学者都仅从金融资产角度来测度,将金融相关率(FIR)用一国(地区)在一定时期内全社会金融资产总额与国民经济生产总值的比率来表示。而这一计算方式得到众多学者的认同,认为金融相关率不仅能反映各个时期的金融化程度,还可以反映不同时期的金融发展水平,可以在不同时期使用[②]。本章参照

---

① Goldsmith, R. Financial Structure and Development[M]. New Haven: Yale University Press, 1969.

② 分别参见:张慕濒,诸葛恒中.全球化背景下中国经济的金融化:涵义与实证检验[J].世界经济与政治论坛,2013(1):122—138;丰雷.经济金融化背景下美国经济危机的根源研究[D].西南财经大学,2010;王芳.经济金融化与经济结构优化[J].金融研究,2004(8):120—128;蔡则祥,王家华,杨凤春.中国经济金融化指标体系研究[J].南京审计学院学报,2004(1):49—54.

前人的研究经验,选取金融相关率(FIR)来量化经济金融化程度。一般来说,金融化相关率值越大,反映经济金融化程度越高。

2. 产业结构优化的衡量指标

产业结构优化包括三个方面,即产业结构合理化、产业结构高级化和产业结构均衡化,因此本章将从这三个维度构建衡量产业结构优化的指标:

(1)产业结构合理化衡量指标

产业结构合理化旨在促使资源在各产业间合理配置及有效利用,从而各产业之间由于内在相互作用形成异于产业各自能力之和的整体能力。现有研究通常使用结构偏离度来衡量,来反映各产业产值所占比重与相应产业的劳动力所占比重的差异程度,国内学者干春晖等采用泰尔指数(Theil 指数)来计算[①],泰尔指数不仅可以衡量产业结构合理化在不同时间、不同区域的差异,还保留了产业结构偏离程度的理论基础和经济意义,能反映各产业的相对重要性。其计算公式如下:

$$TL = \sum_{i=1}^{n} \left(\frac{Y_i}{Y}\right) \ln\left(\frac{Y_i}{L_i} \bigg/ \frac{Y}{L}\right) \tag{10-1}$$

公式(10-1)中,TL 反映产业结构合理化的指数,Y 表示产值,L 表示就业人数,i 表示第 i 次产业,n 表示总的产业部门数,$n=3$,产业类别按照三次产业类别划分,分别为第一产业、第二产业和第三产业,Y/L 表示单位劳动力的生产率,Y_i/Y 表示某一产业产值占

---

① 干春晖,郑若谷,余典范.中国产业结构变迁对经济增长和波动的影响[J].经济研究,2011(5):4—16.

所有总产值的比重,反映该产业的相对重要性。根据新古典经济学假设,经济最终处于均衡状态时,各产业部门的生产率水平相同,即 $Y_i/L_i = Y/L$,产业结构合理化指数 $TL = 0$。因此,产业合理化指数 TL 指数是一个负向指标,当 $TL = 0$ 时,反映出产业结构合理化程度最高;当 TL 不为 0 时,产业结构偏离均衡状态,产业结构不合理,TL 值越大,表示产业结构越不合理。

（2）产业结构高级化衡量指标

产业结构高级化反映资源要素的利用效率不断被突破,推动产业朝高附加值、高技术、集约型发展,以及新兴产业和朝阳产业等逐渐壮大的过程。根据克拉克定律,学者常采用非农产业比重作为度量产业结构高级化的指标。但随着科学技术的不断发展,产业结构高级化不仅体现在非农产业所占比重的提高,还更应反映非农产业中不同产业的构成情况,借鉴干春晖等的研究,利用第三产业与第二产业之比来衡量,记为 TS。[①] 一般来说,TS 是一个正向指标,TS 变大,反映出经济朝第三产业的方向演进,产业结构中第三产业占优势,产业结构在升级;反之,产业结构在降级。

（3）产业结构均衡化衡量指标

产业结构的均衡化是指国民经济结构系统中各产业之间、产业结构与一国（地区）经济发展水平、产业结构与一国（地区）资源禀赋相互协调的和谐状态,是实现产业结构优化最终目标的动态过程,产业结构优化的过程实质上是产业结构由非均衡到均衡的

[①] 干春晖,郑若谷,余典范.中国产业结构变迁对经济增长和波动的影响[J].经济研究,2011(5):4—16.

第十章　经济金融化对中国产业结构优化影响的实证分析

演进,或从低层次均衡向高层次均衡的跃迁。现有文献较少研究衡量产业结构均衡化的指标,具有代表性的有:徐德云基于一般均衡的分析框架,构建了产业结构均衡的理论模型①,通过推导,得出公式(10-2)来测度经济社会产业结构不均衡偏离程度,其中经济社会中的产业按三次产业划分为第一产业、第二产业、第三产业。

$$R = \sqrt{\sum_{i=1}^{3}(\frac{y_i}{l_i}-1)^2/3} \quad (R \geq 0) \quad\quad\quad (10-2)$$

上式中,R用来测定经济产业结构均衡化程度,i(i = 123)代表产业属于第i产业,Y_i/L_i指第i产业的劳动收入比。一般来说,R是一个逆向指标,$R = 0$时,产业结构就达到均衡;R值越大,反映出经济结构越不平衡,国民收入将会减少,经济越不稳定。

二、数据来源与描述性分析

考虑到中国在1978年进入改革开放,受金融自由化、电子化和信息化的影响,以及我国与其他国家贸易资金往来逐渐频繁等影响,我国金融业从无到有蓬勃发展,同时鉴于经济金融化相关数据的可获得性,本章的时间跨度选择1978—2016年。相关经济金融化、产业结构优化升级等指标的原始数据来自《中国统计年鉴》、《中国金融统计》、各省统计年鉴以及国家统计局、中国人民银行、中国保监会、中国证监会等权威机构官方网站公布的数据。计量

---

① 徐德云. 产业结构均衡的决定及其测度:理论解释及验证[J]. 产业经济研究,2011(3):56—63.

模型中的变量数据由笔者通过原始数据计算获得。

为更直观地观察各项指标的变动趋势，先对数据进行统计性描述。考虑到各组数据的单位不同，为确保数据的可比性，对每一个指标数列进行无量纲处理，将每组数据处理成标准化数据。具体来说，对于正向型指标：

$$c_{ij}^{'} = \frac{c_{ij} - \min c_j}{\max c_j - \min c_j}, 0 \leq c_{ij} \leq 1$$

对于逆向指标：

$$c_{ij}^{'} = \frac{\max c_j - c_{ij}}{\max c_j - \min c_j}, 0 \leq c_{ij} \leq 1$$

对各变量进行标准化处理，得到描述性统计结果如表10—1所示，各变量经标准化处理后，更容易观察其所处的水平与呈现的特征。由表10—1可知，中国的经济金融化、产业结构合理化、产业结构高级化、产业结构均衡化等指标的均值分别为0.253、0.538、0.404、0.373，均处于较低水平。具体来看：(1)从数据值大小来看，经济金融化水平均低于产业结构合理化、产业结构高级化、产业结构均衡化水平。(2)从数据分布看，经济金融化、产业结构合理化、产业结构高级化、产业结构均衡化均呈陡峭的右偏分布。(3)由于本章中国经济金融化和产业结构优化的数据区间为1978—2016年，从各变量的时间序列趋势可以得出：一是中国经济金融化水平在1978—2016年不断上升；二是产业结构合理化水平在2004年以前呈现较大波动性，2004年以后产业结构合理化水平呈不断上升的趋势；三是产业结构高级化水平呈逐渐上升趋势；四是产业结构均衡化水平不断趋于均衡。

表 10—1　变量的描述性统计

标准化变量	变量解释	均值	中位数	标准差	偏度	峰度
SFIR	经济金融化	0.253	0.190	0.249	1.720	5.327
STL	产业结构合理化	0.538	0.549	0.215	0.239	3.353
STS	产业结构高级化	0.404	0.414	0.236	0.291	3.075
SR	产业结构均衡化	0.373	0.376	0.225	0.586	3.651

数据来源：根据《中国统计年鉴》《中国金融统计》以及国家统计局、中国人民银行、中国保监会、中国证监会等官方网站公布的数据计算得到。

注：STS 为标准化的产业结构高级化指标；STL 为标准化的产业结构合理化指标；SFS 为标准化的经济金融化指标；SR 为标准化的产业结构均衡化指标。

三、计量模型

为避免模型出现伪回归造成结果偏差，先采用 Dickey 和 Fuller 提出的考虑残差项序列相关的 ADF 单位根检验方法对变量进行平稳性检验，将非平稳的变量处理成平稳时间序列。若各组变量是单整的，可以采用协整检验分别研究确定经济金融化与产业结构优化三个方面的指标，即产业结构合理化、高级化、均衡化之间的长期关系。根据上一节的理论分析，金融相关率（FIR）代表经济金融化程度，通过合理化（TL）、高级化（TS）、均衡化（R）三个方面作用于产业结构优化升级。基于此，构建如下计量模型：

$$FIR = c + \beta_1 TL + \beta_2 TS + \beta_3 TR + \varepsilon \quad (10-3)$$

其中，可预测 $\beta_1 > 0, \beta_2 > 0; \beta_3 = ?$。

方程(10-3)中，TS 代表产业结构高级化指标；TL 代表产业结构合理化指标，TR 代表产业结构均衡化指标，FIR 代表金融相关率。

第四节 实证结果分析

一、单位根检验

根据方程(10-3),对于时间序列数据,在进行实证分析前,需要确定变量的平稳性,使用 EViews 软件对变量进行单位根检验,判断各变量序列是否平稳。为减少数据波动性对结果精确性产生不利影响,首先对各变量进行对数化处理。通过检验发现,各变量经过对数化后均为非平稳变量,对其进行一阶差分处理,结果如表 10—2 所示。由 ADF 检验结果可知,所有变量的一阶差分均在 1% 的显著性水平下平稳,所有变量是同阶单整,即均为一阶单整。

表 10—2 单位根检验

变量	ADF 检验	检验类型	滞后阶数
$\ln FIR$	3.300	不含趋势线性项和常数项	0
$\Delta\ln FIR$	-4.861**	不含趋势线性项和常数项	1
$\ln TL$	1.528	不含趋势线性项和常数项	0
$\Delta\ln TL$	-4.614**	不含趋势线性项和常数项	1
$\ln TS$	-2.460	不含趋势线性项和常数项	0
$\Delta\ln TS$	-3.619**	不含趋势线性项和常数项	1
$\ln R$	2.572	不含趋势线性项和常数项	0
$\Delta\ln R$	-3.912**	不含趋势线性项和常数项	1

注:**表示在1%的显著性水平上拒绝有单位根的假设。

二、协整检验

采用 Johansen 协整检验进行检验,该检验方法基于向量自回归模型(VAR 模型),在进行协整检验之前,需要确定 VAR 模型的结构。根据 SC(Schwarz Criterion)准则确定 $\ln FIR$ 与 $\ln TL$、$\ln TS$、$\ln R$ 的 VAR 模型最优滞后期数为 2 和 4。通过上述分析,各变量原始数据是非平稳变量,在一阶差分以后变成平稳序列,是一阶单整。接下来,采用 Johansen 协整检验判断各变量之间的协整关系,并进一步确定相关变量之间的符号关系。

为确定 VAR 模型的最优滞后期数,本章进一步进行 Q 统计量检验、怀特检验和 JB 检验。检验结果表明,各变量数据具有很好的拟合度,残差序列具有较好平稳性,确定滞后期数为 4。Johansen 协整检验结果表明,在 1978—2016 年样本区间内,$\ln FIR$ 与 $\ln TS$、$\ln TL$ 和 $\ln R$ 之间存在三个协整关系,即经济金融化与产业结构合理化、产业结构高级化、产业结构均衡化分别存在协整关系。这四个变量之间的协整方程为:

$$\ln FIR = 4.252\ln TL + 1.036\ln TS - 3.993\ln R \qquad (10-4)$$

由方程(10-4)可知,1978—2016 年,中国的经济金融化、产业结构合理化、产业结构高级化、产业结构均衡化四个变量之间存在长期均衡关系。其中,产业结构合理化、产业结构高级化、产业结构均衡化的变动带来了经济金融化的变动,前者是后者的原因。而通过该方程的符号可以判断,产业结构合理化、产业结构高级化与经济金融化之间存在正相关关系,与预测结果一致。而产业结构均衡化与经济金融化之间存在负相关关系。

三、格兰杰因果检验

Johansen 协整检验是对未进行处理的非平稳变量之间长期因果关系的检验。而对各变量之间短期因果关系的检验,则可以采用格兰杰因果检验进行判断。进行格兰杰因果检验的前提条件是各变量是平稳的,因此对差分处理后的各变量进行格兰杰因果检验,结果如表 10—3 所示。可知,在最优滞后期 2 期时,产业结构合理化和产业结构高级化在 10% 的显著性水平下都没有成为经济金融化的格兰杰原因;同时,产业结构均衡化与经济金融化在 10% 的显著性水平下互为格兰杰原因。这一结果与 Johansen 协整检验的结果相符。

表 10—3　格兰杰因果检验

变量	零假设	最优滞后期	样本数	P 值
$\Delta \ln TL$	$\Delta \ln TL$ 不是 $\Delta \ln FIR$ 的 Granger 原因	2	37	0.1445
	$\Delta \ln FIR$ 不是 $\Delta \ln TL$ 的 Granger 原因	2	37	0.2126
$\Delta \ln TS$	$\Delta \ln TS$ 不是 $\Delta \ln FIR$ 的 Granger 原因	2	37	0.1002
	$\Delta \ln FIR$ 不是 $\Delta \ln TS$ 的 Granger 原因	2	37	0.0152
$\Delta \ln R$	$\Delta \ln R$ 不是 $\Delta \ln FIR$ 的 Granger 原因	2	37	0.0851
	$\Delta \ln FIR$ 不是 $\Delta \ln R$ 的 Granger 原因	2	37	0.3143

注:Δ 表示经济变量一阶差分;表格数据根据回归结果整理。

四、脉冲响应分析

由格兰杰因果检验可知,产业结构均衡化发展是促进经济金融化的原因。为进一步确定两者之间的动态关系,利用向量自回归(VAR)技术进行冲击反应实证分析。在对 $\ln FIR$ 与 $\ln R$ 两者之间进行一般冲击响应分析之前,先进行 VAR 特征根倒数模的单位圆检验,检验结果显示数据具有稳定性。具体体现在以下四个方面:(1)经济金融化的正向冲击有利于经济金融化本身的改善;(2)产业结构均衡化的正向冲击对经济金融化有波动性的影响,并随着时间最终趋向于零,说明产业结构均衡化在短期对经济金融化有作用,但在长期趋向稳定;(3)经济金融化的正向冲击对产业结构均衡化有负面影响,但这种影响并不显著;(4)产业结构均衡化的正向冲击对自身产生正向的影响。因此,由上述 VAR 分析结果可知,产业结构合理化对经济金融化存在正向影响,但是这种影响并不持久,长期趋于稳定。从理论上说,产业结构均衡化发展应该可以改善经济金融化发展状况,但对我国 1978—2016 年数据的分析没有表现出产业结构均衡化对经济金融化有正向影响,换句话说,由于我国目前产业均衡化发展程度较低,产业资源配置不合理,我国产业均衡化对经济金融化发展的促进作用还未完全发挥,存在很大的作用空间。

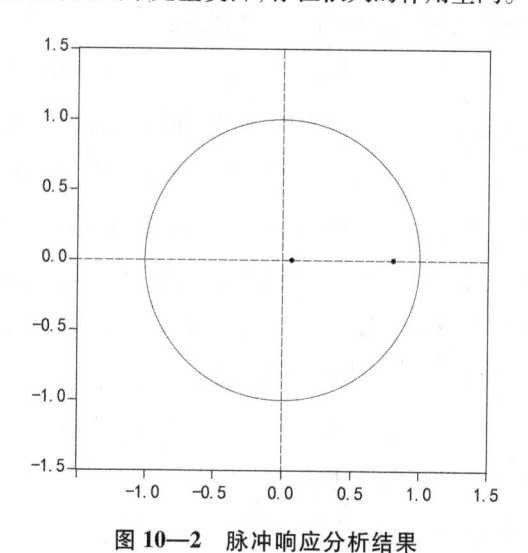

图 10—2 脉冲响应分析结果

第五节 主要结论与政策建议

一、主要结论

根据上述理论机制分析,经济金融化对产业结构优化的影响主要是通过经济金融化对产业结构合理化、经济金融化对产业结构高级化、经济金融化对产业结构均衡化三个作用机制发挥作用。通过实证分析,可以得出以下结论:

(1) 经济金融化水平对我国产业结构优化确实存在显著影响,这种影响在长期和短期均具有显著性。

(2) 经济金融化与产业结构合理化、产业结构高级化存在正相关关系。从统计数据资料来看,我国金融发展和金融深化对产业结构合理化、产业结构高级化具有正向促进作用。这一正向促进作用主要是通过金融证券化、虚拟化、信用化等为产业发展提供金融资源来实现的。在市场机制作用下,资金通过产业政策、并购重组等流向利润较高和发展前景较好的高新技术产业,促进过剩产能和落后产能行业的淘汰,从而促进产业结构向合理化和高级化发展。

(3) 经济金融化与产业结构均衡化存在负相关关系,从产业发展看,产业结构均衡化表现为反对经济的过度金融化。产业结构均衡化包含了两个方面,即:资源配置达到帕累托最优与产业发展达到均衡稳定状态。一般来说,经济金融化会伴随着大量金融衍生品的出现,金融资源会流向高盈利部门,加剧资本市场的投机性,造成产业发展波动,降低产业结构均衡性。但近年来,各种现象表明,西方国家经济金融化趋势非但没有侵蚀我国金融业的发展,反而拉动了我国的经济金融化。

二、政策建议

(一)促进生产要素合理流动,实现产业结构向合理化发展

本章协整检验和格兰杰因果检验发现经济金融化与产业结构合理化具有正向相关关系。但从时间序列数据看,1978—2016年,我国经济金融化不断上升的同时,产业结构合理化与经济金融化表现出不一致的趋势。这说明存在其他因素阻碍我国产业结构向合理化方向发展。国民经济各部门协调发展是产业结构合理化的重要基础。因此,要发挥市场机制作用,促使资金在各区域、各产业及各经济部门流动并重新分配,实现社会生产要素合理配置,最终引导产业结构向合理化和高度化方向发展。

(二)进一步完善资本市场功能,不断促进产业结构向高级化发展

长期以来,我国金融业主要以银行间接融资为主,具有直接融资功能的资本市场发展不足,致使具有高风险的高科技产业资金主要来自银行业,而银行业对风险高要求的特性决定了其对高科技产业提供的资金存在不足。因此,促进产业结构高级化的关键在于进一步完善资本市场功能,利用资本市场对高风险合理对冲,扩宽高科技产业资金来源渠道,促进高科技产业的发展。同时,还

需要政府制定相应的产业政策,如制定优惠的投融资政策,开发资本市场,允许高信用级别的企业直接从资本市场融资。

（三）改善金融市场环境,减少投机性投资对产业结构均衡化的干扰

改善金融市场环境,首先要构建完善的金融监管体系,确保其与金融工具、金融衍生品、金融市场、金融机构等的发展相适应。其次,完善金融市场法律体系,并要求金融市场交易主体和监管主体切实遵守,有效制裁金融市场不当违法行为,避免或减少产业发展波动。再次,持续加强金融监管力度,对资本市场中内外资的不正当投机行为进行修正与调整。最后,充分发挥信息技术、大数据、云计算、智能制造、移动支付等先进技术,将金融与科技相融合,有效支持产业结构优化,但同时要有效防范系统性金融风险。

结　语

尽管本书从理论探讨到现实分析,再到综合比较,最后到实证研究,形成了较为完整的有关垄断资本金融化问题的理论框架和主要内容,但由于时间所限,还需在金融化与有关因素关系方面进一步展开研究,这些关系方面主要包括:

1. 金融化与全球化的关系。当今经济全球化进程虽然有波折,甚至有逆向潮流,但经济金融化却势头不减,甚至还有再度兴起趋势。因此,应深入探讨经济金融化与经济全球化(包括贸易全球化、生产全球化等)的内在联系和作用机理。

2. 金融化与工业化的关系。这也涉及虚拟经济与实体经济的关系,而且发展中国家也普遍面临着工业化进程中如何发展金融的问题。不仅如此,还应重点研究发达国家 2008 年之前的金融化与"去工业化"关系和 2008 年以来的金融化与"再工业化"的关系,这对发展中国家尤其中国具有借鉴和启示意义。

3. 金融化自身的"去金融化"与"再金融化"的关系。目前,在世界范围内一些国家正进行着"去金融化"过程,而美国等发达国家又开始有"再金融化"的势头,这个新的现象应引起关注和研究。

4. 金融化与市场化的关系。这主要涉及金融领域中政府与市场关系如何处理,尤其是发展中国家及体制转型国家,应积极探索如何通过深化金融体制改革、减少政府干预、开放金融市场,使市场机制在金融资源配置中起决定性作用,进而发挥金融对经济发展的促进作用。

5. 金融化与主权货币国际化的关系。当今中国在由经济大国迈向经济强国的同时,必须尽快改变目前中国金融小国和金融弱国的状况,其中要加快人民币国际化进程,提高人民币作为主要国际货币在国际货币体系中的地位与作用,从而逐步将中国打造成金融大国和金融强国,这方面问题值得深入研究。

6. 金融化与科技化的关系。随着互联网、大数据、人工智能、区块链、云计算等信息科技的快速发展,未来金融化将会出现与科技融为一体的各种新业态,如金融科技等,如何运用金融科技这把双刃剑,使之趋利避害,也是新形势下金融化健康发展面临的新挑战。

7. 金融化与法制化的关系。市场经济也是法制经济,同样金融作为市场经济的核心也应有法律支撑和法律保障,因此,发展中国家如何加强金融立法、加强金融监管、建立健全的金融监管体系,也是金融化发展过程中要解决的一个重要命题。

因此,今后还将继续进行这些方面的研究,力争能出一些更新更好的研究成果,为推进马克思主义垄断资本理论和金融资本理论的发展和深化,为保障中国经济金融化的顺利发展并促进中国经济和产业的发展做出一份贡献。

主要参考文献

爱德华·张伯伦.垄断竞争理论[M].郭家麟,译.北京:生活·读书·新知三联书店,1958.
艾洪德等主编.货币银行学[M].大连:东北财经大学出版社,2011.
白钦先,薛誉华.经济金融化、金融全球化和金融自由化的演进——美国银行业百年并购的回顾与启示[J].金融论坛,2001(4).
白钦先,薛誉华.百年来的全球金融业并购:经济金融化、金融全球化和金融自由化的体现(一)[J].上海金融,2001(7):4—7.
白钦先,张志文.金融发展与经济增长:中国的经验研究[J].南方经济,2008(9).
白钦先.经济全球化和经济金融化的挑战与启示[J].世界经济,1999(6).
保罗·巴兰,保罗·斯威齐.垄断资本[M].北京:商务印书馆,1977.
鲍金红,倪嘉.马克思的利润率趋向下降规律探析——基于金融危机的视角[J].当代经济研究,2012(6).
蔡则祥,王家华,杨凤春.中国经济金融化指标体系研究[J].审计与经济研究,2004(1).
曹剑飞,齐兰.经济金融化对我国产业转型升级的影响及其对策[J].学术论坛,2016(1).
曹剑飞.经济全球化与我国产业优化升级[D].中央财经大学,2016.
查尔斯·P.金德尔伯格.1929—1939年世界经济萧条[M]宋承先,洪文达,译.上海:上海译文出版社,1986.
查尔斯·P.金德尔伯格.西欧金融史(第二版)[M].徐子健,等译.北京:中国金融出版社,2010.
车宜铮.金融化与金融危机根源探析[D].天津财经大学,2013.
陈峰.论产业结构调整中金融的作用[J].金融研究,1996(11).
陈观烈.货币·金融·世界经济[M].上海:复旦大学出版社,2000.
陈聚祉.中国的金融资本:可能与现实[J].南开经济研究,1999(2).

陈人江.金融垄断资本与食利性帝国[J].河北经贸大学学报,2013(1).

陈伟国,张红伟.金融发展与经济增长——基于1952—2007年中国数据的再检验[J].当代经济科学,2008(3).

陈享光,郭祎.论金融化及其对经济发展的影响[J].学习论坛,2017(2).

陈享光,郭祎.中国金融化发展对实体经济的影响[J].学习与探索,2016(12).

陈享光.金融化与现代金融资本的积累[J].当代经济研究,2016(1).

陈晔婷,朱锐.对外直接投资、金融结构与全要素生产率——基于中国省际面板数据的研究[J].宏观经济研究,2018(7).

陈宇.俄罗斯金融发展对经济增长的影响研究[D].辽宁大学,2015.

程恩富,谢长安.当代垄断资本主义经济金融化的本质、特征、影响及中国对策——纪念列宁《帝国主义是资本主义的最高阶段》100周年[J].社会科学辑刊,2016(6).

戴相龙.关于金融全球化问题[J].金融研究,1999(1).

道格拉斯·诺斯.经济史上的结构与变迁[M].厉以平,译.北京:商务印书馆,1992.

邓迦予.中国上市公司金融化程度研究[D].成都:西南财经大学,2014.

邓向荣,刘文强.金融集聚对产业结构升级作用的实证分析[J].南京社会科学,2013(10).

杜萌,曲值,杨措等.金融发展对我国区域产业发展的影响——基于不同要素密集度工业行业的研究[J].金融评论,2015(4).

杜勇,张欢,陈建英.金融化对实体企业未来主业发展的影响:促进还是抑制[J].中国工业经济,2017(12).

范宝舟.金融化与财富幻象的生成[J].海派经济学,2017(4).

范方志,张立军.中国地区金融结构转变与产业结构升级研究[J].金融研究,2003(11).

费利群.金融垄断资本与金融垄断资本主义及其当代启示[J].当代经济研究,2011(4).

丰雷.经济金融化背景下美国经济危机的根源研究[D].西南财经大学,2010.

冯郁川.人民币渐进国际化的路径与政策选择[D].西南财经大学,2008.

弗朗索瓦·沙奈.资本全球化[M].齐建华,译.北京:中央编译出版社,2001.

弗朗索瓦·沙奈等著.金融全球化[M].齐建华,胡振良,译.北京:中央编译出版社,2006.

付争.对外负债在美国金融霸权维系中的作用[D].吉林大学,2013.

傅进.产业结构调整中的金融支持问题研究[D].南京农业大学,2004.

干春晖,郑若谷,余典范.中国产业结构变迁对经济增长和波动的影响[J].经济研究,2011(5).

高峰.20世纪世界资本主义经济的发展与演变[J].政治经济学评论,2010(1).

龚强,张一林,林毅夫.产业结构、风险特性与最优金融结构[J].经济研究,2014(4).

韩凤荣.美国经济过度金融化发展的原因、问题及借鉴[J].征信,2010(3).

韩廷春.金融发展与经济增长的内生机制[J].产业经济评论,2002(1).

何秉孟.国际金融垄断资本与经济危机跟踪研究[M].北京:社会科学文献出版社,2010.

何秉孟.美国金融危机与国际金融垄断资本主义[J].中国社会科学,2010(2).

何玉长,董建功.金融资本化与资本金融化亟需遏制——基于马克思主义产融关系理论的思考[J].毛泽东邓小平理论研究,2017(4).

何泽荣.论经济、金融全球化[J].经济学家,2000(5).

胡晓珍,杨龙.中国区域绿色全要素生产率增长差异及收敛分析[J].财经研究,2011(4).

户晓坤.从"帝国主义"到"帝国":当代金融垄断资本主义的全球化逻辑[J].马克思主义与现实,2014(2).

黄群慧.论新时期中国实体经济的发展[J].中国工业经济,2017(9).

惠晓峰,沈静.东北三省金融发展与产业结构升级关系的实证研究与比较[J].哈尔滨工业大学学报(社会科学版),2006(3).

江涌.金融化与工业化:两条不同的发展道路[J].当代经济研究,2016(2).

金永生.产业组织理论演变及在中国的研究现状[J].合肥工业大学学报(社会科学版),2003(1).

孔繁彬.中国经济增长与金融发展关系的错位研究——基于机构部门视角[J].财经问题研究,2013(11).

拉法格.拉法格文选(下卷):美国托拉斯及其经济、社会和政治意义[M].北京:人民出版社,1985.

莱维,陈三毛.全球化、自由化和国家资本主义[J].现代外国哲学社会科学文摘,1998(12).

李超.GE去金融化[J].中国外资,2009(4).

李成,张琦.金融发展对经济增长边际效应递减内在机理研究——基于"两部门划分法"的理论框架[J].经济科学,2015(5).

李健.中国金融发展中的结构问题[M].北京:中国人民大学出版社,2004.

李克勤,齐兰.马克思主义垄断资本理论的形成与发展[J].马克思主义研究,2003(5).

李黎力.资本积累和金融化:明斯基与垄断资本学派[J].中国人民大学学报,2017(1).

李苗苗,肖洪钧,赵爽.金融发展、技术创新与经济增长的关系研究——基于中国的省市面板数据[J].中国管理科学,2015(2).

李其庆.当代资本主义新变化——法国学者让·克洛德·德洛奈访谈[J].国外理论动态,2005(9).

李强,李书舒.财政支出和金融发展对经济增长的影响:非线性效应与关联机制[J].财贸研究,2017(2).

李庆.当代资本主义是国际垄断资本主义:帝国主义的高级阶段[J].唯实,2002(8).

李书彦.大宗商品金融化对我国农产品贸易条件的影响[J].农业经济问题,2014(4).

李翔,邓峰.科技创新与产业结构优化的经济增长效应研究——基于动态空间面板模型的实证分析[J].经济问题探索,2018(6).

李晓,丁一兵.亚洲的超越[M].北京:当代中国出版社,2006.

李晓.美国霸权的文明起源、结构变化与世界格局——评程伟等著《美国单极思维与世界多极化诉求之博弈》[J].国际经济评论,2013(3).

李扬."金融服务实体经济"辨[J].经济研究,2017(6).

李扬.金融全球化:原因和事实[J].国际经济评论,1999(6).

李扬.金融全球化问题研究[J].国际金融研究,2002(7).

李义平,刁文.中国经济金融化再思考[J].河北学刊,2016(3).

列宁全集(第27卷):帝国主义是资本主义的最高阶段[M].北京:人民出版社,1990.

列宁全集(第33卷):为了面包与和平[M].北京:人民出版社,1985.

列宁全集(第54卷):关于帝国主义的笔记(1915年—1916年)电力托拉斯[M].北京:人民出版社,1990.

林楠.当代国际经济金融化的现状、动因及其对经济发展的影响[J].西南金融,2015(2).

林楠.经济金融化的风险与过度金融化的危害研究[J].西南金融,2016(2).

林楠.中国经济适度金融化研究——从金融市场发展速度、结构和规模的视角[J].理论探讨,2014(2).

林毅夫,姜烨.经济结构、银行业结构与经济发展——基于分省面板数据的实证分析[J].金融研究,2006(1).

林毅夫,孙希芳,姜烨.经济发展中的最优金融结构理论初探[J].经济研究,2009(8).

林毅夫,孙希芳.银行业结构与经济增长[J].经济研究,2008(9).

林志帆,龙晓旋.金融结构与发展中国家的技术进步——基于新结构经济学视角的实证研究[J].经济学动态,2015(12).

凌云.历史唯物主义视域中的金融安全问题研究[D].苏州大学,2008.

刘飞.省域金融结构调整与制造业结构升级[J].金融论坛,2015(4).

刘金,全龙威.我国金融发展对经济增长的非线性影响机制研究[J].当代经济研究,2016(3).

刘骏民.经济增长、货币中性与资源配置理论的困惑——虚拟经济研究的基础理论框架[J].政治经济学评论,2011(4).

刘文革,周文召,仲深,等.金融发展中的政府干预、资本化进程与经济增长质量[J].经济学家,2014(3).

刘锡良.过度金融化问题[J].财经科学,2017(5).

刘湘云,杜金岷.全球化下金融系统复杂性、行为非理性与危机演化——一种新的金融危机演化机制的理论解说[J].经济学动态,2011(7).

刘元琪.资本主义经济金融化与国际金融危机[M].北京:经济科学出版社,2009.

柳永明.论金融霸权[J].经济学家,1999(5).

卢峰,姚洋.金融压抑下的法治、金融发展和经济增长[J].中国社会科学,2004(1).

鲁春义.垄断、金融化与中国行业收入分配差距[J].管理评论,2014(11).

鲁春义.资本金融化转移的特征、机制与影响——基于经济主体金融化行为的视角[J].征信,2015(9).

鲁道夫·希法亭.金融资本[M].福民,译.北京:商务印书馆,1994.

鲁晓璇,张曙霄.对马克思主义国际贸易理论和西方国际贸易理论及其关系的思考[J].经济学家,2018(1).

栾文莲,刘志明,周淼.资本主义经济金融化与世界金融危机研究[M].北京:中国社会科学出版社,2017.

罗伯特·吉尔平.国际关系政治经济学[M].杨宇光,译.北京:经济科学出版社,1989.

罗文东.超国家垄断资本主义:对当代资本主义的一种理论分析[J].当代世界与社会主义,2006(5).

马锦生.金融垄断资本的演进逻辑——论金融垄断资本主义的特征[J].武汉科技大学学报(社会科学版),2015(3).

马锦生.美国资本积累金融化实现机制及发展趋势[J].政治经济学评论,2014(4).

马克思.资本论(第1卷)[M].北京:人民出版社,2004.

马克思.资本论(第2卷)[M].北京:人民出版社,1972.

马克思恩格斯全集(第23卷)[M].北京:人民出版社,1972.

马克思恩格斯全集(第24卷)[M].北京:人民出版社,1972.

马克思恩格斯全集(第25卷)[M].北京:人民出版社,1974.

马歇尔.经济学原理(上卷)[M].朱志泰,译.北京:商务印书馆,1964.

马轶群,史安娜.金融发展对中国经济增长质量的影响研究——基于VAR模型的实证分析[J].国际金融研究,2012(11).

马颖,陈波.改革开放以来中国经济体制改革、金融发展与经济增长[J].经济评论,2009(1).

马钟成.美国的特朗普时代与帝国主义的回光返照——纪念十月革命及列宁《帝国主义论》发表100周年[J].探索,2017(3).

门洪华.霸权之翼:美国国际制度战略[M].北京:北京大学出版社,2005.

尼·布哈林.世界经济和帝国主义[M].蒯兆德,译.北京:中国社会科学出版社,1983.

逄锦聚.经济全球化条件下的中国经济改革与发展[J].江淮论坛,2009(5).

裴卫旗.金融资本异化若干理论问题刍议[J].海派经济学,2018(4).

齐兰.垄断资本全球化对中国产业发展的影响[J].中国社会科学,2009(2).

齐兰.垄断资本全球化问题研究[M].北京:商务印书馆,2009.

齐兰等.垄断资本全球化问题探究[J].马克思主义研究,2007(8).

齐兰,曹剑飞.当今垄断资本主义的新变化及其发展态势[J].政治经济学评论,2014(2).

齐兰,陈晓雨.中国经济金融化对产业结构优化影响机制的实证研究[J].当代经济管理,2015(5).

齐兰,王业斌.国有银行垄断的影响效应分析——基于工业技术创新视角[J].中国工业经济,2013(7).

齐兰,文根第.国际金融霸权形成与更迭的历史考察及其启示[J].经济问题,2019(5).

齐兰,文根第.中国式金融分权与区域金融部门债务效率[J].财经科学,2019(5).

齐兰,徐云松.制度环境、区域金融化与产业结构升级——基于中国西部面板数据的动态关系研究[J].中央财经大学学报,2017(12).

祁斌,查向阳.直接融资和间接融资的国际比较[J].新金融评论,2013(6).

琼·罗宾逊.不完全竞争经济学[M].陈良璧,译.北京:商务印书馆,1961.

裘白莲,刘仁营.资本积累的金融化[J].国外理论动态,2011(9).

让·克洛德·德洛奈,刘英.全球化的金融垄断资本主义[J].国外理论动态,2005(10).

让·克洛德·德洛奈,张慧君.金融垄断资本主义[J].马克思主义与现实,2001(5)

萨米尔·阿明.不平等的发展:论外围资本主义的社会形态[M].高铦,译.北京:商务印书馆,1990.

萨米尔·阿明.世界规模的积累[M].杨明柱,杨光,李宝源,译.北京:社会科学文献出版社,2008.

邵宜航,刘仕保,张朝阳.创新差异下的金融发展模式与经济增长:理论与实证[J].管理世界,2015(11).

沈坤荣.金融发展与中国经济增长——基于跨地区动态数据的实证研究[J].管理世界,2004(7).

施蒂格勒.产业组织[M].王永钦,薛锋,译.上海:上海人民出版社,2006.

施珂娅.货币、金融国际化与经济金融化传导关系的研究[D].上海社会科学院,2010.

舒凯彤,韩雨霏.金融化的价值分配效应与引致贫困[J].当代经济研究,2016(9).

司海平,刘小鸽,范玉波.地方债务发行与产业结构效应[J].经济评论,2017(1).

宋湘燕,何志强.美国金融与实体经济关系[J].中国金融,2018(3).

苏建军,徐璋勇.金融发展、分工与经济增长——理论与实证研究[J].工业技术经济,2015(6).

苏珊·斯特兰奇.疯狂的金钱[M].杨雪冬,译.北京:中国社会科学出版社,2000.

苏珊·斯特兰奇.国家与市场(第二版)[M].杨宇光,译.上海:上海人民出版社,2012.

谈儒勇.中国金融发展和经济增长关系的实证研究[J].经济研究,1999(10).

汤铎铎,张莹.实体经济低波动与金融去杠杆——2017年中国宏观经济中期报告[J].经济学动态,2017(8).

唐松.中国金融资源配置与区域经济增长差异——基于东、中、西部空间溢出效应的实证研究[J].中国软科学,2014(8).

陶君道.关于世界经济金融化问题的思考[J].甘肃金融,2010(9).

田新民,武晓婷.中国经济金融化的测度及路径选择[J].商业研究,2018(8).

托马斯·I.帕利.金融化:涵义和影响[J].房广顺,等译.国外理论动态,2010(8).

王宝明,谢汉立,李兴伟.金融发展与区域产业结构升级研究——基于金融功能观的文献综述[J].财会月刊,2011(9).

王博,刘忠瑞.中印金融体系改革、发展与功能比较研究[J].金融监管研究,2017(12).

王芳.经济金融化与经济结构优化[J].金融研究,2004(8).

王广谦.经济发展中的金融化趋势[J].经济研究,1996(9).

王广谦.经济发展中金融的贡献与效率[M].北京:中国人民大学出版社,1997.

王国刚.负面清单:金融监管新模式[J].金融博览,2015(3).

王海军.商业银行不良贷款的内生机制与周期性研究——基于政府、银行与国有企业博弈的视角[J].当代财经,2017(1).

王军,王昆.我国金融发展与经济增长的非对称效应研究[J].统计与决策,2018(9).

王俊豪.产业经济学(第二版)[M].北京:高等教育出版社,2012.

王丽铮.2017年全球衍生品市场发展分析:一些长期趋势结束新趋势出现[N/OL].期货日报(2018—04—10).[2018—08—29].http://futures.hexun.com/2018—04—10/192800107.html?from=rss.

王莉娟.金融资本的历史与现实[J].当代财经,2011(5).

王生升.经济金融化导致资本主义生产关系的分层与断裂[J].红旗文摘,2017(9).

王文.中美出现结构性的实力消长[J].红旗文摘,2018(7).

王晓光.金融学[M].北京:清华大学出版社,2016.

王旭琰.从垄断资本到垄断金融资本的发展——评"每月评论"派论资本主

义新阶段[J].国外理论动态,2011(1).

王毅.用金融存量指标对中国金融深化进程的衡量[J].金融研究,2002(1).

王元龙.金融全球化有关问题的探讨[J].经济研究参考,2003(80).

沃尔特·白芝浩.伦巴第街[M].刘璐,韩浩,译.北京:商务印书馆,2017.

吴仲华.论巴西金融监管及对我国的启示[D].对外经济贸易大学,2012.

鲜京宸.我国金融业未来转型发展的重要方向:"区块链+"[J].南方金融,2016(12).

向松祚.新资本论:全球金融资本主义的兴起、危机和救赎[M].北京:中信出版社,2015.

肖文,薛天航,潘家栋.金融结构对产业升级的影响效应分析——基于东中西部地区差异的比较研究[J].浙江学刊,2016(3).

谢家智,王文涛,江源.制造业金融化、政府控制与技术创新[J].经济学动态,2014(11).

谢家智,王文涛.金融发展的经济增长效率:影响因素与传递机理[J].财贸经济,2013(7).

徐丹丹,王芮.产业资本金融化理论的国外研究述评[J].国外理论动态,2011(4).

徐德云.产业结构均衡的决定及其测度:理论解释及验证[J].产业经济研究,2011(3).

徐浩,冯涛,张蕾.金融发展、政府干预与资本配置效率——基于中国1978—2013年的经验分析[J].上海经济研究,2015(10).

徐鹏杰.金融结构调整与产业结构优化关系的实证分析[J].统计与决策,2018(1).

徐世澄.简析1982—2003年墨西哥的经济改革和发展[J].拉丁美洲研究,2003(6).

徐云松,齐兰.区域金融化、地方政府行为与产业结构升级——基于中国四大经济区域面板数据的实证研究[J].贵州财经大学学报,2017(6).

徐云松.我国西部区域金融发展的非均衡问题研究[D].中央财经大学,2015.

徐云松.非金融企业高杠杆率的机制与动因——基于融资结构视角的分析[J].金融理论与教学,2017(5).

徐云松.中国经济金融化的演进趋势与路径选择——基于总量与结构视角的分析[J].征信,2017(6).

亚当·斯密.国民财富的性质和原因的研究(上卷)[M].北京:商务印书

馆,1974.

闫丽瑞,田祥宇.金融发展与经济增长的区域差异研究——基于我国省际面板数据的实证检验[J].宏观经济研究,2012(3).

杨承训.国际超级金融垄断资本主义新特征[J].马克思主义研究,2010(10).

杨琳,李建伟.金融结构转变与实体经济结构升级(上)[J].财贸经济,2002(2).

杨友才.金融发展与经济增长——基于我国金融发展门槛变量的分析[J].金融研究,2014(2).

伊曼纽尔·沃勒斯坦.现代世界体系[M].吕丹,等译.北京:高等教育出版社,1998.

易纲,宋旺.中国金融资产结构演进:1991—2007[J].经济研究,2008(8).

易纲.中国的货币化进程[M].北京:商务印书馆,2003.

易信,刘凤良.金融发展与产业结构转型——理论及基于跨国面板数据的实证研究[J].数量经济技术经济研究,2018(6).

银锋.从经典到现代:马克思主义金融资本理论及其当代价值[J].理论探讨,2010(2).

银锋.经济金融化趋向及其对我国金融发展的启示[J].求索,2012(10).

尹兴,董金明.当代垄断资本主义金融化分析[J].当代经济研究,2016(12).

余治国.世界金融五百年[M].天津:天津社会科学院出版社,2011.

约翰·贝拉米·福斯特,王年咏,等译.资本主义的金融化[J].国外理论动态,2007(7).

约翰·希克斯.经济史理论[M].厉以平,译.北京:商务印书馆,2007.

约翰娜·蒙哥马利,车艳秋,房广顺.全球金融体系、金融化和当代资本主义[J].国外理论动态,2012(2).

臧秀玲,杨帆.金融垄断资本全球扩张的动因和影响[J].山东大学学报(哲学社会科学版),2014(1).

曾国平,王燕飞.中国金融发展与产业结构变迁[J].财贸经济,2007(8).

张岸元,张怀志,陈巧巧.中国经济对比:差距比想象的大得多[EB/OL].(2017-11-09)[2018-09-26]http://www.chinacef.cn/index.php/index/article/article_id/4395.

张超.资本主义的当代特点及其发展趋势研究[D].武汉大学,2015.

张成思,刘泽豪,罗煜.中国商品金融化分层与通货膨胀驱动机制[J].经济研究,2014(1).

张成思,张步昙.再论金融与实体经济:经济金融化视角[J].经济学动态,2015(6).

张成思,张步昙.中国实业投资率下降之谜:经济金融化视角[J].经济研究,2016(12).

张丰兰,刘鸿杰.对垄断和金融危机的再认识[J].马克思主义研究,2010(4).

张杰.中国金融制度的结构与变迁[M].太原:山西经济出版社,1998.

张慕濒,诸葛恒中.全球化背景下中国经济的金融化:涵义与实证检验[J].世界经济与政治论坛,2013(1).

张甜迪.中国经济金融化的收入分配效应研究[M].北京:经济科学出版社,2017.

张文木.战后世界政治格局的三次变动与历史质变"临界点"的出现——基于世界地缘政治结构的分析(之一)[J].世界社会主义研究,2017(1).

张小蒂,王永齐.企业家显现与产业集聚:金融市场的联结效应[J].中国工业经济,2010(5).

张旭,刘晓星,姚登宝.金融发展与经济增长———一个考虑空间溢出效应的再检验[J].东南大学学报,2016(3).

张宇,蔡万焕.金融垄断资本及其在新阶段的特点[J].中国人民大学学报,2009(4).

张宇,蔡万焕.马克思主义金融资本理论及其在当代的发展[J].马克思主义与现实,2010(6).

张宇.金融危机、新自由主义与中国的道路[J].经济学动态,2009(4).

张宇等主编.高级政治经济学[M].北京:中国人民大学出版社,2012.

张宇等著.中级政治经济学[M].北京:中国人民大学出版社,2016.

张振岩,张燕萍,胡仕春.金融全球化:金融危机与中国金融安全维护[J].世界经济与政治论坛,2000(1).

张志明.金融化视角下金融促进实体经济发展研究[J].经济问题探索,2018(1).

赵峰,田佳禾.当前中国经济金融化的水平和趋势——一个结构的和比较的分析[J].政治经济学评论,2015(3).

赵玉敏.世界经济金融化对中国制造业的影响[J].国际贸易,2008(11).

赵长华.巴西金融体系简介[J].外国经济参考资料,1983(4).

中国银行国际金融研究所全球经济金融展望报告[J].2018(2)(总第34期).

中国银行业运行报告编写组.中国银行业运行报告(2013年度)[R].中国银行业监督管理委员会,2014.

周蕾. 金融全球化与人民币国际化对策研究[D].对外经济贸易大学,2005.

周琴. 马克思主义发展史视域下金融资本理论的演进[D].南开大学,2014.

周琼.不同金融发展模式比较[J].中国金融,2018(11).

2018年中美证券行业市场现状对比及发展潜力分析[N/OL].中国报告网(2018—02—05)[2018—08—29].http://free.chinabaogao.com/gonggong-fuwu/201802/02531XJ2018.html.

Aalbers, M. B. Corporate Financialization[J]. The International Encyclopedia of Geography, 2015: 1–11.

Aalbers, M. B. The Financialization of Home and the Mortgage Market Crisis [J]. Seventeenth-Century French Studies, 2008, 31(2): 137–149.

Aalbers, M. B. The Potential for Financialization[J]. Dialogues in Human Geography, 2015, 5(2): 214–219.

Aghion, P., Howitt, P. A Model of Growth through Creative Destruction[J]. Econometrica, 1992, 60 (2): 325–351.

Aglietta, M., Breton, R. Financial Systems Corporate Control and Capital Accumulation[J]. Economy and Society, 2001, 30(4): 433–466.

Allard, J. A. R. B. Market Phoenixes and Banking Ducks: Are Recoveries Faster in Market-Based Financial System [J]. IMF Working Paper, 2011: 1–25.

Allen, F., Chakrabarti, R., De, S. et al. Law Institutions and Finance in China and India[J]. Journal of Financial Economics, 2005, 77:57–116.

Allen, F., Gale, D. Comparing Financial Systems [M]. Massachusetts: MIT Press, 1999.

Allen, F., Gale, D. Financial Markets Intermediaries and Inter-temporal Smoothing[J]. Journal of Political Economy,1997, 105(3):523–546.

Allen, F., Gu, X., Kowalewski, O. Financial Crisis Structure and Reform[J]. Journal of Banking & Finance,2012,36(11): 2960–2973.

Allen, F., Qian, J., Qian, M. Law Finance and Economic Growth in China [J]. Journal of Financial Economics, 2005, 77(1):116–157.

Anseeuw, W., Roda, J., Ducastel, A. et al. Global Strategies of Firms and the Financialization of Agriculture[M]// Biénabe, E., Rival, A., Loeillet, D. Sustainable Development and Tropical Agri-chains. Dordrecht:Spring Nature,

2017:321-328.

Arrighi, G. The Long Twentieth Century:Money Power and the Origins of Our Times [M]. New York: Verso, 1994.

Arrighi, G., Siliver, B. J. Chaos and Governance in the Modern World System [M]. Minneapolis: University of Minnesota Press, 1999:21.

Aybar, S. Financialization and Regulation: The Fate of Basle 2 and the Future of International Convergence of Capital Measurement Standards [J]. International Journal of Arts and Commerce, 2012, 1(4): 220-236.

Bain, J. S. Industrial Organization[M].New York:John Wiley and Sons, 1959.

Baran, P. A., Sweezy, P. M., Magdoff, H. Monopoly Capital[M]. New York: Monthly Review Press, 1966.

Barro, R., Martin, X. Economic Growth[M].New York: McGraw-Hill Inc., 1995:13-56.

Basak, S., Pavlova, A. A Model of Financialization of Commodities [J]. Journal of Finance, 2016, 71(4): 1511-1556.

Baud, C., Chiapello, E. How the Financialization of Firms Occurs : The Role of Regulation and Management Tools[J]. Mit Plasma Science & Fusion Center, 2015, 56(3): 439-468.

Beck, T., Levine, R. Industry Growth and Capital Allocation:Does Having a Market-or Bank-Based System Matter? [J]. Nber Working Paper Series, 2002.

Becker, J., Jäger, J., Leubolt, B. et al. Peripheral Financialization and Vulnerability to Crisis: A Regulationist Perspective[J]. Competition & Change, 2010, 14(3-4): 225-247.

Bencivenga V. R., Smith, B. D. Financial Intermediation and Endogenous Growth[J]. The Review of Economic Studies, 1991, 58(2): 195-209.

Blundell, R., Bond, S. Initial conditions and Moment Restrictions in Dynamic Panel Data Models[J].Journal of Econometrcis, 1998, 87(1):115-143.

Bolton, P., Santos, T., Scheinman, J. A. Cream Skimming in Financial Markets [J]. The Journal of Finance, 2016, 71(2):709-736.

Bolton, P., Scharfstein, D. S. A Theory of Predation Based on Agency Problems in Financial Contracting [J]. The American Economic Review, 1990, 80(1): 93-106.

Bonizzi, B. Financialization in Developing and Emerging Countries[J]. International Journal of Political Economy, 2013, 42(4): 83 – 107.

Bose, N., Cothren, R. Equilibrium Loan Contracts and Endogenous Growth in the Presence of Asymmetric Information[J]. Journal of Monetary Economics, 1996 (38):363 – 376.

Brenner, R. The Economics of Global Turbulence : The Advanced Capitalist Economies from Long Boom to Long Downturn 1945 – 2005[M]. London and New York NY: Verso Books, 2006.

Buchanan, B. G. The Way We Live Now: Financialization and Securitization [J]. Research in International Business and Finance, 2017, 39: 663 – 677.

Callinicos, A. Bonfire of Illusions: The Twin Crises of the Liberal World[J]. Science & Society, 2010, 76(1): 130 – 132.

Cermeno, J. S. Blockchain in Financial Services: Regulatory Landscape and Future Challenges for Its Commercial Application[J]. BBVA Research Working paper, 2016.

Chamberlin, E. H. Theory of Monopolistic Competition[M]. Fifth Edition. Cambridge: Harvard University Press, 1946.

Chesnais, F. La Mondialisation Du Capital[M]. Paris: Syros, 1994.

Chesnais, F. La Mondialisation Financière : Genèse, Coût Et Enjeux[M]. Paris: Syros, 1996.

Chinn, M. D., Ito, H. What Matters for Financial Development? Capital Controls Institutions and Interactions[J]. UC Santa Cruz SCCIE Working Paper, 2005, No.05 – 03.

Christophers, B. Financialisation as Monopoly Profit: The Case of US Banking [J]. Antipode, 2018: 1 – 27.

Davis, A., Walsh, C. Distinguishing Financialization from Neoliberalism[J]. Theory Culture & Society, 2017, 34(5 – 6): 27 – 51.

Demir, F. The Rise of Rentier Capitalism and the Financialization of Real Sectors in Developing Countries [J]. Review of Radical Political Economics, 2007(39):36 – 37.

Demirguc – Kunt, A., Maksimovic, V. Funding Growth in Bank-Based and Market-Based Financial Systems[J]. The World Bank policy Research Working Paper, 2000.

Dore, R. Financialization of the Global economy[J]. Industrial & Corporate Change, 2008, 17(6): 1097 – 1112.

Duménil, G. and Lévy, D. Capital Resurgent: Roots of the Neoliberal Revolution [M]. Cambridge: Harvard University Press, 2004: 98 - 145.

Duménil, G., Lévy, D. Costs and Benefits of Neoliberalism. A Class Analysis [J]. Review of International Political Economy, 2001, 8(4): 578 - 607.

Epstein, G. A. Financialization and the World Economy [M]. Cheltenham: Edward Elgar Publishing, 2005: 11 - 74, 339 - 347.

Feijo, C., Lamônica, M. T., Lima, S. S. Financialization and Structural Change: The Brazilian case in the 2000s [R]. Center for Studies on Inequality and Development, 2016.

Fine, B. Financialization from a Marxist Perspective[J]. International Journal Economy, 2013, 42(4): 47 - 66.

Fine, B. Locating Financialisation[J]. Historical Materialism, 2010, 18(2): 97 - 116.

Flaherty, E. Varieties of Regulation andFinancialization: Comparative Pathways to Top Income Inequality in the OECD 1975 - 2005[J]. Journal of Comparative Policy Analysis: Research and Practice, 2018.

Foster, J. B. The Age of Monopoly - Finance Capital[J]. Monthly Review, 2010, 61(9): 1.

Foster, J. B. The Financialization of Accumulation[J]. Monthly Review, 2010, 62(5): 1.

Foster, J. B. The Financialization of Capitalism[J]. Monthly Review, 2007, 58 (11): 1 - 12.

Foster, J. B., Holleman, H. The Financialization of the Capitalist Class: Monopoly-finance Capital and the New Contradictory Relations of Ruling Class Power [C]. Imperialism, Crisis and Class Struggle: The Enduring Verities and Contemporary Face of Capitalism, Leiden and Boston: Brill Publishers, 2010: 191 - 202.

Frank, A. G. Capitalism and Underdevelopment in Latin America. Historical Studies of Chile and Brazil[M].New York: Monthly Review Press, 1967.

Gabor, D. (De)Financialization and Crisis in Eastern Europe[J]. Competition & Change, 2010, 14(3): 248 - 270.

Galhau, V. D. Constructing the Possible Trinity of Innovation Stability and Regulation for Digital Finance [J]. Financial Stability Review, 2016(20): 7 - 13.

Gerschenkron, A. Economic backwardness in historical perspective[M]. Minnesota:The Belknap Press of Harvard University Press, 1962: 383 - 385.

Goldsmith, R. Financial Structure and Development[M]. New Haven: Yale University Press, 1969.

Greenwood, J., Jovanovic, B. Financial Development Growth and the Distribution of Income[J]. Journal of Political Economy, 1990 (98):1076 - 1107.

Greenwood, J., Smith, B. Financial Markets in Development and the Development of Financial Markets[J]. Journal of Economic Dynamics and Control, 1997, 21(1):145 - 181.

Gurley, J. G., Shaw, E. S. Financial Aspects of Economic Development[J]. American Economic Review, 1955, 45(4):515 - 538.

Gurley, J. G., Shaw, E. S. Financial Intermediaries and the Saving-Investment Process[J]. Journal of Finance, 1956, 11(2):257 - 276.

Hansen, P. H. From Finance Capitalism to Financialization: A Cultural and Narrative Perspective on 150 Years of Financial History[J]. Enterprise & Society, 2014, 15(4): 605 - 642.

Hardie, I. How Much Can Government Borrow? Financialization and Emerging Markets Government Borrowing Capacity [J]. Review of International Political Economy, 2011, 18(2): 141 - 167.

Hardie, I., Howarth, D. Die Krise but not La Crise? The Financial Crisis and the Transformation of German and French Banking Systems[J]. Journal of Common Market Studies, 2009, 47(5):1017 - 1039.

Harman, C. Zombie Capitalism: Global Crisis and the Relevance of Marx[M]. London: Haymarket Books, 2010.

Hein, E. "Financialization" Distribution Capital Accumulation and Productivity Growth in a Post-Kaleckian Model[J]. Journal of Post Keynesian Economics, 2012, 34(3): 475 - 496.

Hein, E. The Macroeconomics of Finance-dominated Capitalism and Its Crisis [M]. Cheltenham: Edward Elgar Publishing, 2012:31 - 40.

Hellwig, M. Banking Financial Intermediation and Corporate Finance[J]. European Financial Integration, 1991, 35 - 63.

Hilferding, R. Finance Capital: A Study of the Latest Phase of Capitalist Development[M].London: Routledge & Kegan Paul, 1981.

Ho, T. S. Y., Palacios, M., Stoll, H. R. Dynamic Financial System: Complexity Fragility and Regulatory Principles[J]. Financial Markets Institutions & Instruments, 2013, 22(1): 1-42.

Hopkins, T. K., Wallenstein, I. World Systems Analysis: Theory and Methodology [M]. New York: Sage Publication, 1982:118.

Is rael, J. I. The Dutch Republic: Its Rise Greatness and Fall 1477 – 1806 [M]. Oxford: Oxford University Press, 1988:307-315.

Jappeli, T., Pagano, M. Saving Growth and Liquidity Constraints[J]. Quarterly Journal of Economics, 1994,109 (1):83-109.

Johnson, D. L. Critical Political Theory and Radical Practice – Social Inequality Economic Decline and Plutocracy[M]. London:Palgrave Macmillan, 2017.

Karwowski, E., Shabani, M., Stockhammer, E. Financialization: Dimensions and Determinants: A Cross-Country Study [J]. Post Keynesian Economics Study Group, 2016.

Kedrosky, P., Stangler, D. Financialization and Its Entrepreneurial Consequences[J]. Kauffman Foundation Research paper, 2011.

Ketterer, J. A. Digital Finance: New Times New Challenges New Opportunities [R]. Inter-American Development Bank, 2017.

King, R. G., Levine, R. Finance and growth: Schumpeter Might Be Right [J]. Quarterly Journal of Economics, 1993,108(3):717-737.

Kotz, D. M.Financialization and Neoliberalism[M]. Toronto: University of Toronto Press, 2008.

Krippner, G. R. The Financialization of the American Economy[J]. Socio-Economic Review, 2005, 3(2): 173-208.

Krippner, G. What is Financialization? [R]. MIMEO Department of Sociology UCLA, 2004.

La Porta, F., Lopez-De-Silanes, F., Shleifer, A., et al. Law and Finance[J]. Journal of Political Economy, 1998, 106(6): 1113-1155.

La Porta, R., Lopez-De-Silanes, F., Shleifer, A., et al. The Quality of Government [J]. The Journal of Law Economics and Organization, 1999, 15 (1): 222-279.

Lagoarde-Segot, T. Financialization: Towards a New Research Agenda [J]. International Review of Financial Analysis, 2017, 51:113-123.

Lapavitsas, C., Powell, J. Financialisation Varied: A Comparative Analysis of Advanced Economies [J]. Cambridge Journal of Regions Economy and

Society, 2013(6): 359-379.

Lapavitsas, C., Financialised Capitalism: Crisis and Financial Expropriation [J]. Historical Materialism, 2009, 17(17): 114-148.

Lapavitsas, C. The Financialization of Capitalism: "Profiting without Producing" [J]. CITY, 2013, 17(6): 792-805.

Lapavitsas, C. Theorizing Financialization[J]. Work Employment and Society, 2011, 25(4): 611-626.

Lazonic, W. From Innovation to Financialization: How Shareholder Value Ideology is Destroying the US Economy. The Political Economy of Financial Crises [M]. Oxford: Oxford Universtiy Press, 2011.

Lazonick, W. O., Sullivan, M. Maximizing Shareholder Value: A New Ideology for Corporate Governance[J]. Economy and Society, 2002, 29(1): 13-35.

Lazzarato, M. Neoliberalism in Action: Inequality Insecurity and the Reconstitution of the Social[J]. Theory Culture & Society, 2009, 26(6): 109-133.

Levine, R., Zervos, S. Stock Markets Banks and Economic Growth [J]. American Economic Review, 1998, 88(3):537-558.

Lin, J. Y., Zhang, P. Development Strategy Optimal Industrial Structure and Economic Growth in Less Developed Countries[R]. Center of International Development at Harvard University Working Paper, 2007.

Luo, Y., Zhu, F. Financialization of the Economy and Income Inequality in China[J]. Economic and Political Studies, 2014, 2(2):46-66.

Magdoff, F., Foster, J. B. Stagnation and Financialization: The Nature of the Contradiction[J]. Monthly Review, 2014, 66(1).

McKinnon, R.I. Money and Capital in Economic Development[M]. Washington DC Brookings Institution, 1973.

Mckinnon, R.I. Money and Capital in Economic Development[M]. Washington D.C.: Brookings Institution, 1973:8-21.

McKinsey & Company. Mapping Global Capital Markets: Fourth Annual Report [R]. January, 2008.

McKinsey & Company. The New Dynamics of Financial Globalization [R]. August, 2017.

Milberg, W. Shifting Sources and Uses of Profits: Sustaining US Financialization with Global Value Chains [J]. Economy and Society, 2008 (3):37-45.

Milberg, W., Winkler, D. Outsourcing Economics: Financialization and the

Dynamics of Offshoring[M]. Cambridge: Cambridge University Press, 2013.

Minsky, H. P. Can "It" Happen Again? [M]. New York: M. E. Sharpe, 1982.

Mishel, L., Bernstein, J., Shierholz, H. The State of Working America 2008/2009[M]. Ithaca NY: Cornell University Press, 2009.

Modelski, G. Long Cycles in World Politics[M].Seattle: University of Washington Press, 1987:40.

Morawetz, N. The Rise of Co-Productions in the Film Industry: The Impact of Policy Change and Financial Dynamics on Industrial Organization in a High Risk Environment[D]. Hertfordshire: the University of Hertfordshire, 2009.

Nassif, A., Feijó, C., Araujo, E. What Determined Labour Productivity in the Brazilian Manufacturing Industries in the 2000s? [C]. Anais Do XLII Encontro Nacional De Economia. ANPEC, 2016.

Nölke, A., May, C. Comparative Capitalism Research in Times of the Financialization Crisis: From an Inter-national to an Inter-temporal Study of Economic Institutions[C]. A Great Transformation? Global Perspectives on Contemporary Capitalisms, 2017.

Onyishi, A. E., Abugu, S. O. The New World Order: Monopoly Capitalism Globalisation and the Sovereignty of African States[J]. Asian Journal of Multidisciplinary Studies, 2017, 5(9): 89 – 99.

Orhangazi, O. Financialisation and Capital Accumulation in the Non-Financial Corporate Sector: A Theoretical and Empirical Investigation on the US Economy: 1973-2003 [J]. Cambridge Journal of Economics, 2008, 32(6): 863 – 886.

Orhangazi, O. Financialization of the U.S. Economy and Its Effect on Capital Accumulation: A theoretical and Empirical Investigation[D]. School of Economics University of Massachusetts, 2006.

Ozgur, C. Economic Decision-Making in Turkey: Financialization and the Experts[D]. UMI Press, 2008

Pagano, M. Financial Markets and Growth: An Overview[J]. European Economic Review, 1993 (37):613 – 622.

Palley, T. I. Financialization: What It Is and Why It Matters[J]. Levy Economics Institute Working Paper No.525, 2007.

Palley, T. I. Financialization: The Economics of Finance Capital Domination

[M]. London:Palgrave Macmillan, 2013:17-40.

Panitch L., Gindin S. The Current Crisis: A Socialist Perspective[J]. Studies in Political Economy, 2009, 83(83):7-31.

Prochniak, M., Wasiak, K. The Impact of the Financial System on Economic Growth in the Context of the Global Crisis: Empirical Evidence for the EU and OECD Countries [J]. Empirica, 2017, 44(2): 295-337.

Rajan, R. G. Insiders and Outsiders: The Choice Between Informed and Arm's-Length Debt [J]. Journal of Finance, 1992, 47(4): 1367-1400.

Rioja, F., Valev, N. Finance and the Sources of Growth at Various Stages of Economic Development[J]. Economic Inquiry, 2004, 42(1): 127-140.

Riordan, M. H. How Do Capital Markets Influence Product Market Competition? [C]. The inaugural International Industrial Organization Conference, 2003.

Robinson, J. The Economics of Imperfect Competition [M]. London: Palgrave Macmillan, 1933.

Rolnik, R. Late Neoliberalism: The Financialization of Homeownership and Housing Rights[J]. International Journal of Urban & Regional Research, 2013, 37(3): 1058-1066.

Rossman, P., Greenfield, G. Financialization: New Routes to Profit New Challenges for Trade Unions[J]. Labour Education, 2006(142): 1-10.

Sawyer, M. C. Theories of Monopoly Capitalism[J]. Journal of Economic Surveys, 1988, 2(1): 47-76.

Sawyer, M. What IsFinancialization? [J]. International Journal of Political Economy, 2013, 42(4): 5-18.

Shaw, E. S. Financial Deepening in Economic Development[M]. Oxford: Oxford University Press, 1973.

Shiller, R. J. Finance and the Good Society[M]. Princeton:Princeton University Press, 2012.

Shin, H. Y. Essays on the Causes and Consequences of the Asian Financial Crisis—Financialization Stagnant Corporate Investment and Alternative Measures of the Asian Labor Markets[J]. Dissertations & Theses-Gradworks, 2012.

Stockhammer, E. Financialisation and the Slowdown of Accumulation[J]. Cambridge Journal of Economics, 2004, 28(5): 719-741.

Stockhammer, E. Financialization and the Global Economy[R]. Political Economy Research Institute, 2010.

Stockhammer, E. Financialization Income Distribution and the Crisis[J]. Investigacion Economica, 2012, 71(279): 39-70.

Stockhammer, E. Neoliberalism Income Distribution and the Causes of the Crisis [J]. Discussion Papers, 2011, 51(5): 462-472.

Stolbova, V., Battiston, S., Napoletano, M., et al. Financialization of Europe: a comparative perspective[R]. ISI Growth, 2017.

Sweezy, P. M., Magdoff H. The Dynamics of U.S. Capitalism[M]. New York: Monthly Review Press, 1972.

Sweezy, P. M. The Triumph of Financial Capital[J]. Monthly Review, 1994, 46(2): 1.

Theurillatx, T., Corpataux, J., Crevoisier, O. Property Sector Financialization: The Case of Swiss Pension Funds (1992—2005)[J]. European Planning Studies, 2010, 18(2): 189-212.

Tomaskovic, D. D., Lin, H. K., Meyers, N. Did Financialization Reduce Economic Growth? [J]. Social Science Electronic Publishing, 2015, 13(3): 525-548.

Tomaskovic-Devey, D. Beware Financialization Attractive and Dangerous but Mostly Dangerous[J]. Teorija in Praksa, 2015, 52(3): 382-393.

Ülgen, F. Financialization and Vested Interests: Self-Regulation vs. Financial Stability as a Public Good[J]. Journal of Economic Issues, 2017, 51(2): 332-340.

Wallerstein, I. The Politics of the World Economy[M]. Cambridge: Cambridge University Press, 1984:42.

Zademach H. Global Finance and the Development of Regional Clusters: Tracing Paths in Munich's Film and TV Industry[J]. Journal of Economic Geography, 2009(9): 697-722.

Zysman, J. Governments Markets and Growth: Financial Systems and the Politics of Industrial Change[M]. Ithica NY: Cornell University Press, 1983.

后　记

本书是我主持完成的国家社科基金重点项目"当代垄断资本金融化研究"（批准号12AJL002）的最终研究成果。从课题立项到结项，再到本书的付梓出版，离不开很多专家和老师的关心、指导和帮助，对此，我心存感激。尤其要感谢我国著名经济学家、中国社会科学院学部委员张卓元先生，一直以来给予我的鼓励、指导和帮助，这次又专门为本书作序，我感到非常荣幸，在此谨向尊敬的张先生表示衷心的感谢！

还要感谢商务印书馆，多年来对我的研究项目的重视和支持，在此前已出版我的学术专著之后，这次又给予出版学术专著的机会，在此对商务印书馆及经济管理编辑室的领导和编辑表示由衷的感谢！

本研究项目的顺利完成和本书的顺利出版，还得益于国家社科基金重点项目的支持，得益于中央高校基本科研业务费专项资金的出版资助，在此一并表示感谢！

本书由我负责全书的总体设计、总纂和撰写工作。我指导的博士研究生、合作博士后参与了本书部分章节的撰写工作，各章写作具体分工如下：第一章，齐兰；第二章，齐兰；第三章，戚瀚英、王旦、齐兰；第四章，齐兰；第五章，齐兰；第六章，戚瀚英、齐兰；第七章，文根第、齐兰；第八章，徐云松、齐兰；第九章，徐云松、齐兰；第十章,陈晓雨、赵立昌、齐兰;结语,齐兰。同时,戚瀚英、王旦对全书的数据资料和文字整理做了大量工作,王旦对书稿清样的校对和修改做了大量工作,陈月红硕士对第八章、第九章的数据资料整理做了许多具体工作。同时我指导的部分在校的和已经毕业的博士研究生和硕士研究生,也参与了课题讨论和调研、资料收集和整理等方面的工作,他们是陈绍贵、魏冉、于丰泽、黄晓诚、王海军、王业斌、卢文浩、王洲、李娅玲、邱雅静、黄艳英、李笑笑、陈月红、王一斐等。在此对以上同学所做的工作和辛勤付出表示感谢!

本书汲取和引用了国内外许多专家学者的研究成果,并尽可能地在书中作了说明和注释,在此对这些专家学者一并表示感谢!

在本书即将出版之际,我倍加感念我的家人,这里特别要感谢我的先生,感谢他一直以来对我的鼓励、支持和帮助,我取得的每一个进步都有他的一份功劳。

齐兰
2019 年冬于北京